www.tredition.de

Über den Autor

Herbert Herzmann wurde in Wien geboren. Er studierte Germanistik und Geschichte in Wien und Salzburg. Von 1975 bis 2005 war er Senior Lecturer in German am University College Dublin.

Er veröffentlichte zahlreiche Artikel über deutsche und österreichische Literatur und Bücher über Spiel und Theater. Bei tredition erschien *Nationale Identität. Mythos und Wirklichkeit am Beispiel Österreichs*, 2006.

Er lebt in Dublin und Wien. Seine Hobbies sind Reisen, Bergsteigen und Klettern.

Warum dieses Buch?

Man muss nicht ans Ende der Welt fliegen und Leib und Leben aufs Spiel setzen, um Abenteuer zu erleben. Eine mehrere Tage lange Radtour, eine Autoreise ins Blaue, eine Bergwanderung von Hütte zu Hütte oder die Erkundung eines fremden Landes auf eigene Faust können durchaus abenteuerlich verlaufen. Eigenständig zu reisen ist mitunter mühsam, und manchmal laufen die Dinge nicht so wie erwartet. Aber wer selbstständig reist, wird mit überraschenden Erfahrungen belohnt. Vielleicht ermutigt die Lektüre dieser Reiseabenteuer manche, die es bisher nicht gewagt haben, etwas mutiger zu reisen.

Parallel zu dieser Ausgabe erscheint bei tredition eine englische Fassung unter dem Titel *Travel-Adventures 1950-2018. Europe, the Americas and Africa.*

Die gefährlichste aller Weltanschauungen ist die Weltanschauung der Leute, welche die Welt nicht angeschaut haben. Alexander von Humboldt

Herbert Herzmann

Reiseabenteuer
1950 – 2018

Europa, die Amerikas und Afrika

www.tredition.de

Verlag: tredition GmbH, Hamburg
ISBN: 978-3-347-22546-6
Printed in Germany

Bibliografische Information der Deutschen Nationalbibliothek:
Die Deutsche Nationalbibliothek verzeichnet diese Publikation in
der Deutschen Nationalbibliografie; detaillierte bibliografische Da-
ten sind im Internet über http://dnb.d-nb.de abrufbar.

Inhaltsverzeichnis

Bilder

Es gibt kein sichereres Mittel festzustellen, ob man einen Menschen mag oder hasst, als mit ihm auf Reisen zu gehen. Mark Twain

Dankesworte

Gute Gesellschaft erhöht die Freude am Reisen und vermindert den durch unerwartete Probleme entstehenden Frust. Ich bin allen dankbar, die mich auf meinen Reisen begleitet oder mir in der Fremde Gastfreundschaft gewährt haben. Viele von ihnen werden in den folgenden Aufzeichnungen erwähnt. An dieser Stelle möchte ich drei Menschen besonders hervorheben: meinen Vater Albert Herzmann, meinen Salzburger Onkel Erich Braumüller und meine Frau Ursula Willig. Mein Vater erweckte meine Reiselust, als er meiner Schwester Ilse und mir von der Zeit vorschwärmte, die er mit unserer Mutter vor dem Zweiten Weltkrieg an der Adria verbracht hatte. Onkel Erich pflanzte die Liebe zu den Bergen in mein Herz. Ursula war eine hervorragende Reisebegleiterin in den vergangenen Jahrzehnten.

Die ersten Leserinnen des Manuskripts waren Ursula, Gray Cahill, Siobhan Parkenson und meine Schwester Ilse Czerny. Ihre Kommentare und kritischen Einwände haben mir sehr geholfen. Ilse und mein Kletter- und Wanderfreund Willi Drofenik haben die Mühe des Korrekturlesens auf sich genommen.

Ihnen allen danke ich sehr herzlich!

Wer reist im Flug, der wird nicht klug. Sprichwort aus Finnland

Vorwort

Liebe Leserin, lieber Leser!

Vermutlich lesen Sie dieses Buch, weil Sie gern reisen. Aber was erwarten Sie von einer Reise? Suchen Sie die Sicherheit des Gewohnten angereichert durch südliche Sonne und blaues Meer, oder reizt Sie die Lust auf Abenteuer? Falls Sie zur zweiten Kategorie gehören und unter Abenteuer nicht das Spiel mit dem Tod verstehen, sondern die Erfahrung von Neuem, die zwar ein gewisses Maß an Risikobereitschaft voraussetzt, aber eine Bereicherung darstellt und wertvolle Erinnerungen schafft, dann werden Sie sich in Ihrer Reiselust bestätigt finden. Sollten Sie aber jemand sein, der oder die lieber am Strand in der Sonne liegt und darauf verzichtet, das Urlaubsland besser kennenzulernen, hoffe ich, dass diese Lektüre in Ihnen die Lust erweckt, etwas mehr zu wagen. Möglicherweise sind Sie bisher davor zurückgeschreckt, auf eigene Faust zu reisen, weil sie fürchteten, sich in der fremden Sprache nicht verständigen zu können und in gefährliche Situation zu geraten. Ich kann Ihnen versichern, dass sich die Gefahren in Grenzen halten. Man kann eine abenteuerliche Reise unternehmen, ohne Leib und Leben aufs Spiel zu setzen. Es ist nicht nötig, Afrika per Fahrrad zu durchqueren oder mit dem Snowboard von Gipfeln in den Himalayas abzufahren, um etwas zu erleben.

Ich bin mein Leben lang gern gereist und die Erinnerungen an meine Reisen möchte ich nicht vermissen. Ich meine nicht nur Reisen in weit entfernte Länder, sondern ebenso Urlaube in der näheren Umgebung. Ein kurzer Aufenthalt in den Bergen, an einem See oder in einer Stadt nicht weit von zu Hause kann ebenso lohnend und aufregend sein wie eine Expedition in die Urwälder des Amazonas. Eine mehrtägige Autofahrt ins Blaue, eine einwöchige Radtour, eine alpine Wanderung von Hütte zu Hütte können durchaus abenteuerlich verlaufen.

Heute sind wir es gewohnt, überallhin zu fliegen. Dagegen ist nichts zu sagen, wenn man wenig Zeit hat, aber wer nach einigen Stunden an einem tausende Kilometer entfernten Ort ankommt, hat den Weg zum Ziel übersprungen. Fliegen beraubt uns eines wichtigen Teils der Reiseerfahrung. Ich habe es immer vorgezogen, langsam zu reisen: mit dem Zug oder dem Bus, mit dem eigenen Auto, per Autostopp, mit dem Fahrrad und zu Fuß. Eine Reise, die es verdient, eine solche genannt zu werden, soll man nicht ungebührlich beschleunigen. Der Weg ist mindestens so wichtig wie das Ziel. Auch wenn das Ziel nicht erreicht wird, bleibt der Lohn nicht aus. Er besteht aus den Erfahrungen, die man auf dem Weg gemacht hat, und den Erinnerungen an sie.

Das Folgende ist eine Auswahl von Erlebnissen, die sich am lebhaftesten in mein Gedächtnis eingeprägt haben. Sie stammen von Urlauben, von Reisen, die ich in Verbindung mit meiner Arbeit unternommen habe, sowie von Wanderungen und Klettereien in den Bergen. Es handelt sich nicht um großartige und höchst gefährliche Expeditionen in völlig Unbekanntes, sondern um die Art von Abenteuern, die jedermann offenstehen.

Glückliche Reise!

Fahre in die Welt hinaus. Sie ist fantastischer als jeder Traum. Ray Bradbury

Kapitel 1: Erste Reisen und frühe Träume

1.1 Wien und Salzburg in der Nachkriegszeit

Ich wuchs im Österreich der Nachkriegsjahre auf. Als meine
Mutter kurz vor dem Ende des Zweiten Weltkriegs in einem Lager
in Bayern starb, war ich eineinhalb Jahre alt. Mütter mit kleinen
Kindern waren von Wien nach Bayern gebracht worden, um den
Bombardierungen der Alliierten zu entgehen. Unser Vater sah sich
nicht in der Lage, meine vierjährige Schwester Ilse und mich zu
versorgen. Ilse kam nach Wien in die Obhut von Tante Hanna, der
Schwester unseres Vaters. Ich wurde von Onkel Erich, dem Halb-
bruder unserer Mutter, und dessen Frau, Tante Friedl, die in Salzburg lebten, aufgenommen. Dort verbrachte ich meine frühe Kindheit und die Volksschulzeit. Als ich zehn Jahre alt war, hatte sich
die Situation unseres Vaters so weit verbessert, dass er uns zu sich
nehmen konnte. Ilse und ich zogen in seine Wohnung im dritten
Wiener Gemeindebezirk. Zwei Jahre danach starb er völlig unerwartet. Ilse kam wieder zu ihrer Wiener Tante Hanna, und ich
kehrte nach Salzburg zu Tante Friedl und Onkel Erich zurück.

Die Nachkriegsjahre in Österreich waren eine entbehrungs-
reiche Zeit. Das Land hatte zwar 1955 seine Unabhängigkeit
wiedererlangt, aber die Wirtschaft befand sich in einem schlechten
Zustand. Meine Zieheltern verfügten über genügend Mittel für die
Notwendigkeiten des Lebens. Ich bekam gut zu essen und wurde
gut gekleidet. Tante Friedl verstand es, Kleider selber anzufertigen,
und sie war eine ausgezeichnete Köchin. Wir lebten in einer
Mietwohnung, die sich in einem Haus befand, das im 17.
Jahrhundert erbaut worden war und dereinst zum Besitz der
Salzburger Erzbischöfe gehört hatte. Sie war geräumig und lag in
einer schönen Gegend im Nonntal.

Obwohl es uns so betrachtet gut ging, hatten wir kein Geld für Dinge, die nicht unbedingt notwendig waren. Meine Zieheltern hätten gerne ein Auto gekauft, aber sie konnten sich keines leisten. Auch träumten sie davon, ein eigenes Haus zu bauen. Onkel Erich verbrachte viele Abende damit, Pläne dieses Traumhauses zu entwerfen. Es sollte niemals Wirklichkeit werden.

Die Sommerferien verbrachten wir nicht weit von zu Hause entweder in den Bergen oder an einem See. Salzburg ist mit einer herrlichen Umgebung gesegnet. Die Stadt liegt nahe der Alpen und der Seen des Salzkammerguts. Mein Onkel war ein leidenschaftlicher Bergsteiger, meine Tante zog es zu den Seen. Ihr Lieblingssee war der Wallersee, zu dem man mit dem Bus in einer halben Stunde gelangte.

Eine meiner ersten Reiseerinnerungen ist eine Bahnfahrt von Salzburg nach dem dreißig Kilometer entfernten Werfen, von wo wir mit einem von einem Maultier gezogenen Karren abgeholt und zum Mordegg, einem Alpenhotel im mächtigen Tennengebirge, transportiert wurden. Noch immer erinnere ich mich an die würzige Alpenluft und den phantastischen Blick auf die Berge des Steinernen Meers und an die fetten Kühe, die vor dem Hotel auf der Wiese grasten.

Eine andere frühe Erinnerung habe ich an eine Reise nach Bad Gastein, wo ich einige Wochen mit meiner Wiener Tante Hanna und meiner Schwester verbrachte. Ein Fiaker führte uns vom Bahnhof zum Hotel. Ich hatte ein kleines Windrad, das mir auf die Straße fiel, woraufhin ich ein so fürchterliches Geschrei erhob, dass der Kutscher anhalten musste, so dass meine Tante das Windrad retten konnte. Ich erinnere mich an das Hotelzimmer mit blauen Wänden und an das entfernte Pfeifen einer Dampflokomotive. Und dann war da noch ein Sessellift. Tante Hanna nahm mich auf den Schoß, und ich fand es ungeheuer aufregend, die Wiesen und Bäume weit unter mir zu sehen, während wir aufwärts schwebten.

Mehrere Male fuhr ich in Begleitung einer erwachsenen Person von Salzburg nach Wien, um Tante Hanna, Ilse und meinen Vater zu besuchen. Österreich war damals noch von den siegreichen Alliierten besetzt und in vier Zonen geteilt: eine französische, eine britische, eine amerikanische und eine russische. Salzburg war amerikanisch, der Osten Österreichs jenseits der Enns stand unter russischer Kontolle. Wien lag mitten in der russischen Zone und war, genauso wie Berlin, in vier Sektoren unterteilt. Wenn der Zug aus Salzburg die Stadt Enns erreichte, hielt er an, und russische Soldaten kontrollierten die Dokumente der Passagiere. Bis heute ist mir die Atmosphäre von Angst in Erinnerung, die sich im Zugsabteil ausbreitete, wenn die Russen den Zug bestiegen. Es war, als ob die Leute fürchteten, aus dem Zug herausgeholt zu werden und auf Nimmerwiedersehen zu verschwinden. Soviel ich weiß, ist das nie passiert. Die meisten russischen Soldaten waren freundlich und schienen Kinder besonders gern zu sehen.

Die Wohnung meines Vaters lag im britischen, die von Tante Hanna im amerikanischen Sektor. Man konnte problemlos von einem Sektor in einen anderen gelangen. Gegenüber Tante Hannas Wohnung in der Siebensterngasse befand sich das *Kosmoskino*, das von amerikanischen Soldaten und deren Wiener Freundinnen frequentiert wurde. Man konnte dort die neuesten Hollywoodfilme im Original sehen.

Wenn man der Siebensterngasse in Richtung Stadtzentrum folgte, kam man bei einer aufgelassenen Turnhalle vorbei. Sie hatte im Juli 1934 eine historische Rolle gespielt. In ihr traf sich eine Gruppe von Nazis, bevor sie zum Ballhausplatz weiterzog und den Kanzler Engelbert Dollfuß ermordete. Der Putsch wurde niedergeschlagen, und es dauerte noch weitere vier Jahre, bis das Land den deutschen Invasoren zum Opfer fiel. Als die Nazis im Jahr 1938 an die Macht kamen, benannten sie die Siebensterngasse in *Straße der Julikämpfer* um, im Andenken an die Attentäter, die nun als Helden der ersten Stunde verehrt wurden. Nach dem Zusammenbruch des „Dritten Reichs" erhielt die Straße ihren alten Namen zurück. Setzt man den Weg von der Turnhalle weiter fort, gelangt man zur Ringstraße, dem eindruckvollen städtebaulichen Monument aus der Zeit des Kaisers Franz Josef I, und weiter in das

Zentrum und in die Vergangenheit der Stadt: zu den Gartenanlagen des 19. Jahrhunderts und den barocken Gebäuden, dem mittelalterlichen Dom und den Überresten der Römerzeit. Zwischen der Ringstraße und dem Stadtkern liegt der imposante Heldenplatz mit den Statuen der Feldherrn Eugen von Savoyen und Erzherzog Karl. Auf dem Balkon der Hofburg, von dem aus man den Platz überblickt, stand am 15. März 1938 Adolf Hitler und proklamierte vor einer fanatisch jubelnden Menge die „Heimkehr Österreichs ins Reich".

Ein kurzer Spaziergang von etwa drei oder vier Kilometern führt durch viele Schichten österreichischer und europäischer Vergangenheit. Sehr früh wurde mir bewusst, dass Reisen eng verbunden ist mit der Erfahrung verschiedener Lebensformen, politischer Situationen und historischer Erinnerungen.

Tante Hanna besaß ein Wochenendhaus in Essling, in einem östlichen Wiener Außenberzirk, der im russischen Sektor lag. Die Fahrt von der Siebensterngasse nach Essling war eine Odyssee. Zuerst nahmen wir die Straßenbahn Nr. 49 bis zur Bellaria an der Ringstraße. Von dort ging es weiter mit der Tramway T (dem „T-Wagen") in den dritten Bezirk, wo mein Vater wohnte. Dort mussten wir in die Nr. 25 umsteigen, die uns zum Prater, Wiens legendärem *Funpark*, brachte. Wieder mussten wir in eine andere Straßenbahn umsteigen, ich habe vergessen, welche Nummer sie hatte. Wir fuhren durch Aspern, in dessen Mitte die Statue eines Löwen zu sehen ist. Er erinnert an die Schlacht von Aspern im Jahr 1809, in der Napoleon den Nimbus der Unbesiegbarkeit verlor, als er sich vor den Truppen des Erzherzogs Karl zurückziehen musste. Noch heute findet man in den nach der Donauregulierung verbliebenen Auwäldern viele Überreste dieser Schlacht, die grauenhaft gewesen sein muss. Nachdem wir aus der Straßenbahn ausgestiegen waren, mussten wir zu Fuß ein russisches Flugfeld überqueren, um in die Siedlung zu gelangen, in der das Wochenendhaus lag. Die startenden und landenden Flugzeuge donnerten über unsere Köpfe hinweg.

Die Bahnfahrten zwischen Salzburg und Wien waren die weitesten Reisen, die ich in meiner frühen Kindheit unternahm. Aber auch kleinere Unternehmungen waren ein Abenteuer. Tante Friedl hatte Verwandte in Bad Ischl, die wir mitunter besuchten. In den frühen Fünfzigerjahren benützten wir die Ischlerbahn. Sie war eine Schmalspurbahn, die Onkel Erichs Vater erbaut hatte. Einige Jahre später wurde diese liebenswerte Bahn aufgelassen und im Zuge des sogenannten Fortschritts durch Autobusse ersetzt. Die zahlreichen Proteste gegen diese Barbarei halfen nichts. Wir fuhren in der Regel mit einem sehr frühen Zug, um möglichst viel vom Tag zu haben. Tante Friedl verbrachte den Abend davor mit den Reisevorbereitungen. Es gab immer eine unglaubliche Menge zu tun, so als ob es eine Expedition in unbekannte Weiten zu unternehmen galt. Nicht selten kam es vor, dass meine arme Tante von den Vorbereitungen so erschöpft war, dass sie am nächsten Morgen mit heftigen Kopfschmerzen aufwachte und wir alle zu Hause blieben.

1.2 Sonne über der Adria

Nach der Beendigung der Volksschulzeit übersiedelte ich nach Wien, wo ich mit meinem Vater und Ilse in unmittelbarer Nähe der *Großmarkthallen* wohnte. Es waren das zwei riesige Hallen aus Eisen. In der *Fleischmarkthalle* gab es alle erdenklichen Fleischprodukte zu kaufen, die *Gemüsemarkthalle* war ein Paradies für Vegetarier. Sie waren vergleichbar mit *Les Halles* in Paris, die als der Bauch von Paris bekannt waren. Weder die Großmarkthallen noch Les Halles haben den Fortschritt überlebt. Les Halles wurden durch ein unterirdisches Einkaufs- und Amusement-Zentrum ersetzt, die Großmarkthallen sind einem scheußlichen Einkaufszentrum gewichen.

Unser Vater hatte nie Geld. Er besaß so wenig, dass es nicht der Mühe wert war, von einem Auto zu träumen oder gar Pläne für ein zukünftiges Haus zu entwerfen. Er hatte andere Träume, auf die ich sogleich zu sprechen komme. Er war in Banja Luka geboren und in Bosanski Novi aufgewachsen, wo sein Vater (mein

Großvater) einen Posten als Chefchirurg des dortigen Spitals innehatte. Bosnien war Teil des Ottomanischen Imperiums gewesen, 1878 unter die Verwaltung Österreich-Ungarns gestellt und 1908 annektiert worden. Unser Vater hatte unsere Mutter, die in Sarajevo geboren worden war, in Belgrad kennengelernt. Dort kam Ilse zur Welt. Einen Monat nach der Geburt meiner Schwester, am 6. und 7. April 1941, wurde Belgrad von der deutschen Luftwaffe ohne jede Vorwarnung oder Kriegserklärung bombardiert. Unsere Eltern flohen daraufhin nach Wien, wo ich zwei Jahre später das Licht der Welt erblickte. Wien war zu dieser Zeit noch sicher. Die Bombardierungen der Alliierten erfolgten erst später.

In der Zeit vor dem Krieg hatten Vater und Mutter ihre Sommerurlaube an der dalmatinischen Küste verbracht. Wann immer unser Vater von der Adria sprach, dehnte er den a-Vokal in die Länge und seine Augen leuchteten auf. Die *Aaaaadria* stand für die schönere Vergangenheit in Jugoslawien, nach welchem Land er immer Heimweh hatte. Er erweckte in uns Kindern die Sehnsucht, möglichst bald dieses herrliche Meer mit eigenen Augen zu sehen.

Einmal sahen wir mit unserem Vater den Film *Sonne über der Adria*. Es ging um eine Liebesgeschichte, die an der adriatischen Küste spielte. In einer Szene saß der damals sehr beliebte deutsche Schlagersänger René Carol auf einer Steinmauer und begleitete sich mit der Gitarre zu einem Lied, während hinter ihm das blaue Meer leuchtete. Das Lied enthielt die Worte: *Sonne über der Adria, das ist Sonne für uns zwei....* Nach diesem Film wuchs unsere Sehnsucht nach der Adria ins Unermessliche. Ilse und ich bestürmten unseren Vater, mit uns in den Sommerferien dorthin zu reisen. Nicht länger wollten wir uns mit Ausflügen in den *Wienerwald* und zu den Schwimmbädern in der *Alten Donau* begnügen.

Ilse kam auf eine brillante Idee: Wenn wir jeden Tag einen kleinen Betrag, z.B. zehn Schillinge, zurücklegen, haben wir in ein bis zwei Jahren das nötige Geld für eine Reise nach Jugoslawien beisammen. Unser Vater wusste eine gute Idee zu schätzen. Wir kauften ein Sparschweinchen und fütterten es täglich mit zehn Schillingen, und es wurde langsam immer fetter bzw. voller. Leider befand sich unser Vater häufig in finanziellen Schwierigkeiten. Er schuldete Freunden Geld, das er manchmal zurückzahlen musste, es gab lästige Rechnungen für Strom und Gas, und essen mussten wir auch. Wenn er dringend Geld brauchte, nahm er etwas aus dem Sparschweinchen heraus und verprach uns, es bald zurückzugeben. Dies war ihm jedoch zumeist unmöglich, und so fand unser schöner Traum ein trauriges Ende.

Meine Sehnsucht nach dem Meer blieb noch längere Zeit unerfüllt. Als ich fünfzehn Jahre alt war – ich lebte inzwischen wieder bei meinen Salzburger Zieheltern – war ich fest entschlossen, ein Seemann zu werden. Mein Traum war es, als Schiffskapitän um die Welt zu reisen. Hamburg war *das Tor zur Welt*. Ich hatte diesen Ausdruck irgendwo gelesen, vielleicht in einem Buch des deutschen Reiseschriftstellers A. E. Johann. Tante Friedl hatte mir eines seiner Bücher geschenkt. Es trug den Titel *Große Weltreise*, und auf dem Umschlag war ein wunderschönes Passagierschiff abgebildet. Es waren die letzten Jahre der großen Passagierschiffe, die bald darauf von den Fliegern abgelöst wurden. Noch fuhren die *Queen Mary* und die *Queen Elisabeth* über den Atlantik. Trägerin des Blauen Bandes war das amerikanische Schiff *United States*. Es brauchte für die Überfahrt nur vier Tage.

Mein Wunsch, die Adria zu sehen, machte dem Verlangen Platz, nach Bremen und Hamburg zu reisen. Die Namen dieser Städte hatten für mich einen zauberhaften Klang angenommen. Als ich sechzehn war, fuhr ich mit meinem Schulfreund Friedemann Bachleitner per Autostopp durch Deutschland, Belgien und Holland. Unser Ziel war Hamburg. In Köln hatte Friedemann die kühne Idee, die Weiterreise per Schiffstopp zu versuchen. Wenn man Autos anhalten konnte, warum nicht auch ein Schiff auf dem Rhein? Wir gingen zum Hafen und hatten Glück. Der erste Kapitän, den wir ansprachen, war ein Holländer, der am nächsten Morgen in Richtung Rotterdam auslief. Er lud uns ein, auf sein Schiff zu kommen. Die Reise ging flussaufwärts und dauerte zwei

Tage. Zum ersten Mal war ich auf einem Schiff. Es war zwar nur ein Flussschiff, aber immerhin ein Schiff, und ich war in meinem Element als zukünftiger Kapitän. In Rotterdam sah ich den ersten richtigen Hafen. Damals war es der größte Hafen der Welt. Und dann, in Scheveningen, erblickte ich zum ersten Mal das Meer, das sich in die Unendlichkeit zu erstrecken schien. Es war überwältigend.

Nicht nur das Meer erstreckte sich in die Ewigkeit, auch das flache holländische Land schien kein Ende zu haben. Die Sonnenuntergänge dauerten lange und waren wunderbar. Dennoch begann ich nach einigen Tagen die Berge zu vermissen. Ich sprach darüber mit einem Holländer, der uns im Auto mitnahm, und er sagte, dass ihm in Innsbruck der Blick in die Weite fehlte, er fühlte sich von den nahen Bergen der Nordkette gleichsam erdrückt. Mich hatten die Berge niemals beengt. Sie waren dazu da, erstiegen zu werden. Von ihren Gipfeln aus konnte man in noch weitere Fernen blicken als vom Meeresstrand oder von einer holländischen Ebene.

Sehr früh wurde mir bewusst, wie viel mir die Natur bedeutet. In den vergangenen vierzig Jahren habe ich in Irland gelebt und war immer in der Nähe des Meeres. Ich liebe das Meer, aber wenn ich in Österreich bin, fehlt es mir nicht. Die Berge hingegen suche ich, wo immer ich mich aufhalte. Ohne sie könnte ich nicht leben. In Dublin haben wir die Dubliner und Wicklower Berge vor der Haustür, aber wirklich dramatische Berge mit alpinem Flair gibt es im Westen und Südwesten der Insel in Connemara, Mayo und Kerry. Die *Maam Turks* und die *Twelve Bins* in Connemara erinnern mich an das *Tennengebirge* südlich von Salzburg, wo ich in meiner Kindheit oft mit Onkel Erich und unserem Schnauzer Puck wanderte. Am glücklichsten bin ich im Gebirge. Ich bin kein Seemann geworden.

Einige weitere Jahre mussten vergehen, bevor ich endlich an die Adria reiste. Ich studierte Geschichte und Germanistik in Wien, als ich mich in eine Amerikanerin verliebte, die dort Deutsch lernte.

Ann war Studentin der Kunstgeschichte, und ihre Universität bestand darauf, dass sie Deutsch zumindest lesen könne. Ihr Fachgebiet war die byzantische Kunst. An der Wiener Universität lehrte damals ein international anerkannter Byzantinist, Otto Demus, dessen Vorlesungen sie besuchte. Ihre Eltern hatten ihr einen Volkswagen gekauft. Mit diesem unternahmen wir im Sommer 1966 eine mehrwöchige Reise durch Jugoslawien. Wir fuhren durch Serbien, den Kosovo und Makedonien auf der Suche nach byzantinischen Klöstern mit ihren großartigen Fresken aus dem 13. und 14. Jahrhundert: Mileševa, Sopoćani, Gračanica, Peć und andere mehr. Hier eröffnete sich mir eine neue Welt, von der ich bis dahin keine Ahnung gehabt hatte. Und in diesem Sommer war es, dass ich zum ersten Mal die Adria zu Gesicht bekam, nach der ich mich so viele Jahre lang gesehnt hatte.

Bis heute halte ich die dalmatinische Küste für die schönste der Welt. Sie ist eine Steilküste von unübertrefflicher Dramatik. Es gibt tausende kleine Buchten, zu denen man mühsam hinabsteigen muss, um ins Wasser zu gelangen. Unzählige Inseln erstrecken sich entlang der Küste. Nicht nur die Natur bietet ein großartiges Schauspiel, auch die Städte können sich sehen lassen. Da gibt es das mittelalterliche Zadar, das römische Split mit dem Palast des Kaisers Diokletian und die Perle der Adria, das von den Venezianern errichtete Dubrovnik. Mein Vater erwähnte diese Stadt oftmals, doch nannte er sie bei ihrem alten Namen: Ragusa, wobei er den u-Laut auf dieselbe Weise in die Länge zog wie das a der Adria.

Die Nordsee hatte mich einige Jahre vorher tief beeindruckt, aber die Adria ist für mich bis heute der Inbegriff allen Meeres geblieben. Es mag wohl sein, dass meine Verliebtheit zu dem Hochgefühl, das ich empfand, beitrug. Wie immer dem auch sein mag: alle meine Jugendträume, mein romantisches Fernweh und meine Wanderlust fanden hier für kurze Zeit ihre vollkommene Erfüllung.

Gegen Zielsetzungen ist nichts einzuwenden, sofern man sich dadurch nicht von interessanten Umwegen abhalten lässt. Mark Twain

Kapitel 2: Die Schweiz und Frankreich 1962

2.1 Hinweg

Ich liebe Städte. Sooft ich meine Familienangehörigen in Wien besuchte, war ich von den historischen Schichten fasziniert, aus denen sich diese Stadt zusammensetzt. Die bedeutenden Städte Europas haben unsere Geschichte in Stein und Ziegeln, in Kunstwerken, Institutionen und Lebensformen aufbewahrt. In Wien findet man Europas Geschichte auf wenige Quadratkilometer konzentriert. Mit seiner herrlichen Architektur bietet Wien auch eine Augenfreude. Dies gilt ebenso für viele andere europäische Städte, insbesondere für Paris. Schon sehr früh träumte ich nicht nur davon, die Adria zu sehen, einer meiner innigsten Wünsche war es auch, nach Paris zu reisen. Nachdem ich die höhere Schule mit der Matura abgeschlossen hatte, wollte ich nicht länger warten. Da keiner meiner Freunde Lust hatte, mit mir zu kommen, beschloss ich, alleine mit dem Fahrrad von Salzburg nach Paris zu fahren.

Anfang Juli fuhr ich von Salzburg weg. Die Fahrt durch das gebirgige Tirol und über den Arlberg war anstrengend. Ich brauchte mehrere Tage, bis ich die Schweizer Grenze erreichte. Mein erstes Ziel war Dornach bei Basel. Dort befindet sich das *Goetheanum*, das Weltzentrum der Anthroposophie. Einer meiner Klassenkameraden, Mario, war Anthroposoph und verbrachte jeden Sommer dort. Er hatte versprochen, mir im Goetheanum einen Job zu verschaffen, damit ich Geld für die Weiterreise verdienen könne. Auch Unterkunft hatte er mir zugesichert.

Vor meiner Ankunft in Dornach wusste ich absolut nichts über Anthroposophie. Nun erfuhr ich, dass die Waldorf Schulen von den Anthroposophen geführt werden und dass die Anthroposophie eine Bewegung ist, die antiautoritären und holistischen

Prinzipien folgt, dass sie organische und biodynamische Landwirtschaft pflegt und dass es sogar eine alternative anthroposophische Medizin gibt. Es gibt auch eine anthroposophische Architektur, deren bestes Beispiel das Goetheanum ist. Bedeutende moderne Architekten wie Richard Neutra, Le Corbusier, Henry van der Velde, Eero Saarinen, Frank Lloyd Wright, Erich Mendelsohn und Hans Scharoun waren von ihr beeinflusst. Der Gründer der Anthroposophie war der österreichische Philosoph Rudolf Steiner (1861 – 1925).

Mario stellte mich Herrn K, dem Oberhaupt der Putzbrigade, vor, der sich bereiterklärte, mich in seine Dienste zu nehmen. Hier war ich nun und arbeitete unermüdlich, um genug Geld für meine Reise nach Paris zu verdienen. Herr K war ein kleiner und zierlicher Mann, der immer eine dicke Zigarre im Mund hatte. Er organisierte die Reinigungsarbeiten so, als ob es sich um eine gewaltige militärische Operation handelte. Wir wurden nach unserer Leistung bezahlt. Wer viel und gründlich putzte, erhielt mehr, Faulpelze bekamen weniger.

Jeden Tag bereitete Herr K ein herrliches Müsli zu. Er füllte ein riesiges Fass mit saurer Milch, Früchten, Nüssen und Haferflocken und rührte die Mischung eifrig um, während er die brennende Zigarre im Mund hatte. Das bisschen Asche, das in das Fass fiel, beeinträchtigte den Geschmack in keiner Weise. Wann immer wir Lust hatten, tauchten wir eine Schüssel in die Mischung und schöpften daraus. Alle Gebote der Hygiene wurden ignoriert. Niemand wurde krank, und niemals wieder habe ich so ein gutes Müsli genossen.

Das Heizhaus des Goetheanums, in dem wir Reinigungskräfte untergebracht waren, sah aus wie eine steinerne Flamme. Dort schliefen wir nicht nur, wir bereiteten auch unsere Mahlzeiten zu. Theo, ein junger Holländer, kochte für uns alle. Er war ein guter Koch, der sich um Hygiene noch weniger kümmerte als Herr K. Seine Schürze wurde niemals gewaschen, und er benützte dasselbe Tuch, um das Geschirr zu trocknen und den Boden aufzuwischen.

Wir waren eine fröhliche Gemeinschaft und erfreuten uns bester Gesundheit.

Alle Anthroposophen, die ich kennenlernte, waren reizende Menschen. Sie waren zartfühlende und tolerante Naturen und überzeugte Pazifisten. Die meisten von ihnen verbrachten einige Wochen im Goetheanum, um an Kursen, Konzerten, Theatervorstellungen und Vorlesungen teilzunehmen. Einmal besuchte ich ein Konzert. Ein Streichquartett von Mozart wurde aufgeführt und simultan von einer Tanzgruppe in Bewegung übersetzt. Die holistische Weltauffassung ging davon aus, dass alles mit allem verbunden ist, und dass beispielsweise körperliche Bewegungen in Musik übertragen werden können und umgekehrt.

Ein anderes Mal wohnte ich einer Aufführung von *Alexanders Wandlung* bei, eines 1953 von Albert Steffen verfassten Theaterstücks. Albert Steffen hatte nach dem 1925 erfolgten Tod Rudolf Steiners dessen Nachfolge als Präsident der Anthroposophischen Gesellschaft angetreten. *Alexanders Wandlung* ist ein sehr langes Stück, von dem ich kein Wort verstand. Später las ich, dass es die Reise Alexanders des Großen darstellt, die dieser nach seinem Tod durch die Regionen des Geistes unternimmt, bis er wieder zur Erde zurückkehrt. Parallel zu Alexanders Wanderung und Wandlung werden die sich andauernd verändernden Verhältnisse auf der Erde gezeigt. Obwohl ich nichts verstand, beindruckte mich die Sprache. Die Schauspieler bedienten sich weder einer prosaischen noch einer gehobenen Sprache, wie man sie aus der klassischen Tragödie kennt, sondern einer Sprache, die sich zwischen normalem Sprechen und Gesang bewegte, ohne eines von beiden zu sein. Und Rezitativen war sie auch nicht ähnlich. Am ehesten mag man sie als expressiv oder expressionistisch beschreiben. Manche Vokale wurden extrem in die Länge gedehnt, die Lautstärke schwankte, manchmal hörte man fast nichts, dann wieder schwoll der Ton gewaltig an, die Tonhöhe ging auf und ab. Alles war Klang, Rhythmus und Bewegung. Man erzählte mir, dass bei besonderen Anlässen *Faust I* und *Faust II* auf diese Weise aufgeführt werden.

Eines Morgens putzte ich auf den Knien rutschend vor mich hin und pfiff, während ich mich einer Ecke näherte, die Melodie von Papagenos Arie *Der Vogelfänger bin ich ja* aus Mozarts *Die Zauberflöte*. Plötzlich hörte ich, wie jenseits der Ecke jemand die Melodie aufgriff und weiterführte. Gleich darauf stieß ich mit dem Pfeifer zusammen. Er hieß Tony und war ein Student aus England, der mit seinem Freund Phil im Goetheanum arbeitete, um Geld für die Weiterreise zu den Salzburger Festspielen zu verdienen. Tony und Phil waren keine großartigen Arbeiter und verdienten daher nicht genug, um sich die Reise nach Salzburg leisten zu können. Herr K hielt nicht viel von ihnen und nannte sie immer nur *die Tommies*. Die Arbeitsmoral dieser beiden Tommies mag nicht dem Schweizer Standard entsprochen haben, aber sie waren sehr liebenswürdige Menschen, mit denen ich mich schnell befreundete. Beide studierten Geschichte und wollten Lehrer werden.

Im folgenden Sommer besuchte mich Tony in Salzburg und wohnte mehrere Wochen bei mir bzw. bei meinen Zieheltern. Danach fuhr ich mit ihm nach England und verbrachte längere Zeit in Littleport in der Nähe von Ely im Haus seiner Eltern. Tony interessierte sich sehr für lokale Geschichte. Die Kathedrale von Ely kannte er bis ins kleinste Detail und er hatte Zugang zu allen möglichen Teilen dieses großartigen Bauwerks, die der Öffentlichkeit normalerweise verschlossen waren. Mit Phil verlor ich den Kontakt, aber Tony wurde ein lebenslanger Freund.

2.2 Rückweg

Auf dem Weg zurück von Paris machte ich eine weitere unvergessliche Erfahrung. Nachdem ich einen Tag lang von Paris in Richtung Straßburg geradelt war, kam ich am Abend nach Fère Champenoise, einem kleinen Ort in der Marne-Region. Da es bald dunkel wurde, machte ich mich auf die Suche nach einem Hotel oder einer Herberge, konnte jedoch nichts finden. In meinem armseligen Französisch fragte ich eine Frau, die gerade vorbeiging, ob sie wüsste, wo ich eine Unterkunft finden könne. Sie bot mir an, in ihrem Haus zu übernachten. Nachdem wir einige Minuten schweigend nebeneinander hergegangen waren, fragte sie mich, woher ich sei. Als ich sagte: *Autriche*, leuchteten ihre Augen auf und sie rief: *Ah Autriche!* Madame D stammte aus der Tschechoslowakei und hatte einen Franzosen geheiratet. Sie freute sich, mich zu sehen, als ob ich ein Landsmann wäre. Zwar hatten wir seit 1918 keinen gemeinsamen Staat mehr, doch teilten wir immer noch dasselbe mitteleuropäische Erbe. Sie gab mir ein gutes Abendessen, ein komfortables Bett und ein reichliches Frühstück. Während des Abendessens erzählte sie mir, dass sie eine kleine Wohnung in Neuilly sur Seine in unmittelbarer Nähe von Paris besitze, die sie mir gerne zur Verfügung stellen würde, sollte ich wieder einmal nach Paris kommen. Zum Abschied am Morgen packte sie mir eine Flasche Wein und hausgemachte *Powidltascherln* ein. Diese sind eine herrliche tschechische Mehlspeise, die auch in Österreich sehr beliebt ist.

Mit Madame D verblieb ich in losem Briefverkehr. Als ich ihr nach einigen Jahren schrieb und fragte, ob ihr Angebot immer noch gelte, erhielt ich von ihrem Mann die schockierende Nachricht, dass sie vor einigen Monaten vor dem Haus von einem Auto überfahren worden und an den Folgen diese Unfalls gestorben war.

Mein Aufenthalt in Paris fiel zwischen meine Zeit im Goetheanum und den Beginn meiner Freundschaft mit Tony auf der einen und meine Begegnung mit der liebenswürdigen Madame D auf der anderen Seite. Paris war mein Ziel, aber meine Erinnerungen an diese wunderbare Stadt sind vage. Viel mehr haben sich die Tage im Goetheanum in mein Gedächtnis eingegraben. Ich nahm von dort eine Freundschaft mit, die erst vor wenigen Jahren endete, als Tony starb. Und die liebe Madam D werde ich nie vergessen. Der Weg nach Paris und zurück hinterließ tiefere Spuren als Paris selbst.

Es ist nicht nötig, hier die Schönheiten dieser herrlichen Stadt zu beschreiben und ihre kulturellen Monumente zu lobpreisen. Ich wohnte in einer Herberge der UNESCO, die ich mir gerade noch leisten konnte. Zum Frühstück gab es *café au lait* und eine *baguette* mit Butter. Da mein Geld knapp war, vermied ich es, den öffentlichen Verkehr zu benützen und erforschte die Stadt per Fahrrad und zu Fuß. Oft war ich genötigt, Leute zu fragen, wie ich da oder dorthin gelange, was mir die Gelegenheit gab, mein Französisch aufzupolieren. Im Gegensatz zu dem, was ich über die angebliche Schroffheit und Arroganz der Pariser gehört hatte, fand ich die meisten Leute ausnehmend freundlich und charmant. Manchmal begleitete mich der eine oder andere Gast der Herberge auf meinen Spaziergängen. Einer davon war ein junger Mann aus Indien, der wissen wollte, was der Unterschied zwischen einer romanischen und einer gotischen Kirche sei. Ich tat mein Bestes, es ihm zu erklären. Die meiste Zeit über war ich hungrig. Alles, was ich mir leisten konnte, waren *Hot Dogs* und *pommes frites*. Kein Wunder, dass ich nach einer Woche vollkommen erschöpft war.

Ich hatte gehofft, Versailles zu sehen, aber meine Kräfte verließen mich, und ich beschloss, die lange Heimreise anzutreten. Madame D in Fère Champenoise war sehr überrascht, als sie erfuhr, dass ich Versailles nicht besucht hatte. „Was, Sie waren in Paris und haben Versailles nicht gesehen?" Möglicherweise war dies ein Grund, warum sie mir ihre Wohnung in Neuilly sur Seine anbot. Viele Jahre später, in einem November, besuchte ich Paris mit Ursula. Wir fuhren nach Versailles und schlossen uns einer geführten Tour an, an der nur fünf Leute teilnahmen. Was für ein Privileg, die Innenräume von Versailles, durch die normalerweise hunderte und tausende Touristen hindurch geschleust werden, für uns zu haben!

Nachdem ich mich von Madame D in Fère Champenoise verabschiedet hatte, brauchte ich noch zwei Tage bis Straßburg. Dann hatte ich genug von der Radlerei und fuhr zum Bahnhof. Dort erfuhr ich, dass am frühen Morgen des nächsten Tages ein Zug nach Salzburg ging. Ich schlief auf einer Bahnhofsbank und bestieg den Zug in Allerherrgottsfrüh. So endete mein erster Besuch von Paris.

Wer die Enge seiner Heimat begreifen will, der reise. Wer die Enge seiner Zeit ermessen will, studiere Geschichte. Kurt Tucholsky

Kapitel 3: Jugoslawien 1964 - 2007

3.1 Ein verschollenes Land

In meiner Kindheit und frühen Jugend war Jugoslawien für mich zuallererst das Land der Adria. Lange vor meiner Geburt hatten meine Eltern und meine Großeltern väterlicher- und mütterlicherseits dort gelebt. Mein Vater und Tante Hanna wurden in Bosnien geboren, das seit 1878 unter der Verwaltung von Österreich-Ungarn stand, bevor es 1908 annektiert wurde. Meine Mutter kam in Sarajewo auf die Welt. Meine Großeltern väterlicher- und mütterlicherseits und meine Eltern blieben nach dem Ersten Weltkrieg in dem neu gegründeten Königreich Jugoslawien, dessen Hauptstadt nun Belgrad war. Vorher waren sie Untertanen des Habsburgerreichs gewesen, nun wurden sie Jugoslawen. In Belgrad lernten mein Vater und meine Mutter einander kennen. Das Königreich Jugoslawien bestand aus Bosnien und Herzegowina, Slowenien, Kroatien, Makedonien, Kosovo, Montenegro und Serbien. Bis 1918 gehörten Bosnien und Herzegowina, Slowenien und Kroatien sowie Teile Serbiens zur österreichisch-ungarischen Monarchie.

Meine Großeltern und Eltern beherrschten das Serbokroatische (so hieß die Sprache damals noch) perfekt, zu Hause aber sprachen sie Deutsch und wurden der deutschsprachigen Minderheit des neuen Staates zugeordnet. Meine Mutter las einige Zeit lang die deutschsprachigen Nachrichten im Belgrader Radio. 1941 flüchteten meine Eltern mit meiner nur wenige Wochen alten Schwester vor den Nazibomben von Belgrad nach Wien, wo ich geboren wurde. Nach dem Tod unserer Mutter blieb unser Vater in Wien und erhielt die österreichische Staatsbürgerschaft. Bis zu seinem Lebensende plagte ihn das Heimweh nach Jugoslawien und der Adria.

Nach dem Zweiten Weltkrieg wurde das Königreich Jugoslawien von Titos kommunistischem Regime abgelöst. Immer noch aber war es das gemeinsame Haus aller südslawischen Völker und der Albaner des Kosovo sowie die Heimat von orthodoxen Christen, Katholiken und Mohammedanern. Es war eine kleinere Version des österreichisch-ungarischen Vielvölkerstaates und so gesehen sein treuester Nachfolger. Wie die Habsburger Monarchie fiel auch Titos Jugoslawien der nationalistischen Pest zum Opfer. Während das Reich der Habsburger Jahrhunderte überdauert hatte, bevor ihm der im neunzehnten Jahrhundert ausbrechende Nationalitätenstreit den Todesstoß versetzte, fiel Titos Schöpfung ein halbes Jahrhundert nach seiner Entstehung auseinander, als eine neue und noch bösartigere Welle nationalistischen Wahnsinns über den Balkan hereinbrach.

Ich hatte das Glück, Titos Jugoslawien einige Male zu besuchen, als es noch eine glaubwürdige Alternative zum Kommunismus sowjetischer Prägung und ein Beispiel des funktionierenden Zusammenlebens verschiedener Völker und Religionen zu sein schien. Die Schwester unserer Mutter, Tante Gerda, war 1941 nicht vor den deutschen Bomben geflüchtet. Sie blieb mit ihrem Mann Vojeslav (kurz Vojo), einem Serben, in Belgrad. Die Kinder aus dieser Ehe sind Cousine Dušanka und Cousin Dejan. Als Ilse und ich sie kennenlernten, waren sie Jugoslawen, heute sind sie Serben.

Im Sommer 1964 wurden Ilse und ich von Tante Gerda und Onkel Vojo nach Belgrad eingeladen, und im folgenden Jahr verbrachten Dejan und Dušanka einige Wochen bei Tante Hanna in Wien. Tante Gerda und Onkel Vojo sprachen perfektes Deutsch, ihre Kinder aber konnten außer Serbokroatisch nur Französisch. Nach dem Krieg, so erzählte uns Tante Gerda, war es nicht ratsam, Deutsch zu sprechen, da dies feindliche Reaktionen auslösen konnte, weshalb sie und Vojo es für das Beste hielten, den Kindern kein Deutsch beizubringen. Ich sprach einigermaßen gut Englisch, meine Schwester aber hatte in der Schule nicht Englisch, sondern Französisch gelernt. Die einzige Sprache, die wir alle so recht und schlecht beherrschten, war das Lateinische. Dies wurde unsere *lin-*

gua franca. Am Anfang war es ziemlich mühsam, aber allmählich wurden wir besser und schafften es schließlich sogar, uns auf Lateinisch Witze zu erzählen.

Damals wusste ich sehr wenig über die Geschichte und die politische Situation Jugoslawiens. Belgrad war für mich eine exotisch angehauchte Stadt, in der ich mich bald sehr wohl fühlte. Mir gefielen das Gewimmel der Menschen auf den Straßen an den heißen Sommerabenden, die Restaurants am Ufer der Sava, das scharf gewürzte Essen und die Märkte. Alles war ein bisschen heruntergekommen, aber das war in den mittel- und westeuropäischen Städten nicht anders. Wien und Paris waren bis in die späten Sechzigerjahre ziemlich schäbig.

Onkel Vojo war Antikommunist und machte daraus kein Hehl, was ihm jedoch beruflich und auch sonst nicht zu schaden schien. Eines Tages bot ihm einer seiner Freunde an, uns mit seinem Auto in die Umgebung von Belgrad zu fahren. Onkel Vojo warnte mich davor, abschätzige Äußerungen gegen den Kommunismus oder gegen Tito zu machen, da sein Freund ein Anhänger des Regimes war. Der Tag verlief sehr angenehm, mein Onkel und sein titoistischer Freund kamen ungeachtet ihrer politischen Differenzen recht gut miteinander aus.

Wenn es aber sein musste, zögerte Onkel Vojo nicht, gegen die Repräsentanten des Staates mutig aufzutreten. Einmal gingen wir in einem Park spazieren und beobachteten, wie ein Polizist einem etwa vierzehnjährigen Jungen, der ein Flobertgewehr hatte, zeigte, wie man Vögel abschießt. Onkel Vojo war empört und wies den Polizisten wegen seiner unverantwortlichen Handlungsweise (Tierquälerei, Gefährdung der Spaziergänger) mit sehr deutlichen Worten zurecht. Der Hüter des Gesetzes schrumpfte unter den verbalen Kanonaden meines Onkels um einige Nummern zusammen und entschuldigte sich schließlich auf höchst unterwürfige Weise.

Während meines ersten Besuchs in Jugoslawien kam ich nicht an die Adria. Es vergingen weitere zwei Jahre, bis es so weit war.

Die Gelegenheit ergab sich im Sommer 1966, als ich Ann kennenlernte. Sie wusste, dass die serbischen Klöster aus dem 13. und 14. Jahrhundert wertvolle byzantinische Fresken enthielten. Thessaloniki, Palermo und Ravenna sind durch ihre Mosaiken bekannt. Die serbischen Könige beschäftigten, nachdem sie sich von der byzantinischen Herrschaft befreit hatten, Freskenmaler für die Ausstattung ihrer Kirchen und Klöster.

Vereinzelte Relikte byzantinischer Fresken trifft man auch in anderen Teilen Europas an, zum Beispiel in Lambach und in Pürgg in Österreich. Was die serbischen Klöster einzigartig macht, ist die Tatsache, dass ihre Fresken ein sorgfältig geplantes Programm bilden und dass dieses Programm zumeist gut erhalten geblieben ist. In der Apsis findet man normalerweise die zwölf Apostel und über ihnen Maria, in den vier Ecken der Kuppel sind die Symbole der vier Evangelisten zu sehen – Stier, Adler, Mann und Löwe –, und von der Kuppel blickt ein strenger Christus auf uns herab. Die Seitenwände des Kirchenschiffs sind mit einander entsprechenden Szenen aus dem Alten und Neuen Testament bemalt. Sieht man beispielsweise auf der linken Wand die Auferstehung Christi, so enthält die rechte Wand genau gegenüber die Darstellung des Jonas im Bauche des Wals. Die Geschichte des Jonas wurde als Vorausdeutung der Auferstehung Christi interpretiert. Neben solchen Szenen gab es auch Platz für Heilige und für die Darstellung von Königen und Königinnen. Diese wurden mitunter ikonographisch ähnlich behandelt wie göttliche Wesen. Der Tod einer serbischen Königin war manchmal nur schwer von der Darstellung des Todes Marias zu unterscheiden.

Die bekanntesten dieser klösterlichen Kostbarkeiten sind Mileševa in der Nähe von Prijepolje, Dečani bei Peć, zwei Kirchen in Peć selbst, Gračanica bei Priština, Sopoćani in der Umgebung von Novi Pazar und Studenica ein bisschen weiter im Norden. Mileševa, Sopoćani und Studenica befinden sich in Serbien; Dečani, die Kirchen von Peć und Gračanica waren früher ebenfalls in Serbien, heute jedoch stehen sie auf dem Gebiet des neuen Staates Kosovo, der aus dem jugoslawischen Krieg hervorgegangen ist. Dies ist ein großer Verlust für die Serben, denn diese Klöster sind ein wesentlicher Bestandteil ihrer Geschichte und ihres kulturellen Erbes. Peć war bis zum Ende des Krieges der Sitz des orthodoxen Patriarchen der serbischen Kirche gewesen. Es ist wie wenn Österreich Klosterneuburg, Göttweig, Dürnstein und Melk an die Tschechen abtreten müsste, oder England die Gebiete, in denen die Kathedralen von Ely, Wells, Winchester oder Canterbury stehen, an Frankreich verlöre.

Ann plante die Reise im Sommer 1966 so, dass wir bei möglichst vielen byzantinischen Klöstern und Kirchen vorbeikamen. Wir fuhren von Wien durch Slowenien nach Rijeka, von dort die Küste entlang nach Zadar und Dubrovnik. Nun sah ich zum ersten Mal die lange ersehnte Adria und war überwältigt!

Von Dubrovnik fuhren wir landeinwärts über Mostar und Sarajevo nach Novi Pazar und zu den serbischen Klöstern Studenica, Mileševa, Peć, Dećani und Prizren. Über Skopje ging es weiter bis zum Ochrid See an der albanischen Grenze und von dort in Richtung Norden zu den Klöstern von Gračanica und Priština. Wir verbrachten zwei Tage in Belgrad, wo wir meinen inzwischen verwitweten Onkel Vojo und Dušanka und Dejan besuchten. Über die *autoput* (eine Art von Autobahn ohne Barrieren gegen den entgegenkommenden Verkehr) ging es schließlich über Zagreb zurück nach Österreich.

Während unserer ganzen Reise durch Jugoslawien mussten wir keine einzige Grenze überqueren. In jeder Region trafen wir auf Menschen mit verschiedenen Religionen, Lebensformen, Musik und Trachten, aber alle waren Jugoslawen, und mit Ausnahme der Slowenen und Albaner sprachen alle eine Sprache: Serbokroatisch. Heute gibt es überall Grenzen. Die Kroaten und Slowenen sind Mitglieder der EU, die andern stehen auf der Warteliste und werden wohl noch lange dort verweilen. Das Schlimmste aber ist, dass die Serben Serbisch, die Kroaten Kroatisch, die Bosnier Bosnisch und die Montenegriner Montenegrinisch sprechen und so tun, als ob es sich um vollkommen verschiedene Sprachen handelte. Wenn sie in ferner Zukunft alle in der EU sein sollten, werden die Serben vermutlich darauf bestehen, dass kroatische Dokumente ins Serbische übersetzt werden und umgekehrt usw. Das ist so, als ob die Chilenen auf Übersetzungen aus dem Spanischen, Argentinischen, Ecuadorianischen usw. insistierten oder als ob man Deutsch und Österreichisch wie verschiedene Sprachen behandelte. Die Bibel erzählt uns von der großen Verwirrung, die durch den Bau des Turms von Babel verursacht worden war. Die Nachfolgestaaten Jugoslawiens tun ihr Bestes, eine neue babylonische Verwirrung herbeizuführen.

3.2 Novi Pazar, serbische Klöster und die Adria

Am Abend des 9. September 1966 kamen Ann und ich in Novi Pazar an. Auf dem Weg dorthin hatten wir Žiča und Studenica besucht, für den folgenden Tag standen Sopoćani und Mileševa und danach die Weiterreise nach Peć auf dem Programm. So eindrucksvoll diese Klöster auch waren, Novi Pazar machte einen noch größeren Eindruck auf mich. Die Stadt liegt in der Region, die unter türkischer Herrschaft als Sandžak bekannt war, und wir hatten sofort das Gefühl, Europa verlassen und den Orient aus *Tausend und eine Nacht* betreten zu haben. Die Straßen waren voller Menschen, Autos waren so gut wie keine zu sehen. Das neue im westlichen Stil erbaute Hotel im Stadtzentrum passte zu den alten türkischen Häusern wie die Faust aufs Auge. Da wir annahmen, dass wir nur dort eine Unterkunft finden würden, ging ich hin, um zu fragen, ob ein Zimmer frei wäre. Es war geschlossen. Bei meiner Rückkehr zum Auto fand ich den Weg von etwa hundert Menschen verstellt, die sich um den VW Käfer geschart hatten und die junge Chauffeurin mit großem Interesse betrachteten. Sobald ich näher kam, wichen sie ehrfürchtig auseinander.

Dann entdeckten wir gegenüber dem geschlossenen modernen Hotel eine traditionelle Herberge, in der wir problemlos ein Zimmer bekamen. Weil es sehr heiß war, mussten wir die Fenster offen lassen und wurden bis in den frühen Morgen von Geschrei und lauter Musik wach gehalten.

Nachdem wir unser Gepäck im Hotel deponiert hatten, machten wir uns auf die Suche nach einem Restaurant. Die Nachricht von unserer Ankunft hatte sich wie ein Lauffeuer in der Stadt verbreitet. Wir wurden auf Schritt und Tritt angesprochen und hatten große Schwierigkeiten, die zahlreichen Angebote von Rat und Hilfe höflich abzulehnen. Schließlich endeten wir in Gesellschaft einiger junger Männer. Sie waren froh, ihr Englisch üben und uns ihre Stadt zeigen zu können. Einer von ihnen war dereinst der serbische Champion im Leichtgewicht-Boxen gewesen und hatte den Sport nach einer Verletzung aufgeben müssen. Sie brachten uns in ein Gasthaus, wo wir *ćevapčići* und frisch gebackenes Weißbrot aßen. Unsere Gastgeber bestanden darauf, uns Bier und *šljivovica* zu kaufen. Sie erwarteten keine Gegenleistung. Was sie boten, war serbische Gastfreundschaft pur.

Viele Jahre später, 1990, fuhr ich mit Ursula nach Jugoslawien. Es war kurz vor dem Ausbruch des Krieges, der das Land in Stücke riss. Wir reisten mit dem Auto nach Belgrad und besuchten dort Onkel Vojo, Dušanka und Danilo, ihren Mann, und deren Kinder, Jelena und Blagoje. Mein Wunsch war es, Ursula die serbischen Klöster zu zeigen. Wir fuhren von Belgrad zuerst nach Novi Pazar und von dort weiter zu den Klöstern. Dušanka folgte in ihrem eigenen Auto mit ihren Kindern. Sie mussten nach dem Besuch der Klöster nach Belgrad heimkehren, während wir in den Süden an die Küste weiterfuhren.

Dušanka hatte von Belgrad aus Zimmer mit Frühstück für uns alle in Novi Pazar bestellt. Man sagte uns, dass wir in das Hotel gehen und von dort den Besitzer unserer Unterkunft anrufen sollten, der uns abholen würde. Das Hotel war riesig und sah im Inneren ein wenig wie die Alhambra in Granada aus. Ich glaube, es war dasselbe Hotel, das Ann und ich verschlossen vorgefunden hatten, als wir 1966 dort waren. Die Rezeption befand sich im ersten Stock. An der Wand hinter dem Schalter stand in großen Buchstaben NO SMOKING. Dessen ungeachtet bliesen die beiden hübschen und stark geschminkten Damen in der Rezeption unbekümmert den Rauch aus ihren Zigaretten in die Luft. Sie riefen unseren Zimmerherrn an. Bald darauf hörten wir den Lift heraufkommen. Als er stehen blieb, versuchte jemand, von innen die Tür zu öffnen. Sie klemmte, und der im Lift Eingeschlossene trommelte heftig mit den Fäusten und stemmte sich offenbar gegen sie. Plötzlich flog die Tür auf, und ein stattlicher Mann fiel heraus. Es war Rešad, der gekommen war, um uns abzuholen.

Rešads Haus stand in einer alten Gasse, die Osmana đikića hieß. Es war komfortabel, und Rešads Frau, Muradija, tat alles, damit wir uns wohl fühlten. Zum Frühstück bereitete sie *uštipci* zu, die den *churros*, die ich in Granada kennengelernt hatte, ähnlich waren. Am besten schmecken sie, wenn man sie in heiße Trinkschokolade tunkt. Die Spanier hatten das Rezept wahrscheinlich von den Mauren übernommen, die Türken hatten es wohl auf den Balkan gebracht. Rešad lag die meiste Zeit im Wohnzimmer auf dem Sofa. Uns erschien er wie die Verkörperung eines Paschas. Er war sehr um unser Wohl besorgt und fragte uns in gebrochenem Deutsch, was wir unternommen hatten: *Gut schlafen? Gut essen? Gut einkaufen?*

Ich muss gestehen, dass ich beim zweiten Besuch von Novi Pazar ein wenig enttäuscht war. Viele der alten türkischen Häuser waren durch langweilige Wohnblocks ersetzt worden, nur wenige Frauen trugen die traditionellen Trachten, die meisten jungen Mädchen liefen in Blue Jeans herum. Die Aufrufe zum Gebet von den Türmen der Moscheen waren Tonbandaufnahmen. Wir brauchten lange, bis wir eine Bäckerei fanden, wo wir das herrliche serbische Weißbrot kaufen konnten, das mir vor vierundzwanzig Jahren so gut geschmeckt hatte. Vorbei war das Gefühl, in die Welt von *Tausendundeine Nacht* eingetreten zu sein. Novi Pazar bemühte sich redlich, wie jeder andere Ort in der globalisierten Welt zu werden.

Und dennoch: trotz aller Bemühungen, den Anschluss an den westlichen „Fortschritt" zu finden, war vieles unverändert geblieben. Hinter der Fassade der Modernität lebten alte Verhaltensweisen fort. Wir wollten im Postamt Briefmarken kaufen. Das Tor war versperrt, davor hing eine Tafel, auf die das Wort PAUSE geschrieben war. Wir warteten zehn Minuten und gaben es dann auf. Solche PAUSE-Tafeln gab es viele. Wann immer die Angestellten von Banken, Postämtern oder Geschäften ihre Ruhe haben wollten, machten sie eine PAUSE. Man wusste nie, wann diese angefangen hatte und wann sie zu Ende sein würde. Ein anderes Mal wollten wir in einer Bank Geld wechseln. Vor uns wurde eine Großfamilie bedient, die Deutsche Mark in Dinar umwechseln und Geld auf ihr Konto einzahlen wollte. Die beiden Angestellten hatten alle Hände voll zu tun, es wurde viel gestikuliert und geschrien, niemand kannte sich aus, es war das reinste Chaos. Ich kann mich nicht erinnern, ob wir die Geduld aufbrachten, zu warten, bis wir an die Reihe kamen.

Die Fresken der serbischen Klöster waren so schön wie eh und je. Ich hatte eine gute Kamera mit Teleobjektiv und Stativ mitgebracht und machte eifrig davon Gebrauch. Manchmal war das verboten. In Mileševa wurden die Fresken gerade einer Restaurierung unterzogen. Eine Archäologin aus Belgrad leitete die Arbeiten und erlaubte mir, mein Stativ aufzustellen und zu fotografieren. In Studenica ignorierte ich das Fotografierverbot, und arbeitete munter drauf los, als plötzlich ein orthodoxer Mönch mit einem langen Bart vor mir stand. Er sah mich an, und ich erwiderte seinen Blick einigermaßen verlegen. Er fragte: *français*? Ich hielt es für am gescheitesten, *oui* zu antworten. Er schien damit zufrieden zu sein, gab mir einen Klaps auf die Schulter und ging davon. In Dečani erzählte uns ein Mönch namens Boreslav von den Grausamkeiten, die von den Türken vor hunderten von Jahren begangen worden waren. Wenn man ihm zuhörte, konnte man meinen, dass sich dies alles erst gestern zugetragen habe. Sollte Boreslav heute noch leben, wäre er gewiss unglücklich darüber, dass Dečani ebenso wie die Kirchen von Peć und das Kloster Gračanica jetzt zu dem neuen Staat Kosovo gehören, dessen Bewohner mehrheitlich Muslime sind.

1990 war das letzte Jahr Jugoslawiens. Im darauf folgenden Jahr brach der Krieg aus, der zu seinem Untergang führte. Die Anzeichen der nahenden Katastrophe waren überall zu spüren und zusehen. Dušanka fühlte sich mit ihrer serbischen Autonummer zeitweise sehr exponiert. In Novi Pazar hatte sie kein Problem, da es unbestritten zu Serbien gehörte. Im Kosovo hingegen, der zwar noch Teil Serbiens war, aber in dem die Spannungen zwischen Albanern und Serben deutlich zu Tage traten, war die Situation ziemlich ungemütlich. Das Postamt von Peć war niedergebrannt. Vor jeder Telefonzelle standen die Menschen Schlange. Der Müll war wochenlang nicht entfernt worden. Serbische Panzer fuhren in den Straßen auf und ab. Die Fußgänger überquerten die Straße, ohne sich um die Autos zu kümmern, und die Autofahrer nahmen keine Rücksicht auf die Fußgänger. Man hatte das Gefühl, dass die Ordnung in Auflösung begriffen war. Nirgendwo sah man Frauen am Steuer eines Autos. Auch in den Kaffeehäusern und Restaurants waren sie nicht zu sehen. Man hätte in einem arabischen Land sein können. Dušanka in ihrem Jugo Fiat war die einzige Autofahrerin. Als sie vor einer Tankstelle auf eine freie Pumpe wartete, zwängte sich ein Lastwagen rücksichtlos vor. Ich frage mich, wie es heute um die Rechte der Frauen in diesem neuen Staat bestellt ist.

Nachdem Dušanka mit Jelena und Blagoje die Reise zurück nach Belgrad angetreten hatte, fuhren Ursula und ich zur Küste. In Buljarica sah Ursula zum ersten Mal die *Aaaadria*. In Plat, einem kleinen Ort in der Nähe von Dubrovnik, fanden wir ein sehr angenehmes Zimmer mit Frühstück mit Blick auf das Meer. Wir nahmen das Frühstück auf der Terrasse ein, und einmal brachte uns die Vermieterin hausgemachten Apfelstrudel aufs Zimmer. Das Haus stand oberhalb eines kleinen Strandes, zu dem man über steile Stufen hinabstieg. Am Strand befand sich ein Restaurant, das frischen Fisch, Pasta und Salate servierte. Der Besitzer hatte einen Foxterrier, dessen Aufgabe es war, Katzen zu verjagen, was er mit sichtlichem Vergnügen tat. Es gab nur wenige Gäste. Zu ihnen gehörten ein irischer Polizist und seine Freundin, die mit dem Motorrad unterwegs waren. Am Abend saßen wir auf der Terrasse des Restaurants und blickten auf das Meer. Die Luft war lau, und der

Mond goss sein silbernes Licht auf die Wellen. Es war die perfekte Szene für das Titelbild einer Reisebroschüre.

3.3 Mostar 1966, 1990 und 2001

Nachdem wir uns in der Idylle von Plat gut erholt hatten, war es Zeit, die Heimreise anzutreten. Unser Weg führte uns von Dubrovnik über Neum, Mostar, Sarajevo, Banja Luka und Zagreb nach Ljubljana, wo wir das Auto auf den Zug nach Oostende verluden. Von dort war es nicht mehr allzu weit bis Irland: zwei Autofähren und etwa 600 km Autobahnkilometer.

In Neum verließen wir die Küste und fuhren landeinwärts. Nach Počitelj, wo wir die türkische Festung besichtigt hatten, überholte uns ein Autobus in einer unübersichtlichen Kurve. Wir hielten kurz darauf an, setzten uns an den Straßenrand und aßen ein Sandwich. Dann fuhren wir in Richtung Mostar weiter. Plötzlich stießen wir auf eine schauderhafte Szene. Der Bus, der uns vorher überholt hatte, war mit einem Lastwagen zusammengestoßen. Trümmer und Tote und Verletzte lagen überall herum, die Polizei, Feuerwehr und zahlreiche Rettungswagen waren dabei, zu helfen. Wir erreichten Mostar in einem schockierten Zustand.

Bei meinem ersten Besuch mit Ann im Jahr 1966 gefiel mir das malerisch von Bergen umgebene Mostar auf Anhieb. Dass unser Hotel neben dem Bahnhof lag und wir die ganze Nacht den Ruß der Dampflokomotiven einatmen mussten, tat wenig zur Sache. Nach Novi Pazar war Mostar die am „orientalischsten" anmutende Stadt Jugoslawiens. Fast jedermann kennt zumindest von Bildern die alte Brücke über den Neretva-Fluss. Sie bestand aus einem einzigen neunundzwanzig Meter langen Steinbogen und galt als Meisterwerk der Baukunst des sechzehnten Jahrhunderts. Mimar Hayruddin, ein Student des großen ottomanischen Architekten Sinan, erbaute sie 1566. Sie war das Wahrzeichen der Stadt und eine symbolische Brücke zwischen Osten und Westen, Christentum und Islam, sowie zwischen Katholiken und orthodoxen Christen. Die Legende berichtet, dass der Sultan dem Baumeister mit dem

Tod drohte, falls die Brücke nach der Entfernung der hölzernen Träger einstürzen sollte, und dass Hayruddin vorsorglich sein eigenes Grab grub. Sein Werk stürzte nicht ein, sondern überdauerte mehr als vierhundert Jahre. Es stünde noch immer, wenn es nicht 1993 von der kroatischen Artillerie zusammengeschossen worden wäre. Nach dem Ende des Krieges wurde die Brücke mit internationaler Hilfe nach den originalen Plänen, die in einem Archiv in Istanbul aufbewahrt sind, wieder aufgebaut.

Der Besuch von 1990 war mein zweiter. Ursula war zum ersten Mal dort. Wir kamen später an, als wir geplant hatten, und standen unter Zeitdruck, da wir noch vor Einbruch der Dunkelheit Banja Luka erreichen mussten. Ich wollte Ursula die Brücke zeigen und hielt an einem Punkt an, von dem wir eine gute Aussicht auf sie hatten. Ein Mann trat auf uns zu und bot uns eine Stadtführung an. Er sagte, er sei Historiker, und aus dem, was er erzählte, war es offensichtlich, dass er viel über seine Stadt wusste. Wir erklärten ihm, dass wir leider nicht genug Zeit hätten und ließen ihn stehen. Er war sichtlich enttäuscht. Noch lange Zeit danach tat es uns leid, dass wir sein Angebot nicht angenommen hatten. Wir konnten natürlich nicht wissen, dass diese liebenswerte Stadt bald vom Krieg verwüstet werden sollte. Später, als der Krieg wütete, fragten wir uns noch oft, was aus dem Historiker, den wir so schlecht behandelt hatten, geworden war.

Auf der Fahrt nach Banja Luka bemerkten wir, dass die Namen auf vielen Ortstafeln schwarz übermalt waren und darüber SDS geschrieben worden war. SDS steht für *Srpska Demokratska Stranka* (Serbische Demokratische Partei). Jovan Rašković hatte sie am 17. Februar 1990 gegründet. Ihr Ziel war es, serbische nationale Interessen gegen den aufkommenden kroatischen Nationalismus zu verteidigen. In dem jugoslawischen Bürgerkrieg wurde die SDS zur treibenden Kraft der serbischen Nationalisten in Bosnien und Herzegowina. Sie wurde für zahlreiche Kriegsverbrechen verantwortlich gemacht, vor allem für das Massaker von Srebrenica. Einer ihrer berüchtigtsten Anführer war Radovan Karadžić. Der Zerfall Jugoslawiens wurde bereits 1990 vorbereitet. Die in den folgenden Krieg verwickelten Parteien suchten sich ihren Anteil an den Trümmern des Staates im Vorhinein zu sichern. Das Ziel der SDS war es, die bosnischen Serben mit dem serbischen Mutterland zu vereinigen, ein Ziel, das sie schließlich nicht erreichte. Stattdessen gibt es nun die *Republika Srpska* als autonome Region innerhalb des unabhängigen Staates Bosnien und Herzegowina. Banja Luka ist heute ihre de facto Hauptstadt.

Unser Hotelzimmer in Banja Luka hatte zwei Betten. Eines war nicht benützbar, weil es eine Rutschbahn war. Abgesehen von den beiden Betten war das Zimmer vollkommen leer. Eine Tür führte auf einen von keinem Geländer geschützten Balkon, der als riesiger Aschenbecher diente. In der Bar unter dem Zimmer sangen Gäste bis ein Uhr in der Früh in vollendeten Harmonien.

Elf Jahre danach, im Juni 2001, kehrten Ursula und ich in das Land zurück, das dereinst Jugoslawien gewesen war. Der Krieg hatte vor kurzem geendet, die früheren Teilrepubliken waren nun unabhängige Staaten. Wir flogen mit einem Charterflugzeug der kroatischen Luftlinien von Dublin über Split nach Dubrovnik. Die meisten Passagiere waren irische Pilger, die in Split ausstiegen, um nach Medjugorje zu fahren. Nur wenige Passagiere flogen weiter bis Dubrovnik. Dort holte uns ein Bus ab und brachte uns nach Plat in der Nähe von Dubrovnik. Als wir aus dem Bus stiegen und zum Hotel gingen, bot sich uns ein schockierender Anblick. Die Fassaden vieler Gebäude waren zerschossen, einige Häuser lagen vollkommen in Trümmern.

Glücklicherweise befand sich das Hotel in perfektem Zustand. Nachdem wir uns an die traurige Umgebung gewöhnt hatten, verbrachten wir dort eine angenehme Zeit. In unmittelbarer Nähe des Hotels befand sich das Haus, in dem wir 1991 gewohnt hatten. Es war unbeschädigt und immer noch eine Frühstückspension. Das Strandrestaurant, an das wir so romantische Erinnerungen hatten, war auch noch vorhanden. Der kleine Terrier, der die Katzen vertrieben hatte, fehlte. Der Besitzer sagte, dass ihn die Serben erschossen hatten.

Nachdem wir einige Tage am Strand und beim Schwimmbad des Hotels gefaulenzt und mehrere Male das nach wie vor romantische Strandrestaurant besucht hatten, mieteten wir ein Auto und unternahmen einen Tagesausflug nach Mostar. Wir wollten sehen, wie die Stadt mit der neuen Situation zurechtkam.

Die ersten Eindrücke waren noch schockierender als die von der Umgebung unseres Hotels. Die zahlreichen in Trümmern liegenden Häuserzeilen boten einen herzzerreißenden Anblick. Die Stadt ist durch die Neretva in zwei Hälften geteilt. Westlich des Flusses leben die (katholischen) Kroaten, die Muslime wohnen auf der östlichen Seite. Es war offensichtlich, dass die Kroaten unglücklich darüber waren, nicht im kroatischen „Mutterland" sondern in Bosnien leben zu müssen. Von vielen Gebäuden der Westseite wehten kroatische Fahnen, und auf jedem Hügel drohte ein christliches Kreuz. Alle Geschäfte und Gaststätten akzeptierten die kroatische Währung als Zahlmittel.

Wir überquerten die provisorische Brücke, die nach der Zerstörung von Mimar Hayruddins Meisterwerk die beiden Stadtteile verband, und setzten uns in ein Kaffeehaus. Als es zum Zahlen kam, weigerte sich die Kellnerin, kroatische Kunas anzunehmen. Sie belehrte uns in makellosem Deutsch, dass man in einem fremden Land mit der Landeswährung zu zahlen habe. In Bosnien ist dies die bosnische Mark und damit Punktum. Wir entschuldigten uns und versuchten uns damit zu rechtfertigen, dass man uns in Dubrovnik gesagt hatte, man könne überall in Bosnien mit Kunas bezahlen. Es machte auf sie keinen Eindruck. Niemand hatte uns gewarnt, wie groß der Hass zwischen Kroaten und muslimischen Bosniern seit dem Krieg war. Wir hätten es besser wissen sollen.

3.4 Slawische Gastfreundschaft

Die Gastfreundschaft, die uns die jungen Männer 1966 in Novi Pazar gewährten, ist in Serbien nicht ungewöhnlich. Die serbische Gastfreundschaft ist in der Tat eine ernste Angelegenheit, wie ernst, sollte ich im Jahr 2007 erfahren, als Ursula, Ilse und ich meine Verwandten in Belgrad besuchten. Onkel Vojo war nicht mehr am Leben. Dejans Frau Maret ist Holländerin, und die beiden leben in Amsterdam, sind jedoch häufig in Belgrad zu Besuch. Eines Tages mietete Dejan einen Minibus und führte uns alle einen Tag lang in der Umgebung von Belgrad umher. Irgendwo auf dem Land hielten wir bei einem Restaurant, wo ein ganzes Spanferkel über offenem Feuer am Spieß gebraten wurde. Wir setzten uns in den Gastgarten und verzehrten das Schweinchen mit Salat und Weißbrot. Da wir wussten, dass Dejan und Danilo alles bezahlen würden und wir bereits mehrere Tage die Gastfreundschaft unserer serbischen Verwandten in Anspruch genommen hatten, meinte Ursula, es sei eine gute Idee, wenn wir die Rechnung für das Spanferkelessen beglichen. Also schlich ich mich zum Wirt und bezahlte. Als danach Dejan und Danilo zahlen wollten und herausfanden, dass ich das bereits getan hatte, waren sie zutiefst beleidigt. Ich hatte die serbische Gastfreundschaft missachtet! Ich fürchte, sie haben mir das nie verziehen.

Vierzig Jahre davor, 1967, hatte ich ein anderes Beispiel slawischer Gastfreundschaft in Bulgarien erlebt. Ein Jahr nach unserer Reise zu den serbischen Klöstern wollte Ann die byzantinischen Kulturdenkmäler in Bulgarien und Griechenland besuchen. Wieder begleitete ich sie. Es war das Jahr, in dem Bulgarien die meisten Beschränkungen für westliche Besucher aufhob. Man bekam an der Grenze problemlos ein Visum für einen Monat. Dies erlaubte uns, überall im Land ohne Beschränkungen herumzufahren. An der Einfahrtstraße jeder größeren Stadt befand sich ein Kiosk des bulgarischen Touristenbüros, wo man ein Zimmer mit Frühstück reservieren konnte. Soviel ich mich entsinne, bezahlte man und erhielt einen Gutschein, mit dem man zur angewiesenen Adresse fuhr. Das System funktionierte ausgezeichnet.

Die Autofahrt durch das Land war das reinste Vergnügen. Die meisten Straßen, auch die großen Verkehrsadern zwischen den Städten, waren mit Katzenkopfpflaster bedeckt. Die Felder hatten Bewässerungsanlagen und befanden sich in gutem Zustand. Die auf ihnen arbeitenden Menschen, es waren fast ausschließlich

Frauen, winkten uns zu, während wir vorbeifuhren. Hätte man diese gesund aussehenden kräftigen Landarbeiterinnen, die den Autofahrern von bestens bewirtschafteten Feldern fröhlich zuwinken, gemalt, wäre das Resultat ein vollkommenes Beispiel kommunistischer Propagandakunst gewesen. Die Leute winkten uns nicht nur zu, wenn wir an ihnen vorbeifuhren. Wo immer wir anhielten, drängten sie sich um das Auto, luden uns in ihre Häuser ein, boten uns Kaffee an und wollten uns die Sehenswürdigkeiten ihres Ortes zeigen. Selbst wenn diese Freundlichkeit teilweise von Neugierde motiviert gewesen sein mag, war sie dennoch bemerkenswert. Als wir später über die türkische Stadt Edirne weiter nach Griechenland fuhren, konnte der Gegensatz größer nicht sein. In Edirne wollten uns Kinder Postkarten verkaufen. Als wir kein Interesse zeigten, warfen sie mit Steinen auf uns.

Ann hatte ein Buch über byzantinische Kunst von David Rice mitgebracht, in dem einige Fresken in bulgarischen Klöstern und Kirchen beschrieben wurden. Da wir nicht Bulgarisch sprachen, mussten wir uns mittels Zeichensprache verständigen, wenn wir uns nach dem Weg zu den Sehenswürdigkeiten erkundigten. Manchmal nahm Ann ihren Notizblock heraus und fertigte eine kleine Zeichnung an. Wollten wir zum Beispiel den Weg zu einer Kirche namens Erzengel Gabriel erfahren, skizzierte sie eine byzantinische Kirche und daneben einen Erzengel (eine Figur mit sehr langen Flügeln) und schrieb „Gabriel" dazu. Interessant war, dass uns die meisten Frauen sofort verstanden, aber nur die wenigsten Männer begriffen, was wir wollten.

David Rice erwähnte Fresken in einer Bergkirche in der Nähe einer kleinen Stadt. Leider habe ich vergessen, wo genau sich dieses Städtchen befand und wie es hieß. Wir kamen am späten Vormittag dort an und gingen in das Postamt, um den Weg zur Kirche zu erfragen. Die zwei Damen hinter dem Schalter wussten, wo die Kirche war, meinten aber, dass wir sie ohne Führer nicht finden könnten. Sie erboten sich, uns zu begleiten. Bevor sie das Postamt zusperrten, riefen sie einen befreundeten Chirurgen an und luden ihn ein, mitzukommen. Der gute Doktor musste leider absagen, da er eine Operation durchzuführen hatte. Wir zogen also zu viert los. Der Weg führte steil bergauf durch einen dichten Wald. Die Damen gingen barfuß voran und schlugen mit Stöcken auf das vor ihnen liegende Gestrüpp ein, um giftige Schlangen zu vertreiben. Nach etwa einer Stunde erreichten wir die Kirche. Sie war eine Ruine und es gab keine Fresken. Eine Tafel informierte uns, dass sie abmontiert und in ein Museum in Sofia gebracht worden waren.

So mussten wir unverrichteter Dinge umkehren. In der Stadt angekommen, luden uns die beiden Postdamen zum Mittagessen ein. Sie brachten uns in ein am Ufer eines Flusses gelegenes Restaurant. Da wir die Speisekarte nicht lesen konnten, durften wir in die Küche gehen und unser Essen aussuchen. Wir saßen im Freien um einen etwas wackligen Tisch herum, über den die Wirtin ein Tischtuch mit einer Geste ausbreitete, als bediente sie königliche Gäste. Und in der Tat, als solche wurden wir behandelt. Ich war seit damals nie mehr in Bulgarien gewesen, aber dieses Land nimmt bis heute einen besonderen Platz in meinem Herzen ein.

3.5 Eine Reise in die Geschichte

Die Geschichte Jugoslawiens und seiner Nachfolgestaaten ist mit der Geschichte Österreichs eng verbunden. Eine besondere Rolle in unserer gemeinsamen Vergangenheit spielt Sarajewo, die Geburtsstadt meiner Mutter. Als ich 1966 zum ersten Mal dort war, stand ich auf der Stelle (sie war markiert), von der aus Gavrilo Princip am 28. Juni 1914 die tödlichen Schüsse auf Erzherzog Franz Ferdinand, den österreichisch-ungarischen Thronfolger, und seine Frau, Gräfin Sophie Chotek, abgefeuert hatte. In unmittelbarer Nähe davon war ein Museum, das Princip gewidmet war. Ich besuchte es, lernte aber wenig davon, weil es weder deutsche noch englische Übersetzungen der Erklärungen gab. Fünfhundert Kilometer nordwestlich von Sarajevo, in Wien, befindet sich das Heeresgeschichtliche Museum. Dort kann der Besucher das Automobil sehen, in dem Franz Ferdinand und Sophie Chotek erschossen wurden. Ebenfalls ausgestellt ist die blutgetränkte Uniform des Erzherzogs. Es ist unheimlich, vor diesen Relikten eines Ereignisses zu stehen, das vor mehr als hundert Jahren eine der größten europäischen Tragödien ausgelöst und die Welt für immer verändert hat.

Franz Ferdinand und Sophie Chotek sind in der Gruft des Schlosses Artstetten begraben, das sich im Besitz des Erzherzogs befand und bis heute seinen Nachfolgern gehört. Es liegt in einer idyllischen Landschaft in Niederösterreich nördlich der Donau und verfügt über ein ausgezeichnetes Museum. Die derzeitigen Besitzer sind die Fürstin Anita von Hohenberg, eine Urenkelin des ermordeten Paares, und ihr Mann. Es würde zu weit führen, hier zu erklären, wie es zu dem Namen von Hohenberg kam. Am 17. Mai 2019 besuchten Ursula und ich Artstetten. Als wir ankamen, fanden wir die Gruft geschlossen, weil gerade ein Begräbnis stattfand. Das Museum war zugänglich wie immer. Wir fragten eine Angestellte, wer hier begraben würde, und erfuhren, dass es sich um den Fürsten von Hohenberg, einen Enkel Franz Ferdinands, handelte. Er wurde in der Familiengruft beigesetzt. Beim Begräbnis waren etwa hundertfünfzig Trauergäste anwesend, allesamt Familienangehörige, wie uns die Angestellte erklärte.

Bosnien hatte Jahrhunderte lang zum Ottomanischen Reich gehört, bevor es 1878 unter die Verwaltung von Österreich-Ungarn gestellt und 1908 annektiert wurde. Mein Großvater lebte und arbeitete im etwa 250 km von Sarajevo entfernten Spital von Bosanski Novi. Heute heißt die Stadt Novi Grad. Nach dem Zusammenbruch Österreich-Ungarns verbrachte er seinen Lebensabend in Banja Luka, das heute ebenso wie Novi Grad in der zu Bosnien und Herzegovina gehörenden *Republika Srpska* liegt.

Sarajewo wurde im jugoslawischen Krieg von den Serben besonders übel mitgespielt. Es war nicht das erste Mal, dass diese Stadt das Schlachtfeld zwischen Christen und Muslimen abgab. Am Ende des 17. Jahrhunderts vertrieb der in Habsburgs Diensten stehende Feldmarschall Prinz Eugen von Savoyen die Türken aus Ungarn und drängte sie weiter nach Osten zurück, so dass es ihnen niemals mehr möglich war, Wien, das sie 1529 und 1683 belagert hatten, zu bedrohen. Nach der Schlacht bei Zenta, in der er das türkische Heer vollkommen aufgerieben hatte, wendete sich der Prinz nach Sarajewo. Als die Verteidiger am 23. Oktober 1697 die Übergabe verweigerten, ließ er seine Truppen die Stadt drei Tage lang plündern. Sie wurde vollkommen zerstört.

1717 eroberte Eugen das stark befestigte Belgrad. Die auf einem Hügel liegende Festung heißt Kalimegdan und ist heute von einem schönen Park umgeben, von dem aus man einen guten Blick auf die Save hat. Sooft ich meine Verwandten in Belgrad besuche, gehen wir auf dem Kalimegdan spazieren. Dort befinden sich auch die Gräber bedeutender ottomanischer Generäle. Der Kommandant der Festung im Jahr 1717 war Vezir Mükkerem Rumeli Valesi Bayeseli Taya-Sade Ibrahim Bassa. Nach dem Friedensschluss zwischen den Habsburgern und der Goldenen Pforte diente er von 1719 bis 1720 als Botschafter in Wien. Prinz Eugen starb 1736, und drei Jahre später eroberten die Türken Belgrad zurück. Es vergingen weitere fünfzig Jahre, bis die Österreicher einen neuen Versuch unternahmen, Belgrad zurückzugewinnen. Dies gelang 1789 dem österreichischen Feldmarschall Gideon Laudon, dem 72 Jahre alten Haudegen und Veteran des Siebenjährigen Krieges. Die Stadt blieb aber nicht lange im Besitz der Habsburger. 1791 fiel sie zurück an die Türken.

Gideon Laudon nahm den Sarkophag von Vezir Mükkerem Rumeli Valesi Bayeseli Taya-Sade Ibrahim Bassa als Siegestrophäe mit nach Wien. Ebenso raubte er zwei Epitaphe und eine schöne Tughra (ein kalligraphisches Monogramm des Sultans), beide aus Marmor, die am Konstantinopler Tor vor Belgrad aufgestellt waren. Die Epitaphe priesen in blumiger Sprache den Sieg der Türken von 1739 über die ungläubigen Österreicher.

Laudon besaß ein charmantes Schlösschen in der Nähe von Wien am Fuße des Wienerwaldes. Er starb ein Jahr nach seinem Belgrader militärischen Abenteuer und ließ sich im Wienerwald begraben. Wenn man den Wanderweg von Hadersdorf zu den Bergen des Wienerwalds einschlägt, kommt man bei seinem

Grabmonument vorbei. Gegenüber davon, ganz nahe am Weg, stehen die beiden Epitaphe und die Tughra.

Ich stand in Sarajevo auf der Stelle, von der aus Princip auf den österreichischen Thronfolger geschossen hatte, ich sah dessen Auto und die blutgetränkte Uniform im Heeresgeschichtlichen Museum und ich wurde bei einem Besuch des Schlosses Artstetten zufällig Zeuge des Begräbnisses eines Enkels des ermordeten Erzherzogs. Ich ging mit meinen serbischen Verwandten auf dem dereinst von Österreichern und Türken so erbittert umkämpften Kalimegdan spazieren, auf dem der Sarkophag des türkischen Befehlshabers von 1717 gestanden war, bevor ihn Gideon Laudon in den Wienerwald entführte. Sooft ich bei meinen Wanderungen daran vorbeikomme, halte ich an und lese die deutsche Übersetzung der Epitaphe.

Reisen lässt Geschichte lebendig werden. Es macht uns bewusst, wie sehr wir mit der Vergangenheit verbunden sind und bereichert auf diese Weise unsere Gegenwart.

Kriegswunden in Mostar 2001

Nur wer sich auf den Weg macht, wird neues Land entdecken!
Hugo von Hofmannsthal

Kapitel 4: Irland 1971 und 2001

4.1 Ankunft in Irland 1971

Am Ende einer Vorlesung verkündete der Professor für mittelalterliche deutsche Literatur an der Salzburger Universität, an der ich mein in Wien begonnenes Studium zu Ende führte, dass die University of Strathclyde in der schottischen Großstadt Glasgow den Posten eines „Austrian language assistant in German" anbiete. Wer Interesse hat, möge sich bei ihm melden. Ich zögerte keine Sekunde. Sofort nach der Vorlesung ging ich zu dem Professor und erklärte mein Interesse. Ich wusste nichts über Schottland, außer dass es weit weg von der Heimat war. Es war eine spontane Entscheidung, die mein Leben veränderte. Das war im Jahr 1969.

In den folgenden Monaten hörte ich viel Negatives über Glasgow. Es sollte dort fürchterliche Slums geben, und das Klima wäre schwer zu ertragen. Die Wirklichkeit war weit weniger schlimm. Gewiss, Glasgow hatte arme Gegenden, und es regnete oft. Aber es gab auch sehr schöne Stadtteile mit wunderbarer Jugendstil-Architektur, gemütlichen Pubs und interessanten indischen Restaurants. Vor allem aber hatte es eine herrliche Umgebung sowie freundliche Menschen. Und es regnete auch nicht mehr als in Salzburg. Meine zwei Glasgower Jahre habe ich in guter Erinnerung.

Als sich mein Vertrag mit der University of Strathclyde seinem Ende näherte, wollte ich etwas länger in diesem Teil Europas verweilen und bewarb mich um einen Assistentenposten in Irland. Das University College Galway antwortete positiv und wollte mir die Bewerbungsunterlagen zusenden, als die britischen Angestellten von Post und Telefon einen Streik ausriefen. Industrielle Dispute waren damals in Großbritannien nichts Seltenes. Einmal streikten die Bergwerksarbeiter, dann die Stromversorgung, und alle diese Streiks dauerten nicht Stunden oder Tage, sondern Wochen und Monate. Die Bevölkerung nahm diese Unannehmlichkeiten mit bewunderungswürdiger Gelassenheit hin.

Das Telefonsystem war noch nicht automatisiert. Man konnte das Ausland nur über die Telefonvermittlung erreichen. Zum Glück für mich gab es unter den Telefonangestellten verhältnismäßig viele Streikbrecher, und so war es nicht allzu schwer, mit Galway Kontakt aufzunehmen und mit dem Vorstand des dortigen German Departments das Übereinkommen telefonisch abzuschließen. Im September 1971 trat ich meinen Posten als Junior Lecturer in German in Galway an.

Zu dieser Zeit lief der Film *Ryan's Daughter* in den Kinos. Die wilde Schönheit der irischen Küstenlandschaft machte einen großen Eindruck auf mich, und aufgrund des Films erschuf ich mir ein Bild von Irland als das eines von der modernen Zivilisation noch erfreulich unberührten Landes. Ich wollte Galway kennenlernen, bevor ich dort meinen Posten antrat. Die Osterferien 1971 boten dazu eine gute Gelegenheit, und ich machte mich mit meinem Auto auf den Weg nach Stranraer, um von dort mit der Nachtfähre nach Larne in Nordirland überzusetzen. Ich fuhr in der Dunkelheit auf der fast leeren mondbeschienenen Straße, als plötzlich eine Kuh vor mir stand. Ich trat auf die Bremse, das Auto schlingerte nach links und krachte mit der rechten Tür in die Kuh. Diese fiel flach auf die Seite und blieb liegen. Ich stieg aus dem Auto und überlegte, was zu tun sei, als das mächtige Tier aufstand und in das Feld davontrottete. Da die Autotür beschädigt war und sich nicht versperren ließ, fuhr ich nach Glasgow zurück. So endete mein erster Versuch, auf die grüne Insel zu gelangen.

Der zweite Versuch im Juni war erfolgreicher. Mein erster Weg in Galway führte mich in das German Department. Es dauerte einige Zeit, bis ich es fand, da es etwas entfernt vom Campus in einem Haus in der Nähe des Corrib-Flusses untergebracht war. Außer der deutschen Abteilung befanden sich dort auch die Büros des französischen, italienischen und spanischen Departments. Im Vorgarten des Hauses graste eine Kuh. Abgesehen davon, dass sie mich an die Kuh erinnerte, mit der ich in Schottland zusammenge-stoßen war, schien sie das Bild, das ich mir von Irland gemacht hatte, zu bestätigen. Ich wurde von den beiden deutschen Sprach-assistenten willkommen geheißen. Sie riefen den Vorstand der Deutschen Abteilung an, der so freundlich war, mich zum Abend-essen in sein Haus einzuladen.

Mein Aufenthalt in Galway dauerte vier Jahre. Der Westen Ir-lands war eine mildere Version von Schottland. Damit meine ich, dass die Umgebung von Galway, vor allem Connemara und Mayo, stark an die schottischen Highlands erinnert, das Klima aber freundlicher und der Zugang zu den Bergen leichter ist. Die Men-schen waren weniger reserviert als die Schotten, und Galway mit seinen damals dreißigtausend Einwohnern war viel lebendiger als vergleichbare schottische Städte. Während sich dort die meisten Menschen bei Einbruch der Dunkelheit in ihre Häuser begaben und die Fernseher einschalteten, wachte Galway nach Sonnenun-tergang erst richtig auf. Galway bei Nacht war eher wie eine Stadt in Spanien oder auf dem Balkan als ein Ort auf den sogenannten „britischen Inseln".

In den frühen Siebzigerjahren gab es noch wenige Touristen. Ir-land war ein Geheimtipp. Die Umwelt war noch verhältnismäßig unverdorben. An zahlreichen Stellen der Küste konnten wir Mu-scheln sammeln, und die Fischer verkauften uns frischen Hummer zu lächerlich niedrigen Preisen. Wenn man in Galway auf der Brü-cke stand, die über den Corrib-Fluss führt, konnte man den wilden Lachs sehen, der stromaufwärts schwamm, um zu laichen. Der erste im Frühsommer gefangene wilde Lachs bot jedes Mal den Anlass zu einem Fest. Heute ist er eine Seltenheit. Die Krankheiten, die der gezüchtete Lachs verbreitet, wenn er ins offene Meer ent-wischt, haben ihn fast völlig ausgerottet.

Sehr bald trat ich dem Galway Mountaineering Club bei. Als Kind hatte mich mein Salzburger Onkel Erich oft auf Gebirgswan-derungen mitgenommen. Nun entdeckte ich meine Liebe zu den Bergen wieder. Connemara hat alles zu bieten, was der Bergsteiger begehrt. Die Berge sind zwar nicht höher als siebenhundert Meter, aber da der Aufstieg nur wenige Meter über dem Meeresspiegel beginnt, ist das nicht so wenig. In der Regel besteigt man mehrere Gipfel hintereinander, und auf diese Weise vermag eine Tagestour sehr schnell dazu führen, dass man weit mehr als tausend Höhenmeter zu überwinden hat. Im Gegensatz zu den Alpen gibt es keine markierten Wege. Man muss gut mit Kompass und Karte umgehen können, wenn man nicht in ernste Gefahr geraten will. Es gibt auch keine Hütten, und das Handy bleibt meistens ohne Empfang. Für den Wanderer, der für einige Zeit fernab von jeder Zivilisation verweilen möchte, sind die Berge von Connemara, Mayo und Kerry der ideale Ort.

4.2 Die Skellig Inseln 2001

Wenn wir der Zivilisation für eine Weile entfliehen wollen, mieten wir eine Hütte in einer entlegenen Gegend, wo wir das Wasser aus dem Brunnen vor dem Tor schöpfen und auf das von der Hütte einige Meter entfernte Plumpsklo gehen müssen. Wir haben dann das Gefühl, dass wir die Kunst, unter extremen Bedingungen zu überleben, gut meistern. Wenn aber unsere Handys tagelang ohne Empfang sind und wir keinen Internetanschluss haben, werden wir sehr schnell nervös und können es nicht erwarten, in unser gewohntes Leben zurückzukehren.

Die Mönche, die sich im 6. Jahrhundert n. Chr. auf der Insel *Skellig Michael* vor der Küste der Grafschaft Kerry niederließen, meinten es ernst mit der Abwendung von aller irdischen Bequemlichkeit. Es gibt zwei Skellig Inseln. *Little Skellig* ist ein berühmtes Vogelschutzgebiet, und *Skellig Michael* mit den Überresten der monastischen Siedlung wurde zum UNESCO-Welterbe erklärt.

Die Bootsfahrt nach Skellig Michael dauert eineinhalb Stunden. Da die See meist rau ist, braucht man einen guten Magen, um die Reise ohne Seekrankheit zu überstehen. Bei starker Dünung kann die Landung problematisch sein, und die Passagiere laufen Gefahr, beim Überspringen der Kluft zwischen dem sich auf und ab bewegenden Boot und der Pier ins Meer zu fallen.

Wie die Mönche mit ihren kleinen Booten dorthin gelangten, ist schwer vorstellbar. Vermutlich überlebten nur die Fittesten von ihnen dieses Abenteuer. Und wenn sie einmal dort waren, gab es keine Rückkehr. Die Mönche blieben auf Skellig Michael und waren bis zum Ende ihres Lebens vom Fischfang und von den kümmerlichen Produkten der ärmlichen Erde abhängig. Quelle gibt es auf der Insel keine, aber es regnet genug, um die Wasserversorgung sicherzustellen. Die Lebenserwartung muss sehr kurz gewesen sein. Die Mönche verübten Selbstmord in Zeitlupe. Da die Welt ein Tal der Tränen und ein Sündenpfuhl war, war es das Beste, sie so schnell wie möglich zu verlassen und in die bessere Welt des Jenseits einzutreten. Ein zu langes Verweilen auf Erden erhöhte nur die Gefahr, von der Sünde angesteckt zu werden.

Ich habe immer ein wenig Angst davor, Inseln zu besuchen. Das Wetter kann plötzlich umschlagen, so dass man tagelang festsitzt. Vielleicht hängt meine Furcht damit zusammen, dass ich in Irland, einer Insel hinter der größeren Insel Großbritannien, lebe und von meinen kontinentalen Wurzeln nicht noch mehr abgeschnitten werden möchte, als ich es ohnehin schon bin. Eine andere Erklärung mag sein, dass ich unter Klaustrophobie leide. Auf einer kleinen Insel festzusitzen ist für mich wie in einen Lift eingeschlossen zu sein.

Im September 2001 machten Ursula und ich Urlaub an der Küste von Kerry nahe dem Dorf, von dem aus die Boote nach Skellig Michael auslaufen. Der 11. September war ein besonders schöner Tag, und die See war ziemlich ruhig. Ich schlug meine Bedenken in den Wind und ließ mich dazu überreden, die Überfahrt nach Skellig Michael zu wagen. Ich habe es nicht bereut. Ich wurde nicht seekrank, und wir landeten problemlos. Wir stiegen die 670 Stufen zum höchsten Punkt der Insel, wir sahen die Bienenkörben ähnlichen steinernen Häuser, in denen die Mönche gelebt und gebetet haben und versuchten uns vorzustellen, wie es sei, für immer dort bleiben zu müssen. Der Gedanke allein machte mich schaudern. Was für einen starken Glauben müssen diese Mönche gehabt haben, um solche Entbehrungen auszuhalten!

Als wir zum Festland zurückkehrten befand sich unser Bootsmann in der allergrößten Aufregung. Seinen verwirrten Äußerungen vermeinten wir zu entnehmen, dass Russen die Vereinigten Staaten angegriffen hatten und dass die Hölle los war. Wir glaubten ihm nicht, aber er bestand darauf, es im Radio gehört zu haben. Im Hotel sahen wir dann die immer wieder abgespielten Videos, auf denen zu sehen war, wie die Flugzeuge in die Twin Towers hineinkrachten, und langsam wurde uns klar, was geschehen war. Wenn immer jemand Ursula und mich fragt, wo wir gewesen seien, als 9/11 die Welt erschütterte, erinnern wir uns, dass dies der Tag war, an dem wir Skellig Michael besuchten.

Der Autor auf dem Benchoona Mountain in County Mayo

Die Heimat des Abenteuers ist die Fremde. Emil Gött

Kapitel 5: USA 1993

5.1 Warum reisen wir?

Warum lieben es viele von uns zu reisen? Die Antwort scheint einfach: Wir lieben Veränderung. Leute zu treffen, die andere Sitten haben und deren Essen anders schmeckt, in Städte zu kommen, deren Architektur uns fremd anmutet, und ungewohnte Landschaften, in denen ein anderes Klima herrscht, zu bereisen, kann erhebend und berauschend sein. Ich fühle mich jedes Mal von neuer Energie erfüllt, wenn ich von einer Reise, mag sie auch noch so kurz gewesen sein, zurückkehre. Es gibt aber auch Leute, die Veränderungen fürchten und die Sicherheit des immer Gleichen suchen. Alles, was sie sich vom Süden Spaniens erwarten, sind Sonnenschein und billiger Alkohol. Ansonsten möchten sie, dass alles so ist wie zu Hause. Anstatt *pulpos* essen sie *fish and chips* oder *Eisbein mit Sauerkraut* und erwarten, dass jedermann Englisch oder Deutsch spricht. Und es kann schließlich auch vorkommen, dass sich ein und derselbe Mensch das eine Mal nach Veränderung und das andere Mal nach der Sicherheit des Gewohnten sehnt.

Es gibt noch andere Gründe für die Reiselust. In meiner Studentenzeit war ich von der Idee besessen, in die Vereinigten Staaten von Amerika auszuwandern. In den späten Fünfziger- und frühen Sechzigerjahren schienen die USA ein interessanterer und aufregenderer Ort zum Leben und zum Arbeiten zu sein als Österreich und das alte Europa. Selbst als der Vietnamkrieg das Image der Vereinigten Staaten empfindlich ankratzte, übten sie weiterhin eine beträchtliche Anziehungskraft auf mich aus. Am Ende aber wanderte ich doch nicht nach Übersee aus. Stattdessen blieb ich in Irland hängen. Heute schätze ich mich glücklich, in Europa zu sein. Ich möchte nicht in einem Land leben, in dem die Angehörigen der Mittelschicht nicht genug Geld verdienen, um ihren Kindern eine gute Erziehung bieten zu können, in dem die Kluft zwischen Armen und Reichen immer größer wird und dessen Gesundheitswesen nur diejenigen menschenwürdig behandelt, die sich eine teure Versicherung leisten können. Und unter Präsident Donald Trump hat das Land in den letzten Jahren weiter an Attraktivität eingebüßt. Es bleibt zu hoffen, dass es nun wieder besser wird. Mein jugendlicher Wunsch, in den Vereinigten Staaten zu leben und zu arbeiten, war meiner kindlichen Sehnsucht, Seemann zu werden, vergleichbar. Man sagt, dass man mit seinen Wünschen vorsichtig sein sollte, denn sie könnten sich erfüllen. Ich hatte vermutlich Glück, dass meine Wünsche, zur See zu fahren und nach Amerika auszuwandern, nicht in Erfüllung gingen.

Wie immer dem sein mag, ich bereiste die Vereinigten Staaten mehrere Male und verbrachte dort jedes Mal eine schöne Zeit. Meine erste Reise in die USA unternahm ich im Frühling 1991. Der Anlass war eine Konferenz über österreichische Literatur an der *University of California at Riverside*. Während meines Aufenthalts konnte ich nicht umhin, mir vorzustellen, wie es um mich bestellt wäre, wenn ich meinen Wunsch, in die USA auszuwandern, verwirklicht hätte. Reisen in fremde Länder können uns bewusst machen, dass unser Leben ganz anders hätte verlaufen können. Wäre ich heute in den Vereinigten Staaten ein glücklicher oder unglücklicher alter Mann? Was wäre aus mir geworden, wenn meine Eltern in Belgrad geblieben wären? Was, wenn mir anstatt eines Sprachassistentenpostens in Glasgow eine Stelle in Buenos Aires angeboten worden wäre?

5.2 Eine epische Autoreise

Mein zweiter Besuch dieser anregenden jährlichen Konferenz erfolgte im April 1993. Ich traf dort österreichische Schriftsteller und interessante Kollegen und Kolleginnen aus vielen Ländern. Die Atmosphäre war freundlich und entspannt, und das Essen war hervorragend. Und wie von Kalifornien zu erwarten, schien immer die Sonne. In diesem Jahr hatte ich ein Freisemester. Dies gab mir die Gelegenheit, längere Zeit in den Vereinigten Staaten zu verbringen. Die Deutsche Abteilung der *Emory University* in Atlanta hatte mich eingeladen, zwei Wochen vor Beginn der Konferenz einen Vortrag halten. Von Long Beach und Davis hatte ich Einladungen für die Zeit nach der Konferenz. Damit bot sich Ursula und mir die Möglichkeit, eine ausgedehnte Autoreise quer durch das riesige Land, das in meinen jugendlichen Träumen eine so große Rolle gespielt hatte, zu unternehmen. Am 11. April flogen wir von Dublin nach Atlanta, wo wir mehrere Tage verbrachten. Danach fuhren wir quer durch das Land an die Westküste nach Riverside. Nach dem Ende der Konferenz ging es weiter nach Long Beach, San Francisco und Davis. Am 4. Mai gaben wir das Auto in Los Angeles zurück und flogen heim nach Dublin.

Unsere Reise von Atlanta nach Kalifornien führte uns durch die Staaten Georgia, Alabama, Mississippi, Tennessee, Arkansas, Oklahoma, Texas, New Mexico und Arizona. Auf dem Weg nach Riverside sahen wir die *Painted Desert* und verbrachten drei Tage beim *Grand Canyon*. Die USA waren der ideale Ort für eine solche Autoreise. Verglichen mit Europa, waren die Autobahnen fast leer. Jedermann hielt sich an die Geschwindigkeitsbeschränkungen. Oft durfte man nicht schneller als 50 Meilen (80 km) pro Stunde fahren, auch wenn es so gut wie keinen Verkehr gab. Vielleicht ist das heute anders, damals war es so. Man stellte den Tempomat auf 50 Meilen, lehnte sich zurück und ließ das Auto die Arbeit leisten. Man musste lediglich aufpassen, nicht einzuschlafen. Ich begann zu verstehen, warum das Auto im seelischen Haushalt des Durchschnittsamerikaners eine so prominente Rolle spielt.

Wir landeten in Atlanta um fünf Uhr am Nachmittag. Die Temperatur betrug siebenundzwanzig Grad Celsius, was im Vergleich zum fast immer kühlen und windigen Dublin höchst angenehm war. Wir mieteten einen Chevrolet Corsica und fuhren zu dem Hotel, das die Deutsche Abteilung für uns reserviert hatte. Der Campus der Emory University liegt in einem Vorort von Atlanta namens Druid Hills, der für seine parkähnlichen Wohngegenden bekannt ist. Der Schöpfer dieser Parklandschaft war Frederick Law Olmsted, der in Partnerschaft mit Calvert Vaux den Central Park in New York entworfen hat. Wir hatten das Glück, Druid Hill in seiner besten Zeit zu sehen, in der die meisten Bäume in voller Blüte stehen, und fanden ihn viel schöner als den berühmten Central Park.

Atlanta gab sich recht idyllisch. Nichts erinnerte an die Spannungen zwischen Weißen und Afroamerikanern, unter denen die Südstaaten so lange gelitten hatten. Martin Luther King wurde hier geboren und fiel am 4. April 1968 einem Attentat in Memphis im Staat Tennessee zum Opfer. Begraben ist er im Martin Luther King Jr. National Historical Park von Atlanta. Wir besuchten Stone Mountain, einen riesigen Monolith aus Granit, der angeblich der größte der Welt ist. Rund um diesen wurde ein Themenpark errichtet, der den Besucher durch die Geschichte der Südstaaten führt. Die Reliefs der Generäle der Armee der Südstaaten, Robert E. Lee, Stonewall Jackson und des Präsidenten der Konföderierten Staaten, Jefferson Davis, sind in den Monolith eingemeißelt. Ein Mississippi Dampfer namens Scarlet O'Hara fährt auf einem künstlichen See auf und ab. *Gone with the Wind* ist Atlantas *The Sound of Music*.

Wie lebendig die Vergangenheit in diesem Teil der USA immer noch ist, wurde uns klar, als wir beim Frühstück in unserem Hotel mit einem freundlichen Ehepaar ins Gespräch kamen. Die beiden hielten sich in Atlanta auf, weil sich der Vater des Ehemanns in der Universitätsklinik einer Herzoperation unterziehen musste. Als sie erfuhren, dass wir aus Dublin kamen und dass ich einen Vortrag an der Universität halten würde, kamen wir auf Fragen der Erziehung und Bildung zu sprechen. In der Meinung des netten Ehepaares litten die meisten Schulen und Universitäten unter Disziplinlosigkeit und versäumten es, den jungen Leuten ein taugliches Wertsystem mit auf den Lebensweg zu geben. Ihre Kinder besuchten die Bob Jones-University in Granville, South Carolina, wo sie eine solide konservative Bildung erhielten und von Drogen, Alkohol, sexueller Promiskuität, Homosexualität und allen sonstigen Übeln der heutigen Welt ferngehalten wurden. Bob Jones hatte diese Universität in den Zwanzigerjahren gegründet. Sie war als eine christliche Institution geplant, die den Studenten konservative amerikanische Werte vermitteln sollte und Liberalismus, morali-schen Relativismus, Säkularismus, Sozialismus und Gewerkschaf-ten ablehnte. Unsere Tischnachbarn konnten sie nicht genug lob-preisen und beschrieben sie als eine Insel der Stabilität und Sicher-heit in einer zerfallenden Welt.

Als sie stolz darauf verwiesen, dass Ian Paisley, der Begründer der *Free Presbyterian Church of Ulster* und prominenter nordirischer Politiker, ein Ehrendoktorat der Bob Jones University erhalten hat-te, begannen bei uns die Alarmglocken zu läuten. Ian Paisley war uns bekannt als die Verkörperung von religiösem Fanatismus und Sektierertum. Seine Ausfälle gegen Katholiken waren extrem hass-erfüllt. Den Papst bezeichnete er als den Antichrist und in den Siebzigerjahren hatte er offen zur Gewalt gegen die friedlichen Bürgerrechtsmärsche der Katholiken in Nordirland aufgerufen.

Im Verlauf unseres Gesprächs erwies sich, dass unsere Tisch-nachbarn die *Yankees* aus dem Norden immer noch als Feinde be-trachteten, die ihr Land erobert hatten, und dass sie sich in ihrer Identität als Südstaatler bedroht fühlten. Sie gedachten der militä-rischen Anfangserfolge der südstaatlichen Armee und der Nieder-lage am Ende, als ob sich das alles erst gestern zugetragen hätte. Bei bestimmten Anlässen hissten sie vor ihrem Haus die *Confederate Flag*, die Fahne der Südstaaten, die versuchten, sich von den USA zu lösen. Auf das Problem des Verhältnisses zwischen Afroameri-kanern und Weißen kamen wir nicht zu sprechen, aber aus allem, was sie sagten, gewannen wir nicht den Eindruck, dass unsere Tischnachbarn Verfechter der Rassengleichheit waren.

Hier waren also zwei Leute, die extrem konservative Ansichten vertraten, höchstwahrscheinlich Rassisten waren und in einer Zeit-blase lebten. Sie erinnerten an die eingefleischten Unionisten Nord-irlands, die einen unauslöschlichen Hass gegen Katholiken in sich tragen und sich verhalten, als lebten sie immer noch in der Zeit der Reformation. Aber wie so viele dieser eingefleischten Unionisten waren unsere eingefleischten Südstaatler vom Nebentisch sehr freundliche Menschen mit guten Manieren. Das hätte sich möglicherweise schnell geändert, wenn wir uns auf eine ernsthafte Diskussion eingelassen hätten. Aber da wir in Atlanta zu Gast waren, wollten wir den Frieden nicht gefährden.

Nach dem Frühstück machten wir uns auf die Suche nach der Deutschen Abteilung. Ich wollte die KollegInnen, mit denen ich korrespondiert hatte, treffen, um die technischen Details meiner Vorlesung zu besprechen. Wir hatten keinen Erfolg. Niemand wusste, wo das *German Department* war. Einmal wurden wir in ein Zentrum für biologische Forschung geschickt. Die Person, die wir fragten, dachte offenbar, dass *German* etwas mit *germs* (Bakterien) zu tun habe.

Am Abend waren wir mit dem Vorstand der Deutschen Abteilung und seiner Frau im Gastgarten eines charmanten Restaurants verabredet. Gastgärten sind in den Vereinigten Staaten eine Seltenheit. Während in Wien viele Gasthäuser einen provisorischen Garten auf dem Gehsteig errichten – man nennt sie dort Schanigärten, und ganz Wien verwandelt sich im Sommer in einen einzigen Schanigarten – ziehen es die meisten Amerikaner trotz des guten Wetters vor, in Innenräumen mit Klimaanlage zu speisen. Unsere Gastgeber hatten somit eine gute Wahl für uns getroffen. Als Hauptgericht bestellte ich eine Forelle. Sie war mit Spinat gefüllt und mit Käse überbacken, so dass ihr Geschmack schwer auszumachen war. Der Kellner informierte mich stolz, dass es sich um eine gezüchtete Forelle handelte.

Den folgenden Morgen holte uns der Vorstand der Deutschen Abteilung vom Hotel ab und brachte uns in das German Department, wo ich meinen Vortrag hielt. Alle waren sehr freundlich und schienen ehrlich erfreut, einen Gast aus Europa zu haben. Wie in so vielen deutschen Abteilungen der Universitäten Nord- und Südamerikas waren die meisten Dozenten und Professoren Einwanderer aus Deutschland und Österreich. Sie hatten getan, wovon ich einmal geträumt hatte: Sie hatten ihre Heimat hinter sich gelassen, in der Hoffnung, in der Neuen Welt ein interessanteres Leben zu finden als im alten und müden Europa. Sie hatten den *American*

Way of Life angenommen, die meisten waren mit Amerikanern oder Amerikanerinnen verheiratet und es ging ihnen allen recht gut. Dennoch bekam ich den Eindruck, dass viele unter Heimweh nach der Alten Welt litten. Sie vermissten ihre noch lebenden Familienangehörigen in Europa und den mitteleuropäischen Lebensstil. Nicht wenige besaßen in ihrer ursprünglichen Heimat ein Haus oder eine Wohnung und hofften, nach ihrer Pensionierung dorthin zurückzukehren.

Einige Wochen später lernte ich in Davis einen irischen Kollegen kennen, der es nicht erwarten konnte, seinen Lebensabend in Europa zu verbringen. Er war der untypischste nordirische Protestant, dem ich jemals begegnet bin. In Nordirland sind die Katholiken zumeist Nationalisten, das heißt, sie ersehnen die Vereinigung des britischen Nordirlands mit der Republik Irland. Die Mehrheit der Protestanten hingegen sind Unionisten und wollen die Union zwischen Nordirland und Großbritannien aufrechterhalten. Die katholischen Nationalisten fühlen sich als Iren, die protestantischen Unionisten als Briten. Dieser Kollege aber war Protestant *und* Nationalist! Er war etwas über fünfzig Jahre alt und sprach bei jeder Gelegenheit davon, sobald wie möglich in den Ruhestand zu treten, in der Republik Irland ein Häuschen zu kaufen und dort bis zum Ende seiner Tage zu leben. Ich weiß nicht, ob es ihm vergönnt war, seinen Traum zu verwirklichen. 1993 waren die Hauspreise in Irland noch erschwinglich. Wenige Jahre später entwickelte sich Irland zum Keltischen Tiger und die Preise stiegen ins Unermessliche.

Nach dem Ende meiner Vorlesungstätigkeit in Atlanta begann unsere Reise nach Kalifornien. Am ersten Tag kamen wir bis Brinkley in Arkansas, nachdem wir bei Birmingham in Alabama und Memphis in Tennessee vorbeigefahren waren. Irgendwo unterwegs hielten wir bei einer Pizza Hut an, um zu Mittag zu essen. Die Kellnerin, die uns erzählte, dass sie irische Vorfahren hatte, war sehr freundlich und stark übergewichtig. Als sie uns zum Buffet geleitete, forderte sie uns auf, so viel in unsere Mägen zu stopfen, als darin Platz war: *You can eat as much as you can hold!*

Wir übernachteten in einem Super 8 Motel in der Nähe von Brinkley. Die Leintücher sahen aus, als ob man vergessen hätte, sie zu wechseln. Auf unsere Beschwerde hin erschien ein Mädchen und wechselte sie ohne ein Wort der Entschuldigung. Wir nahmen im *dining room* Platz und bestellten *blackened fish*. Dies ist ein Süßwasserfisch, der auf Holzkohle gegrillt wird, bis er außen ganz schwarz ist. Im Inneren aber bleibt er weiß und schmeckt hervorragend. Es ist das eine Spezialität dieser Gegend, die es sich zu probieren lohnt. Die Kellnerin fragte uns, was wir zu trinken wünschten, und wir bestellten eine Flasche Weißwein. „Es tut mir leid, aber wir haben keinen Wein", kam die Antwort. „Na dann geben Sie uns halt zwei Flaschen Bier", erwiderte ich etwas enttäuscht. „Sorry, wir haben kein Bier", tönte es zurück. „Was haben Sie denn zu trinken?" fragte ich, nun etwas ungeduldig geworden. „Wir haben Coca Cola, Limonade, Mineralwasser....." Es stellte sich heraus, dass wir uns in einem *dry county* befanden. Ich hatte noch nie von so etwas gehört, nun aber wurden wir belehrt, dass dies eine Gegend mit einem Umkreis von zwanzig oder dreißig Meilen ist, innerhalb dessen man keinen Alkohol kaufen kann. Auf solche Gegenden trifft man im *Bible Belt* der USA ziemlich häufig. Um alkoholische Getränke zu trinken, muss man in das nächste *county* fahren, das hoffentlich nicht trocken ist. Wir hatten keine Wahl, als unseren Fisch in Wasser schwimmen zu lassen.

Die nächste Etappe führte uns durch Fort Smyth, Fayetteville und Rogers nach Prairy Creek in Arkansas. Dort besuchten wir Tom und Shirley, Verwandte von Ursula, die sich für den Ruhestand ein geräumiges Haus mitten in einem Wald in der Nähe des Beaver Lake gekauft hatten. Sie besaßen ein Motorboot und nahmen uns auf eine Fahrt auf dem See mit. Der See war durch das Aufstauen des White River geschaffen worden und hat zahlreiche Seitenarme, in denen man sich leicht verirren kann.

Das Haus von Tom und Shirley hatte eine ultramoderne Küche, wie sie sich ein Meisterkoch nicht besser wünschen kann. In meiner Kindheit war die *amerikanische Küche* der Traum jeder Hausfrau gewesen. Auf meinen Reisen durch die Vereinigten Staaten und

Kanada sah ich viele dieser Wunderküchen, niemals aber hatte ich das Vergnügen, die dort zubereiteten Speisen zu genießen. Die Nordamerikaner scheinen nicht gern für Gäste zu kochen. Auch Tom und Shirley kochten nicht für uns, sondern führten uns in ein ausgezeichnetes Restaurant, das sich auf Fischspeisen spezialisierte. Wieder befanden wir uns in einem dieser gefürchteten *dry counties*, aber diesmal tat dies nichts zu Sache. Tom war Mitglied eines Clubs, der es ihm erlaubte, im Restaurant alkoholische Getränke zu bestellen und zu konsumieren. Diesmal konnten wir den Fisch mit gutem Wein begleiten.

Unsere Reise nach Riverside dauerte weitere sechs Tage. Die Fahrt durch Oklahoma, Texas und New Mexiko war monoton und schien kein Ende zu nehmen. Irgendwo fanden wir um die Mittagszeit ein Restaurant, das angeblich echtes indianisches Essen servierte. Es war eine einzige Enttäuschung, wir hatten keine Ahnung, was daran indianisch gewesen sein sollte. Die Gäste sahen deprimiert aus. Alle behielten während des Essens ihre Schildkappen auf. Es war nicht das erste Mal, dass ich das traurige Aussehen der ursprünglichen nordamerikanischen Bevölkerung bemerkte. Ihren Verwandten in Südamerika scheint es etwas besser zu gehen. Zumindest trifft dies auf die *indigenas* von Ecuador zu. Obwohl auch deren Vorfahren von den weißen Eroberern missbraucht, unterdrückt und ermordet wurden, leiden sie nicht in demselben Ausmaß an der Diskriminierung und Marginalisierung wie die nordamerikanischen Indianer. Zum Teil mag das daran liegen, dass es in Südamerika mehr von ihnen gibt als in den USA. In manchen Gegenden Ecuadors bilden sie die Mehrheit. Ein Beispiel ist Otavalo, eine blühende kleine Stadt etwa hundert Kilometer nördlich von Quito. Berühmt ist der dort jeden Samstag stattfindende Markt, einer der prächtigsten des gesamten amerikanischen Kontinents. Die nordamerikanischen Indianer haben nichts Entsprechendes vorzuweisen.

Am späteren Nachmittag legten wir in der Nähe von Amarillo eine Kaffeepause ein. Jedermann in dem Lokal war schwarz. Obwohl wir mit unseren Bleichgesichtern höchst auffällig ausgesehen haben müssen, behandelte man uns sehr zuvorkommend. Am Nebentisch saßen einige in ein Gespräch vertiefte Männer. Wir konnten kein Wort verstehen, aber es klang wie Musik.

Nach der Übernachtung in Tucumcari setzten wir unsere Reise durch New Mexico fort und kamen nach Arizona. Das Wetter war ungewöhnlich trüb, aber im Laufe des Nachmittags besserte es sich so weit, dass wir die Farben der *Painted Desert* zu schätzen vermochten, in der wir zwei Stunden verbrachten. (Ich weiß, dass dies beschämend kurz war, aber wir hatten einfach nicht mehr Zeit). Die Fahrt schien wieder einmal endlos zu sein. Die Einsamkeit der wüstenähnlichen Landschaft mit ihren nahezu vollkommen leeren Straßen war überwältigend. Man kennt solche Szenerien aus amerikanischen Serien wie zum Beispiel *Breaking Bad*. Es gibt sie wirklich.

Während unserer Autoreise durch die unendlichen Weiten der Vereinigten Staaten hatten wir die meiste Zeit das Radio eingeschaltet. Wir entdeckten Rush Limbaugh und wurden bald zu süchtigen Hörern seiner Radiosendungen. Anfänglich fanden wir seinen unverhohlenen Hass auf und seine Verachtung für liberale Ansichten, ethnische Minderheiten und Homosexuelle verstörend. Wie konnte ein solches Radioprogramm erlaubt sein? Bedeutete Redefreiheit, dass sogar Anstiftung zum Hass erlaubt sein müsse? Gleichzeitig konnten wir nicht umhin, Rush Limbaughs meisterhaften Umgang mit der englischen Sprache und seine brillante Rhetorik zu bewundern. Nach einiger Zeit begannen wir, ihn unterhaltsam zu finden. Er hielt uns wach.

Am Abend kamen wir in eine kleine Stadt namens Holbrook. Da dies der Mädchenname von Ursulas Mutter gewesen war, beschlossen wir, dort zu übernachten. Wenn man ein Beispiel für einen Ort finden will, der *in the middle of nowhere* liegt, braucht man nicht weiter zu suchen. Im Navajo County gelegen, sieht Holbrook mit seinen fünftausend Einwohnern wie eine Stadt aus einem Western aus. Und in der Tat: es war eine Stadt im richtigen Wilden Westen gewesen. Gegründet wurde Holbrook 1881. Als die Stadt an das Eisenbahnnetz angeschlossen wurde, erhielt sie ihren Namen zu Ehren von Henry Randolph Holbrook, dem *chief engineer* der *Atlantic and Pacific Railroad* Gesellschaft. Er war übrigens kein Verwandter von Ursulas Vorfahren. Holbrook war der Schauplatz einer der legendären Schießereien des Wilden Westens. Am 4. September 1887 kam Sheriff Perry Owens in die Stadt, um Andy Blevins wegen Pferdediebstahls zu verhaften. Als Andy, dessen zwei Brüder und ein Freund Widerstand leisteten und das Feuer eröffneten, schoss der Sheriff zurück und traf alle bis auf einen Bruder tödlich.

Wir kamen um sechs Uhr Abend an und bekamen ein Zimmer im Budget Inn, das an der Restaurant- und Hotelmeile lag. Wie immer nach einer langen Autofahrt waren wir müde und hungrig und freuten uns auf ein gutes Essen. Wo immer wir hinblickten sahen wir leider nichts als Denny, Sizzler, Burger Kind und McDonald. Wir fragten den Mann an der Rezeption, ob wir irgendwo etwas Richtiges essen könnten, und er empfahl uns ein Restaurant in einer Seitengasse, das hervorragende Steaks servierte. Dazu tranken wir eine Flasche kalifornischen Rotweins und waren sehr zufrieden.

Den Höhepunkt unserer epischen Autoreise bildete der Aufenthalt im Grand Canyon National Park. Wir hatten Unterkunft für zwei Tage in Moqui Lodge in unmittelbarer Nähe des Parkeingangs reserviert. Auf dem Weg dorthin kamen wir beim Grand Canyon Airport vorbei und sahen eine Werbung für Flüge über die Canyons. Als wir erfuhren, dass in zwanzig Minuten ein Flug startete, ergriffen wir diese Gelegenheit beim Schopf. Unseren ersten Eindruck von den gewaltigen Canyons gewannen wir also aus der Luft. In dem kleinen einmotorigen Flugzeug waren wir sechs Passagiere, vier Israelis und wir zwei. Der Pilot hatte einen Zettel vor sich, auf dem die Route, die er zu fliegen hatte, aufgezeichnet war. Ich war ein wenig erstaunt, dass er keine fortschrittlichere Technik benützte, aber das *low-tech* System erwies sich als ausreichend. Am Nachmittag bezogen wir unser Zimmer in Moqui Lodge und hatten danach genug Zeit, den East Rim entlang zu fahren und zwischen sechs und halb sieben Uhr die atemberaubenden Sonnenuntergänge zu fotografieren.

Am nächsten Morgen wollten wir zum Colorado-River am Boden des Tales hinabsteigen. Normalerweise geht eine Bergwanderung zuerst bergauf und dann bergab. Im Grand Canyon ist es umgekehrt. Der Abstieg geht dem Aufstieg voran. Der Höhenunterschied vom Rand des Canyons bis zum Talboden beträgt etwa 1000 Meter. Das bedeutet, dass man beim Aufstieg unweigerlich in die Mittagshitze kommt. Wir stiegen zwei Stunden bis zu Cedar Crest hinunter. Alle paar hundert Meter des Weges waren Warntafeln aufgestellt, die den Wanderer vor den Gefahren der Hitze warnten. Da wir nicht Opfer eines Hitzschlags werden wollten, kehrten wir um. Später bereuten wir diesen Entschluss. Wir waren nur eine Stunde vom Talboden entfernt gewesen. Es war April, und die Temperaturen waren auch zu Mittag noch recht erträglich. In dem Canyon wäre es beim Aufstieg nicht heißer geworden als bei jeder normalen Sommerwanderung in den österreichischen Alpen. Die Warnungen waren vorwiegend für Touristen gedacht, die keine Bergerfahrung hatten und nicht fit waren. Es wäre für uns kein Problem gewesen, zum Talboden abzusteigen und heil zurückzukommen.

Am Abend fuhren wir den *West Rim* entlang und fotografierten weitere unvergessliche Sonnenuntergänge. Die wenigen Touristen blickten gebannt auf das Naturschauspiel. Nicht nur die Sonnenuntergänge waren von einer nicht in Worte zu fassenden Schönheit, die gesamte Atmosphäre, die sich über die Landschaft ausbreitete, war zauberhaft. Als sich die Sonne dem Horizont näherte und die Landschaft in rosigen Farben zu glühen begann, war kein menschlicher Laut zu vernehmen. Es war, als ob wir alle unter dem Bann eines ungeheuren Mysteriums stünden.

Reisen bedeutet herauszufinden, dass alle Unrecht haben mit dem, was sie über andere Länder denken. Aldous Huxley

Kapitel 6: Deutsche Demokratische Republik 1994

6.1 Der Eiserne Vorhang

Reisen in Länder hinter dem Eisernen Vorhang waren für mich als Österreicher auch lange vor Glasnost kein besonderes Problem. Mit Ann fuhr ich 1966 nach Prag und 1967 nach Bulgarien, mit Ursula 1986 nach Budapest. Mit Jugoslawien, das ja nicht wirklich hinter dem Eisernen Vorhang lag, hatte ich immer gute Reisekontakte. An Titos Jugoslawien habe ich besonders gute Erinnerungen. Auch die Woche, die ich mit Ursula in Budapest verbrachte, war überaus angenehm.

Die Tschechoslowakei war anders. Ann und ich besuchten Prag im Jahr 1966. Das war vor dem Prager Frühling, und das ultrakommunistische Regime saß noch fest im Sattel. Als wir uns an der Rezeption des Hotels anmeldeten, machten einige junge Leute, die im Foyer herumstanden, abschätzige Bemerkungen über Deutsche. Sie dachten offenbar, dass wir aus Deutschland kamen. Dies geschah immer wieder. Man machte kein Hehl daraus, dass wir nicht willkommen waren. Als Ann mit ihrem Auto bei einer Tankstelle vorfuhr und offenbar den falschen Weg nahm, stürzte der Tankstellenwart auf sie zu und schrie sie (auf Deutsch) an: „In Deutschland fährt man wohl nicht rechts!?" Ann war etwas verdaddert und antwortete, dass sie keine Deutsche sondern Amerikanerin sei. Die blitzartige und vollständige Veränderung des Benehmens des Tankstellenwarts war geradezu unheimlich. Er war plötzlich ein ganz anderer Mensch und entschuldigte sich triefend vor honigsüßer Freundlichkeit. Es war widerlich. Bei der Rückkehr nach Österreich hielten uns die tschechischen Grenzer eine halbe Stunde lang auf, räumten das Auto aus, untersuchten die Unterseite des Wagens mit einem Spiegel und stocherten im Tank herum.

Noch unsympathischer als die kommunistische Tschechoslowakei war mir die Deutsche Demokratische Republik (DDR). Während man in allen anderen sogenannten Ostblockstaaten unbegrenzt herumfahren konnte, wenn man im Besitz eines Visums war, musste man den Behörden der DDR genau mitteilen, wann genau man sich wo aufzuhalten plane. Wer möchte schon auf eine solche Weise reisen?

1971 besuchte ich eine Freundin in Westberlin. Um mit dem Auto oder mit der Bahn nach Berlin zu gelangen, musste man durch die sogenannte „Zone", die von den Sowjets kontrollierte DDR, hindurchfahren, in der die geteilte Stadt lag. Es war den Durchreisenden strikt verboten, die Autobahn zu verlassen. Der Übergang von der Bundesrepublik in die DDR und von der DDR nach Westberlin war mit Wachtürmen bespickt. Stacheldraht und Minenfelder trennten die feindlichen Gebiete, und bewaffnete Volkspolizisten kontrollierten die Reisenden und zögerten nicht, auf Menschen, die dem kommunistischen Paradies zu entfliehen suchten, scharf zu schießen. „Republikflucht" galt als schweres Verbrechen.

Die Durchfahrt durch die „Zone" auf dem Weg nach Westberlin und zurück war das einzige Mal, dass ich den Boden Ostdeutschlands betrat, als es noch die DDR war. Ich hatte keine Lust, dorthin zu reisen und mein Geld auszugeben und damit die Wirtschaft dieses schrecklichen Staates zu unterstützen. Einige meiner linksintellektuellen Freunde kritisierten mich ob meiner Einstellung und verwiesen auf die guten Seiten des Regimes: universales Gesundheitswesen, kostenlose Erziehung und leistbares Wohnen. Alle diese zweifellos lobenswerten Errungenschaften waren meiner Meinung nach durch die Tatsache diskreditiert, dass das ganze Land ein Gefängnis war. Wie war es zu erklären, dass trotz der angeblich in diesem Arbeiter- und Bauernstaat herrschenden paradiesischen Zustände so viele Menschen nichts wie weg wollten und bereit waren, ihr Leben zu riskieren, um in den Westen zu gelangen? Die repressive und mörderische Politik der DDR mit ihren guten Seiten zu rechtfertigen, war für mich nicht anders als Hitlers Gaskammern und Kriegsverbrechen damit zu entschuldigen, dass die Wirtschaft blühte und einige Zeit lang Vollbeschäftigung herrschte. Ich musste also das Ende des kommunistischen Alptraums abwarten, bevor ich endlich die Orte besuchen konnte, in denen Luther, Bach, Schiller und Goethe gewirkt hatten.

6.2 Dresden und Leipzig

Nach dem Fall der Berliner Mauer lernten Ursula und ich Gerhard und Inge, ein Ehepaar aus Dresden, kennen. Die beiden bereisten Irland und wohnten einige Tage bei uns als Gäste. Anstatt uns für die Unterkunft und Verpflegung zu bezahlen, boten sie an, uns ihrerseits in Dresden ihre Gastfreundschaft zu gewähren, wenn wir dorthin reisen wollten. Kurz danach kam ein Leipziger Professor der Theaterwissenschaft mit seiner Frau nach Dublin, um an einer von mir organisierten Konferenz teilzunehmen. Auch diese beiden weilten einige Tage als Gäste in unserem Haus. Zwei Jahre später, im März 1994, fuhren Ursula und ich mit dem Auto von Dublin nach Thüringen und Sachsen und besuchten beide Ehepaare.

Nachdem wir bei Freunden in Hagen bei Bonn übernachtet hatten, kamen wir am 14. März in Eisenach an. Dort wurde 1685 Johann Sebastian Bach geboren, und Martin Luther übersetzte zwischen Mai 1521 und März 1522 in der über der Stadt gelegenen Wartburg das Neue Testament ins Deutsche. Seit meinen Schultagen wollte ich die Burg sehen, auf der Luther Zuflucht nahm, nachdem er sich auf dem Reichstag zu Worms geweigert hatte, seine als Häresie verurteilten Ansichten zu widerrufen. Der Kurfürst von Sachsen, Friedrich der Weise, brachte ihn vor den Schergen des Kaisers und des Papstes auf die Wartburg in Sicherheit. Unter dem Namen Junker Jörg hielt sich Luther dort fast ein Jahr auf und entfaltete eine rege schriftstellerische Tätigkeit in Sachen Reformation. Unter anderem übersetzte er in elf Wochen das Neue Testament ins Deutsche.

Die Wirkung gelehrter Werke beschränkt sich im Allgemeinen auf den akademischen Elfenbeinturm. Die sogenannte wirkliche

Welt kümmert sich wenig um sie. Luthers Schriften und insbesondere seine Bibelübersetzung aber wirkten weit über die Grenzen der akademischen Welt hinaus. Für seine Übersetzung des Neuen Testaments – das Alte Testament übersetzte er später – bediente er sich einer volkstümlichen Sprache, die von den meisten Sprechern der sehr unterschiedlichen deutschen Dialekte verstanden werden konnte, und legte damit die Grundlage für eine gemeinsame deutsche Sprache. Ohne Luthers Bibel würden Norddeutsche und Süddeutsche heute wahrscheinlich verschiedene Sprachen sprechen. Friedrich dem Weisen ist es zu verdanken, dass Luther überlebte und Deutschland und Europa grundlegend veränderte.

Unser erster Weg führte uns auf die Wartburg in das Lutherzimmer. Da das Schloss während des Dreißigjährigen Krieges verfiel, ist von der originalen Einrichtung nichts mehr übriggeblieben. Das Zimmer wurde um 1900 neu eingerichtet. Aber es ist trotz der Möblierung aus einer späteren Zeit immer noch das Zimmer, in dem Martin Luther die Reformation vorantrieb und das Neue Testament übersetzte! Alles was er dazu brauchte, waren Papier, Federkiel und Tinte. Seine Leistung ist der von Entdeckern wie Columbus und Magellan vergleichbar, die auf ihren winzigen hölzernen Schiffen ins Unbekannte segelten.

Die Wartburg ist noch durch zwei weitere Ereignisse bekannt geworden: den *Sängerkrieg* und das *Wartburgfest*. Der Sängerkrieg, ein Wettkampf deutscher Minnesänger, der am Beginn des 13. Jahrhunderts stattgefunden haben soll, ist pure Fiktion, die in Wagners *Tannhäuser* weiterlebt. Das Wartburgfest hingegen ist deutsche Geschichte. Am 18. Oktober 1817 versammelten sich auf Einladung der Jenaer Burschenschaft fünfhundert deutsche Studenten und forderten die Schaffung eines einheitlichen deutschen Staates und einer deutschen Verfassung sowie Redefreiheit. Sie wählten die Wartburg als Versammlungsort, weil Luther, den sie als deutschen Helden und Vorkämpfer deutscher Einheit verehrten, dort gewirkt hatte. Das Jahr war ebenfalls signifikant. Dreihundert Jahre davor, am 31. Oktober 1517 hatte Luther seine 95

Thesen an die Schlosskirche von Wittenberg genagelt und damit die Konfrontation mit Rom eingeleitet.

Obwohl sich die Studenten, die dem Wartburgfest beiwohnten, als Verfechter von Rede- und Gedankenfreiheit und Toleranz sahen, verbrannten sie in effigie den Code Napoléon und Bücher, die sie als reaktionär verurteilten. Heinrich Heine war über die Barbarei der – wenn auch nur symbolischen – Bücherverbrennung entsetzt und beschuldigte die Studenten, „Dummheiten" zu begehen, „die des blödsinnigsten Mittelalters würdig waren" und einem „beschränkten Teutonismus" zu huldigen, „der viel von Liebe und Glaube greint, dessen Liebe aber nichts anderes war als der Hass des Fremden". Heines Worte zeugen von einer geradezu unheimlichen politischen Weitsicht. Die heutigen Nachfahren der deutschen Burschenschaften in Deutschland und Österreich sind immer noch Brutstätten rechtsradikalen Gedankenguts. Die meisten Mitglieder der Freiheitlichen Partei Österreichs (FPÖ) gehören deutschtümelnden und fremdenfeindlichen Burschenschaften an, wie sie Heine vor zweihundert Jahren gegeißelt hat.

Nach Luthers Zimmer besichtigten wir noch das imposante Fresko Moritz von Schwinds aus dem Jahre 1854, das den legendären Sängerkrieg darstellt, und fuhren dann in Richtung Dresden weiter. Gerhard und Inge hatten uns eingeladen, bei ihnen zu wohnen und hießen uns mit einem ausgezeichneten Abendessen willkommen. Beide waren im Ruhestand. Gerhard hatte für die staatlichen Eisenbahnen gearbeitet.

Mit der Wiedervereinigung Deutschlands hatten unsere Freunde nicht nur positive Erfahrungen gemacht. Gewiss, nun konnten sie ungehindert überallhin reisen, und finanziell ging es ihnen ein wenig besser. Aber der ungebremste Vormarsch des westlichen Kapitalismus bereitete ihnen Sorgen. Die Kluft zwischen Verlierern und Gewinnern des neuen Systems wuchs rapide, und soziales Verhalten machte, so sahen sie es jedenfalls, brutaler Konkurrenz und Gier Platz. *Wiedervereinigung* war für die beiden ein Euphemismus für *Übernahme* oder *Kolonisierung*. Obwohl sie die Übel des kommunistischen Systems nicht entschuldigten, waren und blieben sie in ihrem Herzen Sozialisten. Nach dem Fall der Mauer hatten sie die Verwirklichung eines dritten Weges erhofft, eines demokratischen Kommunismus, der sich zwischen westlichem Kapitalismus und sowjetischem Kommunismus bewegte. Sie teilten diese Hoffnung mit vielen Intellektuellen in Ost und West und wurden gründlich enttäuscht. Überall in Dresden konnte man die Zeichen der Veränderung sehen. Der Bauboom war enorm. Die Stadt hatte sich in einen Wald gigantischer Kräne verwandelt. Alle Bauaufträge gingen an westliche Firmen. Für die einheimische Industrie gab es nichts zu holen. Es war sehr schnell klar geworden, wer die Verlierer und Gewinner der neuen Ära waren.

Gerhard und Inge liebten klassische Musik, und sie wussten, dass wir diese Liebe mit ihnen teilten. Sie überraschten uns mit Karten für eine Aufführung von *Capriccio* von Richard Strauss in der berühmten Dresdner Oper am nächsten Abend. Von Gottfried Semper zwischen 1838 und 1841 erbaut, ist sie eines der schönsten Opernhäuser der Welt. 1869 brannte das Haus nieder und Semper erhielt den Auftrag des Wiederaufbaus. Das neue Haus wurde 1878 eröffnet. Sowohl im alten als auch im neuen Haus erlebten zahlreiche Opern ihre Uraufführung. Die eindrucksvolle Liste enthält unter anderem Richard Wagners *Rienzi* (1842), *Der fliegende Holländer* (1843) und *Tannhäuser* (1845) sowie den *Rosenkavalier* von Richard Strauss (1911). 1945 fiel das Gebäude dem schrecklichen Bombardement der Briten und Amerikaner zum Opfer. Das DDR-Regime stellte es wieder her, so wie es 1878 ausgesehen hatte. Am 13 März 1985 öffnete die restaurierte Oper mit Carl Maria von Webers *Der Freischütz* ihre Pforten wieder. Die technischen Einrichtungen waren auf den neuesten Stand gebracht worden. Unsere Freunde erzählten uns, dass Gerüchten zufolge die Klimaanlage mit Abhörgeräten versehen war, so dass die Behörden alle Gespräche der Opernbesucher belauschen konnten. Heute aber sei das (hoffentlich) nicht mehr der Fall.

Zwei Tage später fuhren wir nach Leipzig und besuchten den Professor der Theaterwissenschaft und seine Frau. Sie hatten keinen Platz in ihrer Wohnung, um uns unterzubringen, aber sie luden uns zu Kaffee und Kuchen ein. Die Jause wurde in echtem Meißner Porzellan, das die Frau geerbt hatte, serviert. Es war das erste Mal, dass wir aus Geschirr aßen, das in Europas berühmtester und ältester Porzellanfabrik hergestellt worden war.

Nach der Jause führte uns der Professor durch die Stadt. Er brachte uns zu den beiden wichtigsten Kirchen, der Thomaskirche und Nikolaikirche. Johann Sebastian Bach hatte in der Thomaskirche als Musikdirektor gewirkt und liegt dort begraben. Luther predigte dort im Jahr 1539. Die Nikolaikirche wurde durch die dem Fall der Mauer vorangehenden Demonstrationen von 1989 für mehr persönliche Freiheit und Demokratisierung des kommunistischen Systems international bekannt. Die Demonstranten versammelten sich um Christian Führer, den Pastor der Nikolaikirche, der jeden Montag gegen das Wettrüsten zwischen Osten und Westen betete. Sehr bald entwickelten sich diese Versammlungen zu Protesten gegen das Regime der DDR. Auf diese Weise spielte die lutherische Kirche einige Zeit lang eine zentrale Rolle im Kampf für eine bessere Ordnung.

Als wir die Kirche betraten, fand gerade ein Gottesdienst statt. Der Prediger war niemand anderer als Pastor Christian Führer. Die Kirche war fast leer. Wo waren alle diejenigen, die sich vor nicht langer Zeit an die Kirche um Hilfe für ihr Anliegen gewendet hatten? Der dritte Weg hatte sich als Chimäre erwiesen. Gerhard und Inge hatten gute Gründe, desillusioniert zu sein.

Vom 16. bis 19. Oktober 1813 tobte um Leipzig herum eine fürchterliche Schlacht zwischen Napoleons Grande Armée und den unter dem Oberkommando von Karl Phillip zu Schwarzenberg vereinten Österreichern, Russen, Preußen und Schweden. Sie ist als die Völkerschlacht bei Leipzig in die Geschichte eingegangen. Napoleon wurde besiegt und auf die Insel Elba verbannt. Unser Gastgeber brachte uns zu dem hundert Jahre nach der Schlacht errichteten Denkmal. Es listet die Zahl der Gefallenen auf: 38.000 Franzosen, 22.800 Russen, 16.600 Preußen, 14.400 Österreicher und 200

Schweden. Die vollständige Zahl der Opfer betrug 91.200, um 26.200 mehr als zwei Jahre darauf bei Waterloo.

Die Völkerschlacht bei Leipzig war die größte und blutigste Schlacht des neunzehnten Jahrhunderts. Europa war immer ein riesiges Schlachtfeld gewesen. Die europäischen Herrscherhäuser und Nationen befanden sich in einem permanenten Kriegszustand. Friedenszeiten waren die Ausnahme. Das ursprüngliche Ziel der Europäischen Union war es, in Zukunft Kriege zwischen den europäischen Staaten zu verhindern. Die EU begann als Friedensprojekt. Ich werde es nie verstehen, warum die Briten, die für den Brexit stimmten, das nicht zu schätzen wussten oder warum es ihnen gleichgültig war.

Zur Krönung des Tages führte uns unser Gastgeber zum Abendessen in das berühmteste Lokal von Leipzig. Auerbachs Keller geht auf das 16. Jahrhundert zurück und wurde durch eine Szene in Goethes *Faust* weltbekannt.

So war das also: Jahrelang hatte ich mich geweigert, in die DDR zu reisen, weil mir das Regime zutiefst unsympathisch war. Und nun, da ich in die ehemalige DDR reiste, lernte ich zwei Ehepaare kennen, die, obwohl überzeugte Sozialisten, zu den reizendsten und interessantesten Menschen gehörten, denen ich in meinem Leben begegnet bin. Vielleicht hätte ich früher nach Ostdeutschland fahren sollen. Und vielleicht hätte ich mich auch nicht von den wenigen negativen Erfahrungen, die ich in Prag im Jahre 1966 machte, davon abhalten lassen sollen, das Land ausführlicher zu bereisen.

Nach dem schönen Abend in Auerbachs Keller war es Zeit, eine Unterkunft zu suchen. Alle Hotels in Dresden waren als Luxushotels für Parteibonzen gebaut worden und für uns unerschwinglich. Kleinere Gasthöfe oder Pensionen gab es nicht. Der Professor meinte, dass wir auf dem Weg nach Meißen wohl etwas finden würden. Also fuhren wir in die Nacht hinaus. Es war neun Uhr und es schneite. Wir kamen bei einigen Häusern vorbei, die wir für einen Gasthof hielten, aber sie waren alle geschlossen. Kurz vor Meißen sahen wir ein Hotel, das aussah, als ob es erst gestern fertig gebaut worden war. Da es inzwischen zehn Uhr geworden war, hatten wir keine Wahl, als vor dem Hotel vorzufahren. Bevor wir aussteigen konnten, stürzten mehrere nach der Mode des Rokoko gekleidete Lakaien mit weißen Perücken auf uns zu, um unser Gepäck ins Hotel zu transportieren. Für Zimmer und Frühstück bezahlten wir 250 DM. Noch nie hatten wir so viel für eine Übernachtung ausgegeben. Aber wir waren bis dahin auch noch nie von Lakaien bedient worden.

Reisen sollte nur ein Mensch, der sich ständig überraschen lassen will.
Oskar Maria Graf

Kapitel 7: Ecuador 1995 – 2005

7.1 Quito 1995: Erste Eindrücke

14. Juli 1995, 17 Uhr lokale Zeit. Unser *Iberia*-Flugzeug überquerte Kolumbien. Auf den Bildschirmen vor unseren Sitzen konnten wir die Route genau verfolgen. Wir, das waren außer Ursula und mir zwanzig Mitglieder der irischen Wanderclubs *Ramblers* und *Wayfarers*, befanden uns über Medellin. Dichte Wolken versperrten die Sicht. Wir alle wussten über Medellin aus den Berichten über die kolumbianischen Drogenkartelle und aus amerikanischen *Action Movies* wie *Clear and Present Danger* Bescheid, wo Harrison Ford alle möglichen haarsträubenden Abenteuer zu bestehen hat. Ein Jahr später las ich *Noticia de un secuestro* von Gabriel García Márquez, einen Bericht über den Krieg der Regierung Kolumbiens und der amerikanischen *Drug Enforcement Administration* (DEA) gegen den Drogenboss Pablo Escobar, der die tollsten Phantasien Hollywoods in den Schatten stellt. Márquez erzählt unter anderem, wie Escobar von der kolumbianischen Polizei und Armee gejagt und schließlich erschossen wurde, nachdem er mehrere Journalisten und TV-Persönlichkeiten entführt hatte. Wir flogen noch immer in einer Höhe von zehntausend Metern, die Außentemperatur betrug minus vierzig Grad. In einer Stunde würden wir in Quito landen. Ich wusste, dass sich unter uns die Anden befanden und war enttäuscht, dass wir nichts sehen konnten.

Das Flugzeug verlor nur langsam an Höhe. Als wir hundert Kilometer nördlich von Quito die Stadt Otavalo überflogen, betrug die Flughöhe immer noch achttausend Meter. Über Otavalo hatte ich in den Reisebüchern gelesen. Es ist von Bergen umgeben, und die meisten Bewohner sind *indigenas*. Die Stadt ist berühmt für ihren Markt, der jeden Samstag stattfindet. Plötzlich waren wir auf fünftausend Metern Höhe, dann auf viertausend, wir näherten uns nun dem Flughafen von Quito. Die Wolkendecke brach auf und wir erhaschten einen Blick auf die Berge. Zur Linken sah ich einen gigantischen kegelartigen schneebedeckten Berg. Jemand sagte, dies sei *El Cotopaxi*. Er ist fast sechstausend Meter hoch und gilt als der höchste aktive Vulkan der Erde. Offenbar waren wir über Quito in südlicher Richtung hinausgeflogen und mussten wieder wenden.

Auf beiden Seiten kamen nun Berge zum Vorschein, deren Gipfel sich über uns befanden. Wenn das Flugzeug eine Wendung nach rechts machte, sahen wir links den blauen Himmel und rechts die grünen Matten am Fuß der Berge. Bei einer Linkswendung war es umgekehrt. Der Pilot musste das Flugzeug wie ein Slalomläufer zwischen den Bergen hindurchlavieren. Dann sahen wir die Piste. Zu beiden Seiten Häuser. Der Flughafen lag in einer dicht verbauten Gegend. Einige Tage später schoss ein Flugzeug über die Landebahn hinaus und krachte in ein Haus. Unser Flieger berührte die Piste, sprang wieder hoch und landete schließlich problemlos. Alle Passagiere klatschten spontan. Wir waren in Quito, der Hauptstadt von Ecuador.

Um halb sieben stiegen wir aus dem Flugzeug und gingen zur Ankunftshalle. Der Himmel war nun wolkenfrei und es dunkelte rasch. Die uns umgebenden Bergspitzen schimmerten rosig in der Abendsonne. Jemand deutete in nordwestliche Richtung. Dort war *El Cayambe* zu sehen, der höchste Berg auf dem Äquator.

Der Flughafen war klein, nur wenige Flugzeuge standen herum. Die Immigrationsformalitäten wurden schnell und höflich abgewickelt, wir sammelten unser Gepäck ein und traten auf die Straße. Es war sieben Uhr und stockdunkel. Ich begann, mich um Taxis für meine Gruppe umzusehen, als ein kleiner gedrungen gebauter Mann auf mich zutrat und fragte, ob ich *el señor Herbert* sei. Er stellte sich als der Besitzer des *Hotel Viena Internacional* vor, wo wir Zimmer bestellt hatten. Er war mit einem Bus gekommen, um uns abzuholen. Damit hatten wir nicht gerechnet. Es war eine höchst willkommene Überraschung.

Der Bus sah aus wie die Autobusse im Europa der fünfziger Jahre. Er hatte keine pneumatischen Türen, und die Motorhaube ragte einige Meter nach vor. Das Innere roch nach Benzin und ließ Erinnerungen an die qualvollen Autobusfahrten meiner Kindheit hochkommen, bei denen mir unweigerlich übel wurde. Die österreichischen Autobusse gehörten der Post und waren gelb gestrichen. Dieser Bus prunkte in allen möglichen Farben, und der Bereich des Chauffeurs war mit Heiligenbildern, Rosenkränzen, Figurinen und vielen weisen Sprüchen geschmückt. Einer dieser Sprüche lautete: *Mi mujer está casada. Yo soy soltero*: Meine Frau ist verheiratet, ich bin Junggeselle.

Der Bus ratterte durch die spärlich beleuchteten Straßen. Der Verkehr war dicht, die Gebäude sahen schäbig aus, manche Seitenstraßen lagen in vollkommener Dunkelheit. Je näher wir dem Stadtzentrum kamen, umso mehr Menschen füllten die Straßen. Wir sahen *indigenas*, die am Straßenrand saßen und Waren zum Verkauf feilboten. Man erkannte sie leicht an ihrer Kleidung. Viele trugen Ponchos, die Männer hatten Panamahüte auf, die Frauen waren mit goldenen Armreifen und Halsketten geschmückt, ihre Kinder trugen sie in einem Sack auf dem Rücken. Es gab zahlreiche Essensstände, einige Leute hatten Feuer angezündet, an denen sie etwas kochten oder sich wärmten. Unser Hotel befand sich inmitten all dieses Trubels. Als wir anhielten und unser Gepäck ausluden, verursachten wir einen kilometerlangen Stau.

Das Hotel Viena Internacional muss einmal das Stadthaus einer reichen Familie gewesen sein. Es war im spanisch-kolonialen Stil des neunzehnten Jahrhunderts erbaut. Im Inneren befand sich ein großer dachloser Innenhof, der den Blick auf den Himmel freigab. In der Mitte stand ein von exotischen Gewächsen umgebener Brunnen. Die Wohnräume lagen auf den vier Seiten des Hofes. In der Eingangshalle begrüßte uns eine überlebensgroße Statue des Gekreuzigten. Als wir die Treppe in den zweiten Stock hochstiegen, wo sich unser Zimmer befand, kamen wir bei einer Nische vorbei, die den auferstandenen Christus beherbergte. Auch er war überdimensional.

An diesem ersten Abend getrauten wir uns kaum, das Hotel zu verlassen. Wir hatten gelesen, dass das Stadtzentrum kein sicherer Ort war. Einige von uns konnten allerdings der Versuchung, die Außenwelt zu erkunden, nicht widerstehen. Wir gingen auf die Straße und mischten uns unter die Menge. Dr. Tom, ein unerschrockener Reisender, kaufte ein gegrilltes Huhn und einen Maiskolben von einem Stand und verzehrte alles genüsslich. Wir erwarteten, dass er das am nächsten Tag bereuen würde, aber nichts dergleichen geschah. Während des gesamten Aufenthaltes in Ecuador versuchte Dr. Tom vergeblich, sich eine Essensvergiftung zuzuziehen, indem er darauf bestand, seine Mahlzeiten von den suspektesten Quellen zu beziehen. Seine Gesundheit litt nie darunter.

Unmittelbar vor dem Hoteleingang befand sich ein riesiges Loch. Offenbar wurden wichtige Reparaturarbeiten an Quitos Kanalisation durchgeführt. Wer immer mit dieser Arbeit betraut war, fand es nicht nötig, das Loch zuzudecken oder zumindest eine Warntafel aufzustellen. Es konnte sehr leicht passieren, dass man beim Betreten oder Verlassen des Hotels in das Loch fiel und unter der Erde verschwand. Bald entdeckten wir, dass es in der Stadt viele solcher Löcher (*huecos*) gab. Die Gehsteige waren voll von ihnen und die Straßen ebenso. Die Autofahrer schienen zu wissen, wo sie waren und wichen ihnen geschickt aus. Möglicherweise hatten sie ein spezielles Organ für ihre Ortung entwickelt.

Zwei Jahre später war ich wieder mit einer Gruppe von Freunden in Quito. Ich warnte alle eindrücklich vor diesen Löchern. Eines Tages ging ich in ein Geschäft, um mir Proviant für eine Bergtour zu kaufen, als ich plötzlich einen Krach hörte und bis zur Taille in einem *hueco* stand. Mit dem linken Fuß stand ich auf dem Boden des Lochs, der rechte befand sich auf dem Gehsteig. Die Verkäuferin stürzte aus dem Laden, half mir heraus, setzte mich auf einen Stuhl und brachte mir ein Glas Wasser. Ich war einigermaßen geschockt, und der Knöchel des Fußes, der auf dem Gehsteig verblieben war, schmerzte. Die Verkäuferin beklagte sich über den Zustand der Gehsteige und Straßen in der Stadt und erzählte mir von einem Besucher aus Argentinien, der vor einigen Tagen in das gleiche Loch gefallen war. Am Nachmittag dieses Tages sahen wir eine Gruppe von Blinden, die gegen den für sie besonders gefährlichen Zustand der Straßen protestierte. Niemand beachtete sie.

Ungeachtet der *huecos*, vor denen man sich in Acht nehmen muss, ist Quito eine überaus sehenswerte Stadt. Unser Hotel befand sich in der Altstadt, die zu den am besten erhaltenen Denkmälern der spanischen Kolonialzeit in den Amerikas gehört. Das Stadtzentrum von Quito wurde 1978 von der UNESCO zum Weltkulturerbe ernannt. Von unserem Hotel waren es fünf Minuten zu *La Cueva del Oso* (Die Höhle des Bären), einem eleganten Restaurant. Außer dem sehr guten Essen gab es dort eine smarte Bar, in der man eine beachtliche Auswahl von frisch zubereiteten Cocktails genießen konnte.

7.2 Rucu Pichincha 1995: Ein Abenteuer in den Anden

Der nahezu 6.000 m hohe *Cotopaxi* gilt als der höchste aktive Vulkan der Erde. *El Chimborazo* ist 6.300 m hoch und wurde lange für den höchsten Berg der Welt gehalten. In gewisser Hinsicht stimmt das auch, denn aufgrund der rugbyballähnlichen Form der Erde ist sein Gipfel am weitesten vom Mittelpunkt der Erde entfernt. *El Cayambe* erreicht eine Höhe von 5.700 m und stellt die höchste Erhebung auf dem Äquator dar. Ecuador hat viele Fünftausender. Die meisten davon sind aktive oder erloschene Vulkane. Sie liegen im Osten und Westen der durch das Land führenden Pan-American-Highway (La Panamericana), die in Alaska beginnt und in Patagonien endet. Sie haben exotisch klingende Namen, die der Quechua-Sprache entnommen sind: *Illinizas, Cotacachi, Imbaburra, Rucu Pichincha, Guaga Pichincha, Carihuairazo, Tungurahua* und *Sangay*.

Rucu Pichincha in unmittelbarer Nähe westlich von Quito gilt als erloschen, aber der benachbarte Guagua Pichincha brach im Jahr 1999 völlig überraschend aus und bedeckte die Stadt wochenlang mit einer dicken Schicht von Asche. Kurz nachdem sich Guagua Pichincha beruhigt hatte, eruptierte El Tungurahua am Rande des Amazonasbeckens und bedrohte die für ihre heißen Bäder bekannte kleine Touristenstadt Baños, die für drei Monate evakuiert werden musste. Als der deutsche Forscher und Weltreisende Alexander von Humboldt zu Beginn des 19. Jahrhunderts Ecuador bereiste, nannte er das Gebiet zwischen den östlichen und westlichen Cordilleras *la avenida de los volacanes*, die Allee der Vulkane.

Alle diese Berge sind es wert, erstiegen zu werden. Von Quito aus sind die meisten Einstiege innerhalb einer Tagesreise erreichbar. Unter den Gletschern von Cotopaxi, Chimborazo und Cayambe befinden sich Hütten in etwa fünftausend Metern. Von ihnen aus kann man, wenn man um Mitternacht losgeht, zum Gipfel und zurück gelangen. Natürlich muss man gut akklimatisiert und fit sein. Wenn man diese Voraussetzungen erfüllt, ist es möglich, innerhalb weniger Wochen eine beachtliche Reihe von hohen Gipfeln zu stürmen.

Cotopaxi ist der am meisten bestiegene Berg des Landes. Er hat die Form eines Kegels, und das Wetter ist im Allgemeinen besser als auf den anderen Bergen. Das *Refugio José Ribas* zählt zu den am besten ausgestatteten Hütten des Landes. Der Parkplatz für Autos befindet sich nur zweihundert Meter unterhalb von ihm. Einige Reisebücher beschreiben die Route als nicht technisch. Damit ist gemeint, dass man keine Klettertechnik im engeren Sinn zu beherrschen braucht. Sehr wohl aber muss man wissen, wie man mit Seil, Steigeisen und Pickel umgeht, wie man Gletscherspalten überquert und was man zu tun hat, wenn jemand in eine Spalte fällt. Wer keine diesbezügliche Erfahrung hat, soll es bleiben lassen oder sich einen guten Bergführer nehmen. Dasselbe gilt von Chimborazo und allen anderen Fünftausendern.

Unser Plan für den Sommer 1995 war es, fünf Wochen in Ecuador herumzureisen. Wandern und Bergsteigen standen nicht auf dem Programm. Wir wollten die Sehenswürdigkeiten des Landes besuchen: die Städte aus der spanischen Kolonialzeit, die Ruinen der Inkas, den Regenwald im Amazonasbecken und die Galápagos-Inseln. Nachdem all das geplant war, schlugen einige

Mitglieder unserer Gruppe plötzlich vor, dass wir, da wir schon einmal dort wären, doch versuchen sollten, den Cotopaxi zu besteigen. Das war kurz vor unserer Abreise aus Dublin. Da Ursula und ich jedermann glücklich machen wollten, und ich, wie ich zugeben muss, selber in Versuchung geriet, fügten wir den Cotopaxi unserem Reiseplan hinzu.

Von Dublin aus kontaktierte ich eine Reihe von Bergführern in Ecuador und entschied mich für Freddy Ramirez, den Besitzer von *Sierra Nevada Expeditions* in Quito. Er erwies sich als eine ausgezeichnete Wahl. Wir wurden gute Freunde, und in den folgenden Jahren unternahm ich unter Freddys Führung mehrere Bergfahrten in den Anden. Das Problem war, dass der einzige Termin für die Besteigung des Cotopaxi in die ersten Tage nach unserer Ankunft fiel, was uns nicht genügend Zeit zur Akklimatisierung ließ. Dennoch wollten fünf von uns, Pat Lynch, Doreen, Dr. Tom, Ted und ich, den Versuch wagen. Es war natürlich der reinste Wahnsinn.

Wir kamen am Abend des 14. Juli in Quito an. Das war ein Freitag. Für Montag war die Besteigung des Cotopaxi anvisiert. Am Samstag schloss sich der Großteil unserer Gruppe einer Führung durch Quito an. Wir fünf Cotopaxi-Anwärter suchten Freddy in seinem Büro auf, um die Einzelheiten unseres Unterfangens zu besprechen. Freddy hatte einige Jahre in Österreich verbracht, wo er eine Hotelfachschule besucht und Bergführerkurse absolviert hatte. Neben Spanisch sprach er gut Deutsch, Englisch und Französisch. Unsere Aussichten, den Gipfel des Cotopaxi zu erreichen, hielt er nicht für besonders gut, da wir nur wenig Zeit hatten, uns an die Höhe zu gewöhnen. Quito liegt fast dreitausend Meter über dem Meer und ist die zweithöchste Hauptstadt der Welt (an erster Stelle liegt La Paz in Bolivien mit fast viertausend Metern). Das würde uns zwar helfen, uns zu akklimatisieren, aber es war nicht genug. Freddy schlug vor, dass wir am Sonntag den nahe gelegenen Rucu Pichincha besteigen sollten, um unsere Chance, den Cotopaxi zu bezwingen, zu verbessern.

Mit seinen 4.784 Metern ist Rucu Pichincha etwa so hoch wie der Mont Blanc. Aber er ist frei von Schnee und Eis, und die Route ist relativ einfach. Der Plan war, dass Freddys Bruder Emanuel uns am Sonntag in der Früh mit seinem Jeep abholen und auf etwa viertausend Meter Höhe zu dem Militärposten auf *Cruz Loma* fahren sollte. Er war von der Stadt aus wegen seiner vielen Antennen gut sichtbar. Von Cruz Loma waren es nur achthundert Höhenmeter bis zum Gipfel. Es sollte möglich sein, ohne Führer in einigen Stunden zum Gipfel und zurück zu wandern. Eine andere Option war, von der Stadt aus zu Fuß zu Cruz Loma zu gehen, aber Freddy riet davon ab. Dies würde zu viel Zeit in Anspruch nehmen, und außerdem war der Weg nicht sicher. Man konnte von wilden Hunden gebissen oder von Wegelagerern ausgeraubt werden.

Um neun Uhr in der Früh kam Emanuel mit seinem Jeep zum Hotel. Die Situation hatte sich inzwischen geändert. Als wir unsere Freunde über unseren Plan informierten, wollten plötzlich alle zu Cruz Loma fahren und von dort ein Stückchen in Richtung Gipfel marschieren. Es wäre eine interessante Erfahrung, die Luft in so großer Höhe zu atmen und Quito von oben zu sehen. Emanuel erklärte sich bereit, zuerst uns fünf und einige weitere zu Cruz Loma zu bringen, dann nach Quito zurückzukehren und den Rest nachzuholen.

Die Fahrt zu Cruz Loma war fürchterlich. Wir hatten in den Reiseführern gelesen, dass sich viele Straßen Ecuadors in einem schlechten Zustand befinden, aber mit dem, was wir hier erlebten, hatten wir nicht gerechnet. Am Anfang gab es noch Überreste von Asphalt aus vergangenen Zeiten, sehr bald aber verwandelte sich die „Straße" in eine Mischung aus Lehm und Felsblöcken. Natürlich gab es zahlreiche enorme *huecos*, die der Fahrer geschickt zu vermeiden wusste. Da es oft regnete, glich der Weg auf weite Strecken einem ausgetrockneten Flussbett. Emanuel musste den Jeep so lenken, dass die Räder auf beiden Seiten auf dem Rand des Flussbettes verblieben. Gelang ihm das nicht, bestand die Gefahr, dass wir umkippten. Einige Kurven waren so scharf, dass Emanuel mehrmals wenden musste. Einmal bog er irrtümlich in eine Sackgasse ein und war gezwungen umzudrehen. Dabei geriet er bedenklich nahe an den Straßenrand und den dahinter gähnenden Abgrund. Behutsam schlug ich vor, im Rückwärtsgang zum rechten Weg zurückzukehren. Das schien weniger gefährlich zu sein schien als ein Umkehrmanöver. Glücklicherweise folgte er meinem Rat. Wir fragten uns, ob es nicht besser gewesen wäre, den wilden Hunden und Wegelagerern zu trotzen, als sich in den Jeep zu setzen.

Mehrere Jahre später wurde eine Seilbahn errichtet, die von Quito direkt zu Cruz Loma führt. Bei der Seilbahnstation auf Cruz Loma befindet sich nun ein Restaurant, von dem aus man eine gute Aussicht auf die Stadt hat. Im Jahr 2005 ging ich mit einigen Freunden die Kletterroute zum Gipfel des Rucu Pichincha. Die Seilbahn und das Restaurant machten die Sache viel angenehmer

Zurück zu 1995. Wir erreichten schließlich Cruz Loma und stiegen aus dem Jeep. Meine Knie zitterten. Nach einigen Schritten musste ich mich hinsetzen. Zuerst dachte ich, dies sei die Wirkung der schrecklichen Autofahrt, sehr bald aber wurde mir klar, dass es die Höhe war, die zuschlug. Ich war in meinem Leben nicht über dreitausend Meter hinausgekommen, und hier befanden wir uns auf viertausend Metern! Einige meiner Freunde mussten sich übergeben, andere schluckten Aspirin Tabletten gegen das Kopfweh.

Immerhin, wir waren hier und nachdem wir uns eine viertel Stunde lang ausgeruht hatten, marschierten wir fünf los. Wir schlugen sogleich ein schnelles Tempo ein. Das funktioniert in Irland, wo man meistens von wenigen Metern über dem Meeresspiegel losgeht. In viertausend Metern Höhe ist es gescheiter, langsam zu gehen. Ich habe das seitdem gelernt.

Zunächst kamen wir recht gut voran. Die Steigung war mäßig, mein Kopfweh verschwand und die Rundsicht war beeindruckend. Es gibt zwei Bergrücken, die von Quito auf den Gipfel zulaufen. Unser Weg führte über den Rücken, der sich von Cruz Loma bis in die Nähe des Gipfels erstreckt. Zu unserer Rechten befand sich ein tiefes Tal, jenseits dessen wir einen kleinen Gipfel sahen, auf dem ebenfalls vielen Antennen angebracht waren. Von dort läuft ein anderer Bergrücken auf den Gipfel des Rucu Pichincha zu. Nach etwa einer Stunde erreichten wir die Stelle, an der sich die beiden Bergrücken vereinigen. Von da an führt nur mehr ein Weg zur Spitze des Bergs.

Der Weg wurde steiler. Zunächst ging er entlang der Seite des Berges über felsiges Gelände, bevor er nach links drehte und zum Gipfel führte. Mein Kopf begann wieder zu schmerzen und ich fühlte mich plötzlich ziemlich mies. Ich ging als letzter. Dr. Tom drehte sich nach mir um, ich deutete ihm weiterzugehen, ich werde schon nachkommen. Sehr bald waren die vier aus meinem Gesichtskreis verschwunden.

Es dauerte nicht lang, bis ich mir eingestehen musste, dass es besser sei umzukehren. Bald war ich wieder an dem Punkt angelangt, an dem die beiden Bergrücken zusammenliefen. In meinem Kopf hämmerte es, das Herz schlug mir bis zum Hals, und ich fühlte mich schlecht im Magen. Ich setzte mich hin, trank etwas Wasser und setzte dann meinen Weg fort.

Ich hatte vergessen, dass der Gipfel, auf dem Emanuel auf uns wartete, Cruz Loma hieß. Das einzige, woran ich mich erinnerte, war, dass dort mehrere *antenas* standen. Die Funktionen meines Gehirns waren unter dem Druck der Höhe um einiges reduziert, und ich hatte auch vergessen, dass zwei durch ein tiefes Tal getrennte Bergrücken vom Gipfel in Richtung Quito verliefen. Nach einiger Zeit hatte ich das Gefühl, auf dem falschen Weg zu sein. Ich fragte einige Wanderer, die mir entgegenkamen, ob dies der Weg zu *las antenas* sei, und sie antworteten mir positiv, was mich beruhigte.

Als ich die Antennen erreichte, war ich erleichtert. Meine Erleichterung verwandelte sich in Panik, als ich weit und breit keinen Jeep und niemand von unserer Gruppe sah. Ich sah lediglich ein Motorrad, neben dem ein verliebtes Paar im Gras lag. Rechts von mir, durch das Tal getrennt, erblickte ich die Antennen von Cruz Loma, wo meine Freunde auf mich warteten. Ich hatte für die

Rückkehr den falschen Bergrücken gewählt! Wie ich später erfuhr, hieß der kleine Gipfel, zu dem ich gegangen war, *Las Antenas* und war ebenfalls ein Militärposten. Es war vier Uhr am Nachmittag. Um sieben Uhr würde es stockdunkel sein. Die Chance, zu Cruz Loma hinüberzuwandern, war null. Mein Hirn begann sich allmählich mit Sauerstoff zu füllen, und ich fühlte mich besser. Das einzige, was ich tun konnte, war von hier aus nach Quito abzusteigen und dort ein Taxi ins Hotel zu nehmen. Es war die Zeit vor der Erfindung des Mobiltelefons, und so hatte ich keine Möglichkeit, die bei Cruz Loma auf mich wartenden Freunde zu verständigen.

Als ich abzusteigen begann, kam mir ein einsamer Wanderer entgegen. Er war ein junger, etwas über zwanzig Jahre alter Deutscher, der auf dem Weg zum Gipfel unterwegs war. Ich sagte ihm, dass es viel zu spät dazu sei, was er einsah. Er beschloss umzukehren. Ich war es froh, Gesellschaft zu haben. Mein neuer Freund sprach sehr gut Spanisch. Er studierte Geographie und arbeitete an einer Magisterarbeit über das ecuadorianische Erziehungssystem. Da ich keine Verbindung zwischen Geographie und Erziehung sehen konnte, klärte er mich dahingehend auf, dass die komplexe Geographie Ecuadors, die extremen klimatischen Unterschiede und die isolierte Lage vieler Dörfer eine besondere Herausforderung an das Erziehungssystem darstellten. Besonders schwierig sei es, einen einigermaßen gleichen Standard zu garantieren. Mit derart anregenden Gesprächen verging die Zeit recht angenehm und rasch. In der Stadt angekommen, hielten wir ein Taxi an, das uns zur Plaza de la Independencia brachte, wo wir uns verabschiedeten. Zum Hotel Viena Internacional waren es nur fünf Minuten.

Niemand von unserer Gruppe war da. Sie waren entweder noch auf Cruz Loma oder in einem der nahen Restaurants. Dann läutete das Telefon des Hotels. Fidelma war am Apparat und wollte wissen, ob ich im Hotel sei. Die auf Cruz Loma stationierten Soldaten hatten ihr erlaubt, das Telefon zu benützen. Sie klang ungehalten: „Ist Dir nicht bewusst, dass wir Dich in den vergangen zwei Stunden gesucht haben?" Natürlich war mir das bewusst, aber was hätte ich tun können? Eine Stunde später kamen alle im Hotel an. Ursula war nicht gut auf mich und die vier anderen Cotopaxi-Anwärter zu sprechen.

Nun erfuhr ich, was sich abspielte, als man meine Abwesenheit bemerkte. Als Emanuel mit einem Teil der Gruppe nach Quito fuhr, blieben Ursula und einige andere auf Cruz Loma zurück, um auf die Gipfelstürmer zu warten. Diese kamen ohne mich zurück. Auf die Frage Ursulas, wo ich sei, antworteten sie, dass sie dachten, ich sei längst hier. Nun begann man, sich Sorgen zu machen. Zwei Ramblers, Dr. Tom und Michael, rannten buchstäblich zu der Stelle hinauf, wo die beiden Bergrücken zusammentrafen. Natürlich fanden sie mich nicht. Um halb fünf kam Emanuel von Quito zurück. Er bat die auf Cruz Loma stationierten Soldaten, den Militärposten auf den gegenüberliegenden *Las Antenas* anzurufen. Die dortigen Soldaten berichteten, dass sie einen Deutschen gesichtet hätten, der sehr gut Spanisch sprach. Meine Leute waren erleichtert, da sie meinten, das sei ich gewesen. Als die Soldaten aber von einem *joven*, einem jungen Mann, sprachen, wussten sie, dass es sich nicht um mich handelte, denn jung war ich auch damals nicht mehr. Der *joven* war natürlich mein deutscher Freund und Geographiestudent.

Die Soldaten auf Cruz Loma waren äußerst hilfsbereit. Zwei von ihnen rannten in die Dämmerung und riefen meinen Namen. Ein Hanglider, der im Begriff war abzuspringen, wurde gebeten, nach einem verirrten *gringo* Ausschau zu halten. Es muss sehr dramatisch gewesen sein. Schließlich rief Fidelma von der Militärbasis das Hotel an, um herauszufinden, ob ich vielleicht schon dort war.

Am folgenden Morgen holte uns Freddy mit einigen seiner Assistenten ab und fuhr mit uns fünf zum Cotopaxi. Wir erzählten ihm unser Abenteuer, und er war höchst amüsiert. Es war kein gutes Omen, dass sich *el jefe* der Gruppe bei der ersten Bergtour in den Anden verirrte!

Unserem Versuch, den Cotopaxi zu besteigen, war kein Erfolg beschieden. Nachdem wir zwei Drittel des Weges hinter uns gebracht hatten, verschlechterte sich das Wetter dramatisch, und wir waren gezwungen, umzukehren.

7.3 Guyaquil 1995

Unsere Ecuadorreise im Sommer 1995 führte uns nach Otavalo, Cuenca, La Amazonia, Guayaquil und zu den Galápagos-Inseln. Nachdem wir von den Galápagos zurückgekehrt waren, flogen unsere Freunde nach Hause. Ursula und ich blieben eine weitere Woche in Guayaquil, wo ich von der Deutschen Schule eingeladen war, einen Vortrag über den Wiener Komödienschreiber Johann Nestroy zu halten. Der Direktor der Schule brachte uns in seinem Haus unter, das in einem eleganten Stadtviertel lag. Die meisten Häuser waren von eisernen Sicherheitstoren und Zäunen geschützt, hinter denen man das mächtige Gebell von Mastiffs, Dobermanns, Boxern und Rottweilern hören konnte. Vor einigen Toren waren bewaffnete Wächter postiert.

Das Haus unseres Gastgebers hatte weder Wächter noch Hunde. Es war komfortabel eingerichtet und verfügte über ein Schwimmbad. Die Deutsche Schule lag in einem großen Park mit allen möglichen exotischen Bäumen, unter denen sich Iguanas tummelten. Sie war eine Privatschule, die Studenten kamen von privilegierten Familien und waren freundlich und höflich. In der Mitte meines Vortrags, ich zeigte gerade per Powerpoint einige Bilder und Texte, fiel der Strom aus, und in dem fensterlosen Auditorium wurde es stockdunkel. Ich hielt den Rest der Vorlesung bei romantischem Kerzenlicht ohne Powerpoint. In diesen Tagen waren Stromausfälle im ganzen Land nichts Ungewöhnliches, da eines der größten Wasserkraftwerke Ecuadors technische Probleme hatte, an denen wahrscheinlich die schlampige Wartung schuld war.

Am Abend nach meiner Vorlesung lud der Direktor der Deutschen Schule Ursula und mich in ein nobles Restaurant ein. Einige Lehrer waren ebenfalls anwesend. Einer von ihnen machte uns darauf aufmerksam, dass die Klientel des Lokals ein beliebtes Ziel für Entführungen und Raubüberfälle biete. Vor einigen Wochen, so erzählte er, betraten Räuber das Restaurant und forderten alle Gäste auf, die Hände hoch zu halten. Dann lehrten sie die Taschen der Gäste und nahmen den Damen den Schmuck ab. Eine Dame besaß die Geistesgegenwart, ihre goldene Halskette im Suppenteller zu versenken, wo ihn die Räuber nicht fanden.

Am nächsten Morgen unternahmen wir einen Spaziergang durch die Stadt. Wir kamen zum Hafen und sahen der Ladung eines Schiffs zu. Es gab keinen Kran. Stattdessen führte von der Pier eine steile Rampe auf das Frachtschiff. Schwere Säcke wurden auf die Rücken von Männern geladen, die über die Rampe auf das Deck des Schiffs liefen und sie dort niederwarfen. Sie mussten einen ordentlichen Anlauf nehmen, um auf das Deck zu gelangen. Waren sie zu langsam, konnte es passieren, dass sie ihr Ziel nicht erreichten und den Sack auf die Rampe fallen ließen. Es war faszinierend, ein Ladesystem in Aktion zu sehen, das dem vorigen Jahrhundert angehörte und keine Maschinen benützte. Offenbar war körperliche Arbeit billiger als Maschinen.

Bevor wir nach Quito flogen, um von dort den Heimflug anzutreten, verbrachten wir einige Tage in einem Strandhotel in der Nähe von Guayaquil. Den Namen des Ortes habe ich leider vergessen. Es war Nebensaison, der Himmel war die meiste Zeit grau, aber die Temperatur bewegte sich um die dreißig Grad Celsius. Wir waren die einzigen Gäste. Der Strand war von Männern bevölkert, die Larven von Shrimps sammelten. Sie standen den ganzen Tag bis zu den Hüften im Wasser und suchten Larven, die sie an Labore verkauften, wo sie großgezüchtet und exportiert wurden. Anstatt sie in ihrer natürlichen Umgebung zu belassen, wurden sie in Labors gebracht, um die Produktion und den Profit zu erhöhen. Die meisten Shrimps waren für den unersättlichen Markt der Vereinigten Staaten bestimmt. Die Larvensammler hatten Glück, wenn sie fünf Dollar pro Tag verdienten.

Eines Tages zeigte uns der Kellner einen riesigen Hummer, der gerade gefangen worden war. Er erbot sich, ihn für uns zubereiten zu lassen, was wir gerne annahmen. Das einzig Bedauerliche war, dass es im Hotel keinen Wein gab. Immerhin gab es Bier, was immer noch besser war als in einem *dry county* der USA mit Coca Cola Vorlieb nehmen zu müssen.

7.4 Verirrt auf dem Cotopaxi 2001

Es war halb elf Uhr nachts am 28. Jänner 2001. Alle in der Hütte schliefen, als wir drei, Mary R, Patricia und ich, auf Zehenspitzen die knarrende Treppe zur Küche hinunterstiegen und unser Bestes taten, niemand aufzuwecken. Die Temperatur vor der Hütte betrug zehn Grad unter null.

Das Refugio José Ribas liegt 4.800 m über dem Meer und dreihundert Meter unterhalb des mächtigen Gletschers des Cotopaxi. Die meisten Bergsteiger verlassen die Hütte um Mitternacht, um den Gipfel bei Sonnenaufgang zu erreichen, sodass sie beim Abstieg vom Gletscher herunterkommen, bevor die Sonne das Eis erweicht und die Schneebrücken über die Spalten gefährlich macht. Wir hatten beschlossen, die Besteigung ohne Bergführer zu wagen und starteten besonders früh, um mehr Spielraum zu haben, falls wir in Schwierigkeiten geraten sollten.

Zur Hütte zu gelangen war ein Abenteuer gewesen. In den vergangenen Wochen war es mehrfach zu Streiks der *indigenas* gekommen. Sie protestierten gegen die steigenden Lebenskosten und die Verschlechterung des Lebensstandards. Sie errichteten hier und da Straßensperren. Man wusste nie, wo diese waren, was das Herumreisen im Land schwierig machte. Wir hatten mit einem Taxifahrer in Quito ein Übereinkommen dahingehend getroffen, dass er uns für hundert Dollar zum unterhalb der Hütte gelegenen Parkplatz bringen und am folgenden Tag um etwa zwei Uhr am Nachmittag von dort abholen sollte. Sein Name war Gustavo, er war sehr freundlich und versicherte uns, dass er den Weg kannte, da er schon oft (*muchas veces*) dort gewesen war.

Sehr bald stellte sich heraus, dass er keine Ahnung hatte, wo das Refugio José Ribas war. Zum Glück konnten wir ihm den Weg zum Eingang des Cotopaxi National Parks weisen. Wir kamen dort um vier Uhr nachmittags an, zu spät, um hineinzufahren, wie uns der Wachposten erklärte. Nach einigem Hin und Her ließ er uns passieren und sagte dem Fahrer, dass er vor sechs Uhr zurück sein müsse, ansonsten würde er das Tor versperrt finden.

Wir fuhren die holprige Straße empor, je höher wir kamen, umso schlechter wurde sie. Gustavo fürchtete um sein Auto und fragte bei jedem Heuschober, ob dies die Hütte sei (*¿Ya está el refugio?*) und war sichtlich enttäuscht, als wir es verneinten. Eine halbe Stunde Fußweg vor dem Parkplatz verweigerte er die Weiterfahrt. Wir stiegen aus und gingen den Rest des Wegs zu Fuß. Bevor er uns verließ, wollte er bezahlt werden. Wir versprachen, ihn morgen in Quito zu bezahlen, er aber bestand darauf, dass er Benzingeld für die Heimfahrt brauche. Das Problem war, dass wir nur das nötigste Geld für die Hütte mitgenommen hatten, da wir nicht riskieren wollten, unterwegs bestohlen oder ausgeraubt zu werden. Da Gustavo echt gestresst wirkte, gaben wir ihm zwanzig Dollar für den Treibstoff und hofften, dass uns genug Geld für die Hütte übergeblieben war. Er gab sich damit zufrieden und fuhr davon.

Als wir zur Hütte aufstiegen, begann es zu schneien. Wir erreichten sie um halb sechs Uhr, und unsere Befürchtung, dass wir nicht genug Geld für die Unterkunft hatten, erwies sich als begründet. Wir verfluchten Gustavo und unsere Dummheit, und ich erklärte Miguel und Sergio, den beiden Hüttenwirten, unsere Situation. Sie waren so nett, uns die fehlenden fünf Dollar zu erlassen. Wir versprachen, dass wir das Geld in den nächsten Tagen einem der Bergführer von Freddys Firma *Sierra Nevada* mitgeben würden, was wir selbstverständlich auch taten.

Wir kochten unser bescheidenes Mahl und gingen um sieben Uhr zu Bett in der Hoffnung, ein wenig zu schlafen. Selbst einige schlaflose Stunden in Ruhelage sind besser als gar nichts. Der Schlafsaal war saukalt. Eine Gruppe von Amerikanern betrat das Lager und sorgte dafür, dass wir nicht einschlafen konnten. Sie brauchten eine Ewigkeit, bis sie still wurden. Als endlich alles ruhig war, begann einer von ihnen zu husten und schwer zu atmen.

Er stöhnte, drehte sich geräuschvoll hin und her, stand auf und legte sich wieder hin, suchte irgendetwas in einem Plastiksack usw. Offenbar litt er unter Höhenkrankheit. Dann begann er mit sich oder mit jemandem zu sprechen: „Wo ist mein Klopapier? Irgendwer hat mein Klopapier gestohlen! Diese verdammten Leute haben mein Klopapier gestohlen!" So ging es eine halbe Stunde weiter, bis er schließlich einschlief.

Um halb elf läutete Marys Wecker. Heute Nacht sollten, so hatte man uns gesagt, die Schneeverhältnisse besser sein als in den vergangenen Tagen. Wir schlangen unser Frühstück – Kaffee und einige Keks – hinunter, zogen unsere Gurten an und marschierten in die Dunkelheit hinaus. Es war eine mondlose Nacht. Zum Glück war der Himmel wolkenfrei und weil die Sterne in all ihrer Glorie leuchteten, war es nicht notwendig, die Stirnlampen einzuschalten. Nach eineinhalb Stunden erreichten wir den Gletscher. Wir brauchten eine Weile, bis wir den Einstieg fanden. Das letzte Mal war ich 1997 mit einigen Freunden hier gewesen, und wir waren mit Freddys Hilfe bis zum Gipfel gekommen. Natürlich sah jetzt, drei Jahre später, alles anders aus, als ich es in Erinnerung hatte.

Schließlich entdeckten wir Steigspuren, die in die richtige Richtung zu weisen schienen. Wir zogen die Steigeisen an, seilten uns an, schalteten die Stirnlampen ein und gingen los. Manchmal wichen wir einer Gletscherspalte aus, dann wieder sprangen wir über eine hinweg oder überquerten eine Schneebrücke. Wir machten gute Fortschritte. Als wir höher stiegen, wurde es steiler und wir versanken bis zu den Knien im Schnee, was uns viel Energie kostete. Um drei Uhr am Morgen kamen wir zu einer flachen Stelle, auf der wir einige Minuten rasteten. Wir waren etwa drei Stunden vom Gipfel entfernt. In zwei Stunden würden wir den *Yanasacha* erreichen. In der Quechua-Sprache der *indigenas* bedeutet das „schwarzer Fels". Dieser riesige Fels ist weithin sichtbar. Er ist schwarz, weil er so steil ist, dass der Schnee nicht auf ihm liegen bleibt. Beim Yanasacha biegt die Route nach rechts ab, und man gelangt in einer Stunde über eine enge Schulter zum Gipfel.

Nach unserer kurzen Rast gingen wir eineinhalb Stunden lang weiter. Plötzlich kam uns eine Gruppe entgegen. Ihr Führer berichtete, dass sie beim Yanasacha umkehren mussten, weil der Schnee zu tief war. Es sei vollkommen unmöglich, heute den Gipfel zu erreichen. Obwohl das nicht gerade ermutigend klang, setzten wir unseren Weg eine weitere viertel Stunde lang fort. Dann mussten wir einsehen, dass es keinen Sinn hatte, weiterzugehen. Wir hatten einen guten Versuch unternommen, und es war keine Schande umzukehren. Später erfuhren wir, dass an diesem Tag niemand den Gipfel erreicht hatte.

Inzwischen war es fünf Uhr in der Früh geworden. Ich war beim Aufstieg vorangegangen, Patricia hinter mir und Mary als letzte. Nun beim Abstieg ging Mary voran und ich als letzter. Wir stiegen langsam bergab bis zu der flachen Stelle, auf der wir beim Aufstieg gerastet hatten. Danach wurde die Route etwas komplizierter. Sie führte über tiefe Spalten und über einige dramatische Schneebrücken, die wir beim Aufstieg nicht so richtig wahrgenommen hatten. Um sechs Uhr dämmerte es. Als bald danach die Sonne aufging, setzte unvermittelt dichter Nebel ein. Obwohl es nun hell war, konnten wir nichts sehen. Alles war weiß. Wir folgten den Steigspuren und nahmen öfters den Kompass zu Hilfe. Auf einmal waren die Spuren verschwunden. Die Sicht war auf wenige Meter geschrumpft, und wir waren offensichtlich von der Route abgekommen. Es war sieben Uhr.

Das Gefühl, sich auf einem großen Berg verirrt zu haben, war eigenartig. In Irland kann man sich auch verirren, aber die Karten sind sehr genau, und man ist nie allzu weit von der Zivilisation entfernt. Mit Kompass und Karte findet man sich immer zurecht, vorausgesetzt natürlich, dass man mit ihnen umzugehen weiß. Hier waren wir weit weg von allem. Wenn wir die Hütte nicht finden konnten, gab es keinen Unterschlupf. Die Karte, die uns zur Verfügung stand, ließ das Gelände nur in groben Zügen erkennen. Wahrscheinlich waren wir nicht allzu weit von der Route abgekommen. Es war wichtig, dass wir uns nicht weiter von ihr entfernten. Blickten wir bergab, sahen wir zu unserer Linken eine kleine talähnliche Vertiefung, deren andere Seite wir nicht ausmachen konnten. Das Gelände zu unserer Rechten schien, soviel man im Nebel ausmachen konnte, anzusteigen. Wie tief die Senke und wie hoch die Erhebung war, ließ sich schwer feststellen. Bei Nebel sieht alles viel größer aus als es ist. Wir gingen ein Stück bergab, es wurde zunehmend steiler.

Der Nebel riss für einige Augenblicke auf, und wir sahen unterhalb vor uns gewaltige Gletscherspalten. Wir hatten keine Lust, ihnen zu nahe zu kommen und gingen ein Stück zurück bergauf. Das Miniaturtal, das nun zu unserer Rechten lag, schien nach oben hinzu enger zu werden, was darauf schließen ließ, dass die Bergschultern, zwischen die es offenbar eingebettet war, weiter oben zusammenkamen. Mary ging voran und hielt Patricia und mich am Seil. Als ich mit dem Eispickel in den Boden stieß, bemerkte ich, dass unter der einigen Zentimeter tiefen Eisschicht nichts war. Patricia und ich standen auf einer Schneebrücke über einer Spalte. Ich rief Mary zu, mit ihrem Pickel schnell einen Anker zu errichten und uns eng ans Seil zu nehmen. Bald waren wir außer Gefahr und erreichten die Stelle, wo die beiden Bergrücken oberhalb des kleinen Tales zusammenliefen. Wir sahen uns wieder um, und plötzlich entdeckte Patricia Steigspuren. Sie hatte den Weg gefunden!

Es war nun halb elf Uhr vormittags, und wir hatten seit elf Uhr am Abend nichts gegessen. Zum letzten Mal getrunken hatten wir um fünf Uhr morgens. Es war bitter kalt, und die Reißverschlüsse unserer Rucksäcke waren zugefroren, sodass es uns große Mühe kostete, die Wasserflaschen auszupacken und ein paar Schokoladestücke in unsere Münder zu stopfen. Bald darauf hob sich der Nebel zur Gänze, und nun konnten wir den Weg deutlich sehen. Um halb zwölf Uhr kamen wir in der Hütte an.

Wir waren vollkommen vereist und sahen aus, als wären wir vom Mount Everest zurückgekehrt. Wir fotografierten einander und entledigten uns unser Ausrüstung. Die beiden Hüttenwirte, Miguel und Sergio, halfen uns dabei. Sie rollten das Seil fachgerecht auf, und Sergio nahm meinen Eispickel und führte einige elegante Bewegungen damit aus. Er sah aus wie jemand mit viel Bergerfahrung. Miguel sagte, dass er aus der Cayambe Region komme. Wir erzählten ihm, dass wir vor zehn Tagen den Cayambe bestiegen hätten und fragten, ob er auch auf dem Gipfel war. Zu unserer Überraschung verneinte er es. Es stellte sich heraus, dass weder er noch Sergio auch nur einen der großen Berge erklommen hatten. Auch auf dem Cotopaxi waren sie niemals gewesen. Wir fragten warum, und sie antworteten, dass sie sich die Ausrüstung nicht leisten konnten. Wir schämten uns für unsere blöde und unsensible Frage.

Um zwölf Uhr verließen wir das Refugio und stiegen zum Parkplatz hinunter. Von da aus konnten wir weiter unten die Stelle sehen, zu der uns unser Taxifahrer gestern gebracht hatte. Wir gingen hinunter und warteten bis nach zwei Uhr, dem Zeitpunkt, zu dem er uns abzuholen versprochen hatte. Von Gustavo fehlte jede Spur. Einige Jeeps fuhren vorbei, aber sie waren alle voll. Einer der Fahrer sagte, er müsse seine Klienten hinunter bringen, aber er käme um fünf Uhr zurück. Sollte unser Taxifahrer bis dahin nicht aufgetaucht sein, könnte er uns mitnehmen.

Wir beschlossen, zu Fuß weiter abzusteigen und so weit wie möglich zu gehen. Plötzlich erschien Gustavo mit seinem Taxi. Er hatte sich etwas verspätet, aber er hatte sein Wort gehalten. Um fünf Uhr nachmittags lud er uns vor unserem Hotel in Quito ab. Wir zahlten ihm den Rest des ausgemachten Preises und gaben ihm dazu ein gutes Trinkgeld. Auf diese Weise waren wir am Ende alle zufrieden.

7.5 La Avenida de los Vulcanos: Baños um 2000

Ein Reiseführer aus den späten Neunzigerjahren beschrieb Ecuador als eines der politisch, wirtschaftlich und geologisch instabilsten Länder Südamerikas. Was die Politik betrifft, war das eine Übertreibung. Gewiss, Ecuador hatte wie die meisten Länder Lateinamerikas eine Reihe von Putschen und Diktaturen durchgemacht, in den zwei Jahrzehnten vor unserer ersten Reise dorthin hatte die Demokratie jedoch einigermaßen funktioniert, obwohl es dem Land wirtschaftlich nicht gut ging.

Ecuador gehört zu den ärmsten Länder des Kontinents. Auf unseren Reisen sahen wir in Quito und in Guayaquil erschreckende Armenviertel. Die auf dem Land lebende indianische Bevölkerung (sie zieht es vor, *indigenas* genannt zu werden), ist jedoch von dieser Armut wenig betroffen. Die Landreformen zu Beginn des zwanzigsten Jahrhunderts hatten den größten Teil der Latifundien, deren Pächtern kaum genug zum Leben blieb, abgeschafft und das Land verteilt. Die *indigenas* bauen bis zu 4.000 m über dem Meer Mais und Kartoffeln an und halten Lamas und Rinder. Sie verfertigen ihre Kleider selber und sie verkaufen ihre Produkte nicht nur auf den Märkten in Ecuador, vor allem in Otavalo, sondern exportieren ihre Hüte, Pullover, Decken, Teppiche, Ponchos und andere Produkte über ganz Südamerika. Vom Geld und seinem Wert sind sie nicht besonders abhängig, da sie untereinander vielfach Tauschgeschäfte abschließen. Uns mögen sie arm erscheinen, aber sie sind klimagerecht gekleidet und sie leiden keinen Hunger.

Wirklich instabil ist allerdings die Geologie. Erdbeben und Vulkanausbrüche sind an der Tagesordnung. Freilich trifft dies nicht nur auf Ecuador, sondern auf den Großteil Mittel- und Südamerikas zu. In ihrem Roman *La casa de los espiritus* (Das Haus der Geister) beschreibt Isabel Allende ihr Heimatland Chile als *un país de catastrofes*, ein Land der Katastrophen. Drei Tage nach unserer Ankunft in Chile im Dezember 1997 erlebten Ursula und ich ein leichtes Erdbeben. Wir saßen gerade beim Frühstück, als die Lampe über uns zu schwingen und der Tisch zu rütteln begann. Unsere Gastgeber – wir wohnten in einer Privatunterkunft – waren davon vollkommen unberührt. Das, so sagten sie, kommt alle paar Tage vor, kein Grund zur Panik. Die Häuser in Santiago de Chile sind so gebaut, dass sie den meisten Erdbeben widerstehen können.

Unser allererstes Erdbeben in Südamerika erlebten wir 1995, als wir uns einige Tage in Baños am Rande des Amazonasbeckens in Ecuador aufhielten. Die Stadt ist zwischen die tiefe Schlucht des

Pastaza-Flusses und den 5.023 m hohen Vulkan Tungurahua eingebettet, der die heißen Bäder speist, für die sie bekannt ist. Baños bedeutet Bad. Eines Nachts wurden wir durch das unaufhörliche Gebell von Hunden wachgehalten. Wir konnten uns nicht erklären, warum die Tiere so unruhig waren. Plötzlich begann der Fußboden zu vibrieren, und der Kasten bewegte sich ein wenig. Das Ganze dauerte nur wenige Sekunden. Die Hunde hatten das Beben vorausgespürt.

Ist es zu weit hergeholt, eine Verbindung zwischen der geologischen und politischen Instabilität der lateinamerikanischen Länder herzustellen? Isabel Allende hielt dies für durchaus gerechtfertigt. In ihrem weitgehend autobiographischen Roman *Paula* schreibt sie, dass die Chilenen von der Tatsache geprägt (*determinados*) seien, dass ihr Land fortwährend an Naturkatastrophen und politischem Aufruhr leidet. „Der Boden unter unseren Füßen zittert; wir kennen keine Sicherheit." Die Analogie mag poetisch sein, verführerisch ist sie allemal. Die Anden sind jung. Ihre Formation ist immer noch im Gang und verursacht mannigfaltige Turbulenzen. Die Staaten des Kontinents sind ebenfalls jung. Die Erdkruste ist nicht völlig abgekühlt, und das soziale Gefüge hat sich noch nicht dauerhaft gefestigt. Europa scheint diese Prozesse weitgehend hinter sich zu haben, wenngleich, wie der Krieg in Jugoslawien (ebenfalls eine Erdbebenzone!) gezeigt hat, in seinen Randgebieten ebenfalls keine vollkommene Ruhe eingetreten ist. Als Alexander von Humboldt von der *avenida de los volcanes* sprach, schuf er eine gute Metapher für das politische, soziale und wirtschaftliche Chaos, von dem Südamerika so oft heimgesucht wurde und immer noch wird.

Die Eruptionen des Guagua Pichincha und Tungurahua haben wir bereits kurz erwähnt. Hier sei noch einiges hinzugefügt. Der Name des sich nahe bei Quito erhebenden Rucu Pichincha bedeutet „der alte Pichincha". Der nicht weit davon liegende Guagua Pichincha ist „der junge Pichincha". Der Alte gilt als erloschen, der Junge aber ist aktiv. Im Sommer 1998 stieg ich mit Freddy Ramirez auf den Gipfel des jungen Pichinchas. Aus dem gigantischen Krater stieg eine Mischung aus Nebel und Schwefelwolken auf, so dass wir nicht auf den Grund sehen konnten. Einige Monate später begann er plötzlich zu rumpeln und spuckte heiße Felsbrocken auf eine Gruppe von Bergsteigern. Für Quito wurde die gelbe Warnung ausgerufen. Das Rumpeln wurde lauter, und bei Nacht begann der Vulkan rot zu leuchten. Das Warnlicht wurde auf rot geschaltet. Im Frühling 2000 brach er schließlich gewaltsam aus. Die Bilder, die damals um die Welt gingen, erinnerten an einen nuklearen Pilz. Quito versank in einem gewaltigen Aschenregen.

Der Cotopaxi ist seit längerer Zeit ruhig gewesen, in den letzten Jahren gab es jedoch Anzeichen dafür, dass er sich wieder erwärmt. Cayambe gilt als erloschen, aber in der Nähe des Gipfels riecht es nach Schwefel. El Sangay im Süden ist der aktivste Vulkan Ecuadors. Er eruptiert mehr oder weniger ununterbrochen und spektakulär. Manche Verrückte steigen auf seinen Gipfel. Die Bergführer bleiben zurück, sie weigern sich, die von einem Todeswunsch getriebenen Gringos zu begleiten.

Der Ort, den ich vor allem mit vulkanischer Aktivität in Verbindung bringe, ist die kleine Stadt Baños. Sie ist von Quito in vier Stunden mit dem Bus erreichbar. Hundertfünfzig Kilometer südlich von Quito, in Ambato, verlässt man die Panamericana und fährt in östlicher Richtung abwärts nach *El Oriente*, den Regenwald im Osten Ecuadors. Die Temperaturen der dem Tungurahua entspringenden Schwefelwasserquellen liegen zwischen 26 und 50 Grad. Von Baños aus kann man mit dem Autobus oder mit dem Fahrrad bis zum Regenwald hinunterfahren. Die Straße führt den Rio Pastaza entlang, der das Netzwerk der Flüsse speist, die schließlich in den Amazonas einmünden.

Der schön geformte Kegel des Tungurahua, dessen Gipfel immer weiß ist, sieht aus, als hätte ihn Gott selbst aus seiner Hand in die östliche Cordillera der Anden fallen lassen, wo sein Aufschlag ein breites Becken schuf. In den Schluchten zu Füssen dieses Kolosses, der von solcher Tiefe in eine Höhe von 5087 m über den Meeresspiegel emporragt, ist der Rio Pastaza aus dem Zusammenfluss des Patate mit dem Chambo entstanden, der seinen Weg durch die Provinz

Chimborazo hinter sich hat. Von hier donnert der neue Fluss durch Felsen und Lava hinab. (...)

Der Pastaza-Fluss, einer der Könige der Wassersysteme des Ostens, die sich schließlich zum höchsten Souverän, dem Amazonas, vereinigen, hat zu seinen Ufern die wunderbarsten Landschaften. (Übersetzung von mir).

So beschrieb der ecuadorianische Schriftsteller Juan Leon Mera im Jahr 1879 in seinem Roman *Cumandá* den Weg, den der Rio Pastaza von Baños nimmt, bis er in den Amazonas mündet.

Ursula und ich besuchten Baños zum ersten Mal im August 1995 mit unseren irischen Freunden. Wir verbrachten dort einige angenehme Tage mit dem Besuch der heißen Schwefelbäder und der guten Restaurants. Nach unserem Abenteuer auf dem Rucu Pichincha und dem erfolglosen Versuch, den Cotopaxi zu besteigen, hatten wir genug von den Bergen und begnügten uns damit, respektvoll zum Tungurahua aufzublicken. Der Versuchung, ein Stück des von Juan Leon Mera beschriebenen Weges in Richtung Amazonas zu fahren, konnten wir jedoch nicht widerstehen. Wir mieteten Fahrräder und fuhren die Straße entlang des Flusses abwärts. Unser Ziel war Mera. Man hatte uns gesagt, dass zwischen Mera und Baños viele Busse verkehren, die uns mitsamt unseren Rädern zurückbringen können. Die Tour sollte sich in einem Tag bewältigen lassen.

Im Sommer 1995 war die Straße von Baños nach Mera weniger eine Straße als ein Schotterweg, der sich je weiter man abwärts fuhr immer mehr in eine Lehmstraße verwandelte. In der heißen ecuadorianischen Sonne war der Lehm völlig ausgetrocknet. Wann immer ein Autobus oder ein Lastwagen vorbeiflitzte, wurden wir von oben bis unten mit Staub bedeckt. Bei Regen wäre es freilich schlimmer gewesen. Wir wären im Dreck steckengeblieben. Die Bergabfahrt war mühelos. Man musste nur aufpassen, von den Bussen und Autos nicht über den Straßenrand gedrängt und in den in der Tiefe tosenden Fluss gestoßen zu werden.

Je weiter wir hinunter kamen, umso wärmer wurde es. Die Vegetation veränderte sich. Orangenhaine und Bananenbäume säumten den Weg. Die Bewohner hatten vor ihren Häusern Stände errichtet und boten Früchte zum Verkauf an. Gelegentlich mussten wir unter einem Wasserfall hindurchfahren oder unsere Räder über einen Fluss tragen. Als wir den Rio Verde erreichten, hatten wir ein gutes Stück des von Juan Leon Mera beschriebenen Weges zurückgelegt.

Bald nachdem wir den Rio Verde überquert hatten, erreichten wir einen Ort mit demselben Namen. Er bestand aus einigen Holzhütten. In einer von ihnen war ein Restaurant. Da wir hungrig waren, gingen wir hinein. Besonders hygienisch sah es nicht aus, aber da wir nun schon zwei Wochen in Ecuador verbracht hatten, verließen wir uns darauf, dass wir uns an die ortsüblichen Bakterien einigermaßen gewöhnt hatten. Die Suppe, die ich aß, schmeckte ausgezeichnet. Einige bestellten einen verdächtig aussehenden Eintopf und vertilgten ihn mit sichtlichem Wohlgefallen. Niemand wurde krank.

Nach dem ausreichenden Essen hatte die meisten keine Lust mehr, weiterzufahren. Wenn sie jetzt einen Bus zurück nach Baños bekämen, hätten sie noch Zeit, vor dem Abendessen eines der heißen Bäder zu besuchen. Sie bezogen gegenüber dem Restaurant Stellung und warteten auf einen Bus. In Ecuador halten die Busse nicht nur an den offiziellen Haltestellen, sondern überall, wo jemand ein- oder aussteigen will. Einige, darunter ich, beschlossen, nach Mera weiterzufahren. Wir kamen bis Puyo. Dann drehten auch wir um. Mera war zu weit.

Bevor wir weiterfuhren, warteten wir, bis ein Bus hielt, um unsere Freunde, die nach Baños zurückkehren wollten, aufzunehmen. In wenigen Minuten erschien einer, und der Gehilfe des Fahrers kletterte auf das Dach, um die Räder zu versorgen. Gleich darauf hielt ein zweiter Bus. Einige aus der Gruppe ließen die Räder auf diesen verladen. Ich bemerkte, dass der Gehilfe auf dem Dach des ersten Busses nicht gerade erfreut aussah. Kurz darauf fuhren beide Busse los. Als wir alle wieder in Baños waren, erzählte mir Ursula, wie die Fahrt verlaufen war.

Der erste Bus, in dem Ursula saß, wurde vor der Abfahrt vom zweiten überholt. Der Fahrer war offensichtlich zornig, weil er Kunden verloren hatte und überholt worden war, und fuhr plötzlich los, ohne auf den Gehilfen zu warten, der sich noch auf dem Dach befand. Dieser verblieb dort während der ganzen Fahrt in einer überaus prekären Situation. Die Straße ist eng und voll von unübersichtlichen Kurven. Zur Linken geht es steil hinunter in die Schlucht des Rio Pastaza, die rechte Seite ist von steilen, teilweise überhängenden Felsen gesäumt. Manchmal kratzte der Bus an diese an. Nach einer Weile gelang es dem Fahrer, den Bus vor ihm zu überholen, um etwas später wieder von diesem überholt zu werden. Zwischen den beiden Autobussen entbrannte ein wahnwitziges Wettrennen. Es war ein Wunder, dass keiner in die Schlucht stürzte. Ein amerikanischer Tourist, der neben Ursula saß, erzählte ihr, dass in den vergangenen paar Monaten bereits fünf Autobusse auf dieser Strecke verunglückt waren.

Am allererstaunlichsten an der ganzen Geschichte war die Reaktion der zahlreichen im Bus mitreisenden *indigenas*. Sie reagierten in keiner Weise. Mit undurchdringlichen Gesichtern saßen sie schweigend und bewegungslos auf ihren Sitzen. Sie zeigten keinerlei Emotion. Es war, als ob sie sich in einem besonderen Zustand versenkt hatten, der die Außenwelt von ihnen fern hielt.

Für Andinisten ist Baños der ideale Erholungsort. Dort können sie sich von den anstrengenden Bergtouren erholen, sie leiden nicht mehr an Höhenkrankheit und sie können ihre müden Glieder in den heißen Schwefelbädern entspannen. Meine Lieblingsbadeanstalt war das ein wenig außerhalb der Stadt gelegene *El Salado*. Hier gab es mehrere dem Tungurahua entspringende Quellen mit verschiedenen Temperaturen sowie einen eiskalten Wasserfall, von dem man sich die Schultern massieren lassen konnte. Am Eingang des Bades wurden frisches Zuckerrohr und Bananen zum Verkauf angeboten. Wer zu müde war, den Weg von der Stadt und zurück zu Fuß zu gehen, hatte die Möglichkeit, den Bus zu nehmen, der alle fünf bis zehn Minuten verkehrte. Und sollte jemand das unbezwingliche Bedürfnis empfinden, noch einen großen Berg zu besteigen, wartete der Tungurahua auf ihn.

Baños hatte damals mehrere gute Restaurants. Eines davon hieß *Düsseldorf*, das sich glücklicherweise nicht auf *Eisbein mit Sauerkraut* beschränkte, sondern sehr gute Fischsuppen, Schalentiere und Obstsalate servierte. Unser Lieblingslokal aber war *El Marquez*, wo es nicht nur hervorragendes *Ceviche* – Fischsuppe aus rohem Fisch, der einige Stunden in Limettensaft mariniert worden war – und gute Steaks zu essen gab, sondern wo man auch fast immer Live-Musik hören konnte. Gute Erinnerungen habe ich auch an das von meinem Freund Freddy empfohlene *El Higueron*, ein kleines und gemütliches Gasthaus mit einer beschränkten Auswahl von immer frisch zubereiteten Speisen. Wir entdeckten eine Cocktail-Bar, die keine Sperrstunde kannte und von deren Balkon man das Leben und Treiben auf der Straße beobachten konnte, während man Alexanders, Piña Colladas oder Margeritas trank.

Baños lebt vom Tourismus und es lebt gut davon. Ich war 1995, 1997, 1998 und 2001 dort und quartierte meine Freunde und mich jedes Mal im *Hotel Flor de Oriente* ein, deren Besitzer freundliche und zuvorkommende Leute waren. Meine angenehmen Erinnerungen an meine dortigen Aufenthalte erlitten einen Schock, als ich im Sommer 1999 Nachrichten über den unerwarteten Ausbruch des Tungurahua empfing. Nur wenige Monate davor war der Guagua Pichincha bei Quito ausgebrochen, und nun das! Die Situation war offenbar gefährlich, denn die Bevölkerung war evakuiert worden. Soldaten blieben zurück und patrouillierten die Straßen, um die Menschen davon abzuhalten, zurückzukehren und die Häuser vor Plünderern zu schützen.

Die Aktivitäten des Vulkans Tungurahua sind sowohl ein Segen als auch ein Fluch für die Stadt. Die heißen Bäder, die so viele Touristen anlocken, verdanken ihm ihre Existenz, aber manchmal stellt er eine ernsthafte Bedrohung dar. Die Wände im Inneren der Kirche von Baños sind mit Bildern bedeckt, die von der Bedrohung durch den Vulkan und den Wundern, die von der von der Jungfrau der Heiligen Gewässer (*La Virgen de Las Aguas Santas*) bewirkt wurden, erzählen.

Am 3. April 2000 erhielt ich ein überraschendes Fax von der Besitzerin des Hotel Flor de Oriente:

Lieber Herr Herzmann,

Ich schreibe Ihnen, um zuerst zu fragen, wie es Ihnen geht und zweitens, um ihnen ein wenig über unsere Situation zu berichten. Wie Sie wahrscheinlich wissen, haben wir es seit dem Ausbruch des Tungurahua nicht leicht gehabt. Unsere Stadt war drei Monate lang evakuiert, in denen wir nicht arbeiten konnten, aber Gott sei gedankt, dass der Stadt nichts geschah. Am ersten Jänner beschlossen wir alle, die wir evakuiert worden waren, zurückzukehren. Wir hatten den Widerstand der Armee zu überwinden, die unsere Rückkehr verhindern wollte. Seit wir nun hier sind, kehren wir allmählich zur Normalität zurück, und die Geschäfte gehen langsam besser.

Wir haben nun eine weitere Touristenattraktion. Die Ausbrüche des Vulkans gehen weiter, und in der Nacht kann man die glühenden Felsen sehen, die der Krater viele Meilen in den Himmel schleudert. Bei Tag sieht man riesige bis zu 1000 m hohe Säulen aus Asche.

Vulkanologen überwachen die Situation, und wir haben einen Plan für den Notfall. Wir machen regelmäßig Evakuierungsübungen, an denen die Besucher teilnehmen.

Ich hoffe, Sie besuchen uns bald, so dass Sie die Gelegenheit haben, dieses Naturschauspiel zu sehen, das nur etwa alle achtzig Jahre vorkommt.

Wenn Sie mir Ihre Postadresse senden, kann ich Ihnen Fotos zuschicken. Ich würde mich freuen, von Ihnen zu hören.

Ich sandte ein Fax mit meiner Adresse nach Baños und erhielt bald danach einen Brief mit spektakulären Fotos.

Im Jänner 2001 kehrte ich mit zwei irischen Bergkameradinnen, Mary R und Patricia, nach Ecuador zurück. Wir bestiegen den Cayambe und den Imbaburra, und versuchten, den Cotopaxi ohne Zuhilfenahme eines Bergführers zu bezwingen (siehe dazu das Kapitel 7.4). Patricia bereitete sich damals für den Mount Everest vor, dessen Gipfel sie als erste irische Frau zu erreichen hoffte, was ihr leider nicht gelingen sollte. Ecuador war für sie Training.

Nachdem wir von den Bergen genug hatten, fuhren wir nach Baños und erholten uns dort einige Tage lang. Wir quartierten uns im Hotel Flor de Oriente ein. Es regnete heftig, aber man sagte uns, dass es bald wieder schöner werde. Da es erst halb fünf und zu früh war, essen zu gehen und zu spät, dem Schwefelbad El Salado einen Besuch abzustatten, schlug ich vor, die Cocktail-Bar mit dem auf die Hauptstraße blickenden Balkon aufzusuchen. Es dauerte eine Weile, bis ich sie fand. Mary und ich bestellten je eine Margerita, Patricia, die keinen Alkohol trinkt, bekam eine alkoholfreie Piña Collada. Wir saßen auf dem Balkon und blickten in den warmen Regen. Der Tungurahua versteckte sich in den Wolken und ließ nichts von sich hören. Er hatte sich seit seiner dramatischen Eruption wieder völlig beruhigt. Immer noch aber war es verboten, ihn zu besteigen.

Das Hotel hatte die Krise offenbar gut überstanden. Das schien auch für die Stadt zu gelten. Nichts deutete darauf hin, dass sie eine schwierige Zeit durchgemacht hatte, sie sah smarter aus als während meines letzten Besuchs. Man erzählte uns, dass die evakuierte Bevölkerung bei Freunden und Verwandten in andern Teilen des Landes Unterkunft suchen musste. Die Regierung zahlte ihnen keine Kompensation und sorgte in keiner Weise für sie. Die Soldaten, deren Aufgabe es hätte sein sollen, die Stadt vor Plünderern zu schützen, stahlen alles, was nicht niet- und nagelfest war. Ich hatte keinen Grund, daran zu zweifeln, aber guten Grund, über die rasche Erholung von Baños erstaunt und erfreut zu sein. Möglicherweise war die rasche Wiederherstellung der Stadt eines der Wunder, die sie der *Virgen de Las Aguas Santas* verdankt.

Wir besuchten die Kirche und betrachteten die Wandgemälde. Unter jedem Gemälde steht eine kurze Erklärung der jeweiligen Szene. Die meisten Bilder haben die Eruptionen des Vulkans und die wunderbaren Interventionen der Heiligen Jungfrau zum Inhalt. Zu Beginn des 18. Jahrhunderts fand eine Prozession statt, bei der die Statue der Jungfrau feierlich vorangetragen wurde, als der Vulkan zu donnern und Flammen zu speien begann. Die Menschen gerieten in Panik. Plötzlich erhob die Statue ihre Hand und machte eine beschwörende Geste in Richtung Tungurahua. Und siehe: dieser wurde sogleich ganz brav. Ein anderes Bild hat nichts mit dem Vulkan, aber mit der Macht der Jungfrau tun. Ein Mann überquerte den Rio Pastaza auf einer mit Händen zu betätigenden Seilbahn. Das Seil riss, und der arme Mann fiel in den Fluss. Während er fiel, rief er laut *„Virgen de las Aguas Santas!"* Auf einmal fühlte er sich von einer unsichtbaren Hand erhoben und sicher ans Ufer gebracht. Die Macht der Jungfrau konnte auch fern von Baños Wunder wirken. Am Beginn des zwanzigsten Jahrhunderts brannte eine ganze Straße in Guayaquil nieder. Nur ein Haus blieb stehen. Sein Besitzer erinnerte sich, dass er ein Bild der Jungfrau von den Heiligen Gewässern besaß. Er holte es hervor und betete zu ihm um Hilfe. Und siehe: das Feuer ging am Haus vorbei.

Das größte Wunder, das die Jungfrau und der Vulkan gemeinsam vollbracht haben, sind zweifellos die heißen Quellen. Die ersten Quellen, die entdeckt wurden, sind nicht die von *El Salado*, das ich so gern besuchte, sondern die neben dem Wasserfall mitten in der Stadt. Sie sind auf vielen Bildern in der Kirche zu sehen. Da ich nie dort gewesen war, besuchten wir sie dieses Mal. Das Bad ist viel kleiner als El Salado, es kann nicht mit so vielen Becken mit verschiedenen Temperaturen aufwarten und hat keinen Wasserfall, von dem man sich die Schultern massieren lassen kann. Und in den Becken sitzend genießt man nicht die herrliche Aussicht auf die umliegenden Berge, die El Salado bietet.

Was 1999 und 2000 in Baños geschah, ist nicht weniger wunderbar als die in der Kirche verewigten Mirakel. Einige Wochen nach meiner Rückkehr nach Irland erhielt ich folgenden Brief:

Freunde wie Sie machen unsere Arbeit zufriedenstellend. Wir schätzen uns glücklich, Sie zu unseren Freunden und Stammgästen zu zählen. Wir möchten Ihnen nun von unserem Karneval berichten. Wir hatten so viele Touristen, dass die Hotels nicht genug Platz für alle hatten. Das ist natürlich gut für unsere Wirtschaft, die, wie Sie wissen, so stark unter der ärgsten Krise gelitten hat, die unsere Stadt traf. Wir vertrauen auf Gott, dass er uns ermöglicht in Baños zu bleiben. ER wird sicherstellen, dass uns der Vulkan keinen weiteren Schaden zufügt.

Lieber Freund, im Namen des Hotels Flor de Oriente, senden wir Ihnen unsere herzlichen Grüße und hoffen, dass wir in Kontakt bleiben werden.

Ich freute mich nach diesem Brief auf meinen nächsten Besuch. Leider ist es bis heute nicht dazu gekommen. Schuld daran ist mein zunehmendes Alter.

7.6 Ethnische Vielfalt

Während ihr Autobus mit dem anderen Bus um die Wette raste, und der Fahrer sich und seine Passagiere in den Rio Pastaza zu stürzen drohte, konnte Ursula nicht umhin, über den Stoizismus der einheimischen Bevölkerung zu staunen. Die *indigenas* saßen absolut ruhig mit undurchdringlichen Gesichtern auf ihren Sitzen. Sie tun das nicht nur in gefährlichen Situationen. Bewegungslos verharren sie hinter ihren Marktständen. Sie kümmern sich nicht um die Käufer, sie versuchen nicht, sie zum Kauf zu überreden, wie das in den arabischen Ländern oder Indien üblich ist. Sie kauern am Straßenrand und warten auf den Autobus. Sie warten und warten und warten. Sie befinden sich außerhalb der Zeit. Nähert sich ein Käufer oder hören sie den sich nähernden Bus, wechseln sie sogleich wie ein Computer vom *sleep mode* in den Wachzustand über.

Im Sommer 1998 campierte ich mit einer irischen Gruppe unter Freddys Führung am Fuß des Chimborazo, den wir zu besteigen hofften. Unser Lager befand sich viertausend Meter über dem Meer, und in der Nähe standen einige von spärlichen Feldern umgebene Hütten der Einheimischen. Die mit Strohdächern bedeckten Lehmhütten sahen ähnlich aus wie die Hütten der Bauern im Westen Irlands zur Zeit der großen Hungersnot im neunzehnten Jahrhundert. Da das Wetter schlecht war, mussten wir auf die Besteigung des Chimborazo verzichten. Stattdessen unternahmen wir einen Versuch, den Gipfel des weniger hohen Carihuairazo zu erreichen, was uns ebenfalls nicht gelang.

Wir verbrachten mehrere Tage auf dem Campingplatz. Bald nach unserer Ankunft erschienen die *indigenas* auf dem in der Nähe liegenden Feld. Zuerst kamen einige Frauen, dann auch ihre Kinder. Es war nicht auszumachen, was sie taten oder ob sie überhaupt etwas taten. Wir hatten den Eindruck, dass sie einfach warteten. Wir warteten auf besseres Wetter, und sie warteten auf Kunden (auf uns!). Als wir einmal um die Mittagszeit von einem verregneten Erkundungsausflug zurückkehrten, ging einer von uns zu ihnen und lud sie ein, zu uns zu kommen. Sie kamen mit ihren handgewebten Schals und Taschen, alle von hervorragender Qualität, und wir kauften reichlich ein. Das Warten hatte sich gelohnt.

Die *indigenas* machen ungefähr ein Drittel der Bevölkerung Ecuadors aus. Zwischen 7% und 10% sind afrikanischen und 10% europäischen Ursprungs. Letztere werden *los blancos* (die Weißen) genannt. Der Rest, also etwa die Hälfte, sind *mestizos*, eine Mischung aus *blancos* und *indigenas*. Die Afroecuadorianer leben größtenteils im Norden in der Nähe der Stadt Esmaraldas und sind die Nachkommen von Sklaven.

Unter anderen ethnischen Minderheiten spielen die Libanesen eine bedeutende Rolle. Viele von ihnen nehmen führende Positionen in der Geschäftswelt des Landes ein und mischen auch in der Politik mit. Einer der bekanntesten und umstrittensten von ihnen war Abdalá Jaime Bucaram Ortiz, der 1996 Präsident von Ecuador wurde. Er war reich und hatte sich als Unterhalter und Popsänger versucht, bevor er in die Politik ging. Während des Wahlkampfes machte er Äußerungen, die viele empörten aber offenbar die Mehrheit begeisterten. So behauptete er, dass er sexuell viel potenter sei als sein Gegner. Als er Präsident war, empfing er eine in den Vereinigten Staaten lebende Ecuadorianerin, die eine zweifelhafte Berühmtheit erlangt hatte, nachdem sie ihrem Mann den Penis abgeschnitten hatte. Bucaram erklärte, dass Ecuador stolz auf sie sei. Kein Wunder, dass ihm die Bevölkerung bald den Spitznamen *el loco* (der Verrückte) verpasste.

Als er das Land in den wirtschaftlichen Ruin zu führen begann und überall Proteste stattfanden, mischte er sich unter die Demonstranten und protestierte mit ihnen gegen seine eigene Politik. Das Parlament grub schließlich ein uraltes Gesetz aus, das es ermöglichte, ihn wegen geistiger Unzurechnungsfähigkeit abzusetzen. (Vielleicht können die Vereinigten Staaten in Zukunft davon lernen, falls wieder jemand wie Donald Trump Präsident werden sollte!). Bevor Bucaram nach Panama flüchtete, plünderte er die Staatskassa. Dies schien nicht schwer zu sein. Er brauchte dem Gouverneur der Zentralbank nur zu befehlen, das Geld auszuhändigen, und schon war es geschehen. Die Zeitungen zweifelten später die Legalität dieser Transaktion an.

Die ethnische Zusammensetzung Ecuadors ist so vielfältig wie seine Geographie und seine Geschichte. Wenn man dies bedenkt, ist es verständlich, dass es nie leicht war, das Land zu regieren, und warum es wirtschaftlich und politisch weniger stabil ist als die Länder unseres alten europäischen Kontinents. Bis heute mangelt es den Ecuadorianern an einer gefestigten nationalen Identität. Die Bewohner der pazifischen Küste haben wenig gemeinsam mit den Menschen, die in den Anden leben, die Kluft zwischen den einheimischen Bergbewohnern und den Menschen in den Städten ist weit größer als die in Europa zwischen Stadt und Land übliche, und die im Regenwald beheimateten Menschen leben in einer völlig anderen Welt.

Es gibt ein Werk der Literatur, das versucht, diese vielen und oft unvereinbar scheinenden Gegensätze nicht nur zu beschreiben, sondern zu versöhnen. Juan Leon Mera stellte sich diese Aufgabe in seinem 1879 erschienenen Roman *Cumandá*. Während meines ersten Aufenthalts in Ecuador entdeckte ich ihn durch Zufall. In einem Buchladen in der Juan Leon Mera Straße in Quito, in der sich damals Freddys Büro befand, stieß ich auf *Cumandá* und bemerkte, dass die Straße nach dem Autor dieses Buchs benannt war. Ich kaufte es und las die einigermaßen komplizierte und höchst romantische Geschichte. Drei Jahre später fuhr ich mit Freddy auf dem Weg zum Chimborazo durch die Stadt Ambato. Als ich ihn fragte, ob er den Roman kenne, antwortete er, dass *Cumandá* als Schlüsselwerk der ecuadorianischen Literatur gelte und Pflichtlektüre in den Schulen sei. In Ambato stehe ein Brunnen mit der Statue von *Cumandá*, der Heldin des Romans. Einige Minuten später fuhren wir bei dem Brunnen vorbei. Die Figur stellt das siebzehnjährige Mädchen aus dem Regenwald dar, dessen Liebe zu dem Sohne eines Missionars ein tragisches Ende fand.

Der geographischen Lage von Ambato kommt eine symbolische Bedeutung zu. In dieser an der Panamericana liegenden Stadt laufen die vom Regenwald im Osten und von der pazifischen Küste im Westen heraufführenden Wege zusammen. Juan Leon Mera wurde hier geboren, und sein Roman verwebt die Schicksale der Eingeborenen des Regenwalds, der *indigenas* der Anden und der weißen Elite.

7.7 Das Mädchen aus dem Urwald

Juan Leon Meras Roman spielt um das Jahr 1800. Im Regenwald, wo der Rio Palora in den Rio Pastaza mündet, leben die von ihrem Häuptling Yahuarmaqui angeführten wilden Jibaros und mehrere zum Christentum übergetretene Stämme. Der kleinste dieser Stämme besteht aus nur einer Familie, dem alten Tongana, der einen unauslöschlichen Hass gegen Weiße in sich trägt, seiner Frau Pona, ihren Söhnen und ihrer Tochter Cumandá, deren Haut ungewöhnlich weiß ist.

Cumandá ist in einen jungen Weißen verliebt, mit dem sie sich regelmäßig heimlich trifft. Der junge Mann heißt Carlos und ist der Sohn des Missionars Fray Domingo, dessen richtiger Name Juan Domingo Orozco lautet, und der die zum Christentum konvertierten Zaparos betreut. Die Missionsstation befindet sich im Dorf Andoa.

Juan Domingo Orozco war in seinem früheren Leben ein Landbesitzer im Süden von Riobamba gewesen. An einem Tag, an dem er seinen ältesten Sohn Carlos besuchte, der in einer Internatsschule in Riobamba studierte, erhob sich die indigene Bevölkerung gegen die weißen Landbesitzer. Orozcos Haus wurde niedergebrannt und seine Frau und vier Kinder ermordet. Die Leiche Julias, des jüngsten Kindes, blieb unauffindbar. Der Anführer des Aufstandes war Tubon, ein Landarbeiter, der von Orozco ungerecht und grausam behandelt worden war. Der Aufstand wurde niedergeschlagen und Tubon zum Tod durch Hängen verurteilt.

Nach diesen traumatischen Ereignissen trat Don Orozco in ein Dominikanerkloster ein und wurde später zum Priester geweiht. Er sah schließlich ein, dass er sich der grausamen und herzlosen Behandlung der einheimischen Bevölkerung schuldig gemacht hatte. Als man ihm eine Gemeinde in Andoa zuwies, erblickte er darin die Gelegenheit, für seine Sünden zu büßen. Sein Sohn Carlos, schloss sich ihm an.

Cumandá will so bald wie möglich die Ehe mit Carlos eingehen. Da sie aber ausgewählt wurde, als eine der *virgenes de la fiesta de las canoas* an einem bedeutenden rituellen Bootsfest teilzunehmen, muss sie sich bis zum Ende des Festes von ihrem Liebhaber fern halten. Carlos überredet Cumandá dazu, ihn an dem Fest teilnehmen zu lassen.

Tonganas Söhne, die um die geheimen Treffen ihrer Schwester mit Carlos wissen, versuchen, von ihrem Vater angestiftet, Carlos zu töten, indem sie einen Unfall vortäuschen. Carlos erhält einen „zufälligen" Schlag von einem Ruder auf den Kopf und fällt ins Wasser. Als Cumandá den Bewusstlosen ans Land zieht, bemerken die Indianer ihre starken Gefühle für den Fremden. Offensichtlich hat sie ihren Keuschheitseid während der Fiesta gebrochen. Darauf steht die Todesstrafe, aber da das Fest nicht durch eine Hinrichtung entweiht werden darf, verschiebt Yahuarmaqui den Vollzug der Strafe auf später. Tongana hat eine bessere Idee. Er schlägt dem Häuptling vor, seine Tochter zur Frau zu nehmen. Dieser ist von dem Angebot begeistert. Da ihm das Bündnis mit den christianisierten Zaparos wichtig ist, verzichtet er darauf, Carlos hinzurichten. Er verweist ihn vom Fest und befiehlt ihm, am Morgen nach Andoa zurückzukehren.

In der Nacht entflieht Cumandá mit Carlos. Das rettet wahrscheinlich ihr Leben, da wenige Stunden nach ihrer Flucht das Lager der Jibaros und ihrer Verbündeten von einem feindlichen Stamm überfallen wird. Glücklicherweise hört ein Mitglied der christianisierten Stämme die herannahenden Schritte der Angreifer und löst den Alarm aus. Die Feinde werden in einer blutigen Schlacht besiegt. Yahuarmaqui tötet den feindlichen Häuptling in einem dramatischen Duell. Er gewährt dem christlichen Indianer zum Dank für seine Wachsamkeit die Erfüllung eines Wunsches.

Am Morgen erscheint ein Gesandter des besiegten Stammes und bietet Cumandá und Carlos, die von seinen Leuten gefangen genommen wurden, gegen die Auslieferung des Leichnams des getöteten Häuptlings an. Yahuarmaqui ist nun bereit, Carlos zu töten, aber der Indianer, der den Alarm ausgelöst hatte, bittet um sein Leben. Die Liebenden werden getrennt, Carlos wird nach Andoa zurückgeschickt und die Hochzeitszeremonie zwischen Yahuarmaqui und Cumandá wird vollzogen. Die körperliche Vereinigung soll in der Nacht erfolgen.

Da stirbt der Häuptling völlig unerwartet. Die Sitte verlangt, dass die Lieblingsfrau des Häuptlings getötet und an seiner Seite begraben wird. Niemand zweifelt daran, dass Cumandá die Lieblingsfrau Yahuarmaquis gewesen ist. Das Begräbnis wird für den nächsten Tag anberaumt. In einer feierlichen Zeremonie soll Cumandá in aromatischen Wassern ertränkt werden. Cumandás Mutter Ponga, die ihr als Wächterin beigegeben wurde, lässt sie in der Nacht entfliehen. Cumandá springt in ein ans Ufer des Palora-Flusses gebundenes Boot und lässt sich den Fluss in Richtung Andoa hinabtreiben.

In Andoa wartet Fray Domingo auf die Rückkehr von Carlos, der mit einem indianischen Freund stromaufwärts gerudert ist, um

Cumandá zu suchen. Da erhält er die Nachricht, dass in einem stromabwärts driftenden Boot eine bewusstlose junge Frau gefunden worden ist. Es ist Cumandá, die in das Boot von Carlos und dessen indianischem Begleiter gestiegen war und sie damit des Mittels der Rückkehr beraubt hatte.

Nun taucht ein anderes Boot auf. In ihm befindet sich ein Gesandter der Jibaros. Er informiert Don Orozco, dass Carlos gefangen genommen wurde. Seine Forderung ist klar und grausam: Gib uns Cumandá, so dass wir sie mit Yahuarmaqui begraben können, wie es der Brauch fordert, und wir geben dir Carlos. Wenn du dem nicht zustimmst, töten wir deinen Sohn. Cumandá trifft eine heroische Entscheidung. Bevor die dem Missionar gewährte Bedenkzeit abgelaufen ist, flieht sie aus der Missionsstation und begibt sich in die Hände der Jibaros. Damit rettet sie das Leben von Carlos.

Aus seiner Gefangenschaft zurückgekehrt, überredet Carlos seinen Vater, mit ihm zu den Jibaros zu fahren. Vielleicht gibt es noch einen Weg, das Opfer Cumandás abzuwenden. Unterwegs finden sie Tongana und Pona an einen Baum gebunden. Die Jibaros hatten sie in Verdacht, die Flucht von Cumandá ermöglicht zu haben und bestraften sie auf diese Weise. Tongana ist dem Tode nahe. Pona enthüllt nun ihre und Tonganas wahre Identität. Tongana ist Tubon, der Anführer der Rebellen, die Orozcos Familie ermordeten. Als er gehängt wurde, riss das Seil. Er wurde für tot gehalten zum Friedhof gebracht, von wo es ihm gelang zu entfliehen. Pona war eine Landarbeiterin und seine Geliebte. Sie hatte Mitleid mit Julia, der Tochter Orozcos, rettete sie vor Tubons Zorn und brachte sie unter dem Namen Cumandá auf. Cumandá ist also die Schwester von Carlos!

Don Orozco erkennt, dass dies der Augenblick ist, Tubon um Vergebung zu bitten. Es ist eine höchst emotionale, geradezu opernhafte Szene, die sich nun abspielt. Er gesteht Tubon, wer er ist. Dieser ist zunächst voller Hass gegen den alten Feind, und es braucht einige Zeit, bis er bereit ist zu vergeben und Orozco ihm in seiner Eigenschaft als Priester die Absolution erteilen kann. Orozcos Suchpartie zieht danach weiter und findet den mumifizierten Körper Cumandás. Die Tote wird nach Andoa gebracht und erhält ein christliches Begräbnis. Bald darauf stirbt Carlos an gebrochenem Herzen. Sein Vater begräbt ihn neben der Schwester. An dem Tag, an dem Carlos stirbt, wird Don Orozco von seinem Orden nach Quito berufen, wo er sein Leben voll Reue und Buße fortsetzen wird. Die christianisierten Zaparos gedenken noch lange des frommen Missionar und seiner liebenswerten und unglücklichen Kinder.

So endet die Liebesgeschichte zwischen Cumandá und Carlos, die sich im Rahmen der politischen und sozialen Konflikte zwischen den Weißen und der Urbevölkerung sowie zwischen Christen und Heiden abspielt. Das Leben der Regenwaldbewohner, deren Welt auf den ersten Blick ein irdisches Paradies zu sein scheint, erweist sich als von denselben Übeln bedroht wie die Welt der dominierenden weißen Oberschicht. Es ist eine Erzählung von Hass und Liebe, von Rache und Vergebung, die alle Volksgruppen umfasst. Der Roman bietet die Vision einer besseren Zukunft.

7.8 Der Mann aus dem Urwald

Nachdem uns die lebensgefährlichen Autobusse von der Region, in der Cumandá und Carlos so romantisch lebten, liebten und starben, heil nach Baños zurückgebracht hatten, besuchten wir das Restaurant El Marques neben dem ältesten Schwefelbad der Stadt. Während der Touristensaison spielten dort viele Musikgruppen vor den Gästen auf. Sie wanderten von Gasthaus zu Gasthaus und blieben nie zu lange, sondern räumten nach einer gewissen Zeit ihren Platz einer anderen Gruppe ein. Auch fliegende Händler mit ihren Bauchladen frequentierten das Restaurant und boten den Gästen ihre Ringe, Ketten, Armbänder und andere Schmuckgegenstände zum Verkauf an.

Ursula kaufte von einem dieser Händler einen Ring. Andere aus unserer Gruppe taten es ihr gleich, und so machte er ein gutes Geschäft. Seine Auswahl war ziemlich eindrucksvoll, und die Preise schienen uns nicht zu hoch zu sein. Interessanter jedoch als seine Waren war seine Geschichte, die er uns in recht gutem Englisch erzählte.

Er hieß Juan und wurde, so behauptete er, im Regenwald geboren. Als Kind sprach er nur die Sprache seines Stammes. Als er siebzehn Jahre alt war, kamen beide Eltern bei einem Flugzeugabsturz ums Leben. Uns war nicht klar, wie es kam, dass Eingeborene des Regenwaldes in einem Flugzeug reisten, doch wollten wir seine Erzählung nicht durch lästige Fragen unterbrechen. Eine Amerikanerin nahm sich seiner an. Sie war eine Missionarin und etwa vierzig Jahre alt. Sie kümmerte sich so sehr um ihn, dass sie ihn nicht nur zum Christen, sondern überdies zu ihrem Liebhaber machte. Abgesehen von den Techniken der Liebe brachte sie ihm auch die englische Sprache bei. Nach einiger Zeit – und hier wurde seine Stimme um einige Noten tiefer, und seine Augen füllten sich mit Tränen – verließ sie ihn und kam nie mehr zurück. Nichtsdestoweniger – und nun sah er wieder fröhlicher aus – war er mit seinem Leben recht zufrieden. Wir alle hatten viel Mitgefühl mit ihm und hofften, dass er bald wieder eine *gringa* finde werde, der er die von der Missionarin erlernten Liebestechniken beibringen könne und die ihm helfen würde, sein Englisch weiter zu verbessern.

Hier war eine moderne Cumandá-Story mit vertauschten Geschlechterrollen. Cumandá war nun ein junger Mann, der Missionar war eine Frau, die nicht von den spanischen *conquistadores* abstammte, sondern aus den Vereinigten Staaten kam. Aber auch in Juans Geschichte treffen die Stammeskultur des Regenwaldes und westliche Zivilisation, Heidentum und Christentum zusammen. Da die USA mitspielen, hat die Erzählung Elemente der Hollywood-Filme angenommen und findet ein weniger trauriges Ende als der Roman von Juan Leon Mera.

San Francisco Kirche in Quito

Die Kletterroute zum Rucu Pichincha

El Cotopaxi

Der Krater des Cotopaxi vom Gipfel aus gesehen

Markt in Otavalo

Der Reisende sieht Dinge, die ihm unterwegs begegnen, der Tourist sieht das, was er sich vorgenommen hat zu sehen. G.K. Chesterton

Kapitel 8: Chile 1997

8.1 Santiago de Chile

Ursula und ich landeten in der Hauptstadt Chiles am 9. Dezember 1997. Da ich einige Monate von meiner Universität freigestellt war, hatten wir viel Zeit zur Verfügung. Unser Plan war, bis Mitte Jänner 1998 im Land herumzureisen. Anfang Jänner 1998 fand eine Konferenz der ALEG, der *Asociación Latina Americana de Estudios Germanísticos*, in Concepción statt, für die ich mich angemeldet hatte. Wir freuten uns darauf, Weihnachten und Neujahr in der Neuen Welt zu verbringen.

Wenn ich von Dublin nach Südamerika fliege, lege ich normalerweise einen Zwischenstopp in Madrid ein. Meistens übernachte ich dort, fliege am folgenden Morgen weiter und bin am späten Nachmittag oder frühen Abend am Ziel. Dies gibt mir die Gelegenheit, einen angenehmen Abend in der spanischen Hauptstadt zu verbringen. In den späten Neunzigerjahren gab es in der Nähe der Plaza Mayor das Restaurant *El Naviego*, das ausgezeichnete Lammkoteletten und *pulpos* servierte.

Dieses Mal aber war der Flugplan anders. Wir kamen um fünf Uhr am Nachmittag in Madrid an und flogen um ein Uhr in der Nacht weiter. Das ließ uns immer noch genug Zeit, unser Stammlokal zu besuchen. Leider fanden wir es geschlossen. Wir aßen in einem anderen Gasthaus, das sich nicht mit El Naviego messen konnte. Auf dem Weihnachtsmarkt in der Plaza Mayor kaufte ich eine Pelzkappe, wie sie Doktor Schiwago getragen hatte. Ich habe sie noch immer.

Zu Mittag des folgenden Tages landeten wir nach einem kurzen Zwischenaufenthalt in Buenos Aires in Santiago de Chile. Das Flugzeug tauchte in dichten Nebel ein, und wir sahen nichts. Plötzlich erhaschten wir einen Blick auf die Anden: Schroffe Felsen mit nacktem Geröll und schmutzigen Schneelöchern ragten in den grauen Himmel. Der Anblick war einigermaßen enttäuschend.

Señor N erwartete uns. Er war ein führendes Mitglied einer Organisation mit dem schönen Namen *Amigos del Todo el Mundo*. Diese Freunde der ganzen Welt halfen Reisenden, in Chile Privatunterkünfte zu finden. Da Zimmer mit Frühstück in Chile damals ziemlich unbekannt war, hatten wir uns vor unserer Abreise aus Europa an die *Amigos* gewendet. Wir wollten einige Tage in einer Privatunterkunft in Santiago verbringen, weil wir hofften, auf diese Weise ein wenig Kontakt zu Einheimischen zu finden. (Ist es nicht der Wunsch jedes Reisenden, die wirklichen Leute des Landes wirklich kennenzulernen?). Wir entnahmen die Adresse der *Amigos* dem *Lonely Planet*, und hier war nun Herr N, mit dem ich korrespondiert hatte, in Person.

Er brachte uns zu seinem VW-Bus und führte uns in die Stadt. Es war stickig heiß, spärliche von der heißen Sonne versengte Grasbüschel ragten aus dem sandigen Boden heraus. Es war früher Sommer. Herr N erzählte uns einiges über unsere Gastgeber und über das Stadtviertel, in dem er uns untergebracht hatte. Er sprach betont langsam, so dass ich ihn leicht verstehen konnte. Er war sich der Tatsache bewusst, dass die Chilenen schnell sprechen und die Wortendungen verschlucken, was es selbst Spaniern schwer macht, sie zu verstehen. Ich war ihm dafür sehr dankbar.

Unsere Unterkunft befand sich in der Avenida Angustias, fünfzehn Gehminuten vom Stadtzentrum entfernt. Maria, unsere Gastgeberin, erwartete uns. Sie war um die dreißig und sehr zierlich. Sie hatte sich einige Stunden von der Arbeit freigenommen, um uns zu empfangen. Wir mussten unser Gepäck in den dritten Stock hinaufschleppen, weil die Häuser in Santiago wegen der häufigen Erdbeben keine Lifte haben dürfen. Unser Zimmer war winzig. Wir verbrachten längere Zeit damit, die Koffer so zu positionieren, dass wir uns ein wenig zwischen dem Bett und den Wänden bewegen konnten.

Unser Reiseplan sah insgesamt sieben Tage in der Avenida Angustias vor: vier Tage nach unserer Ankunft und drei Tage vor unserer Heimkehr. Unsere Gastgeberin erlaubte uns, einen Teil des Gepäcks in ihrer Wohnung zu lassen, so dass wir unbeschwerter im Land herumfahren konnten. Offenbar erwartete sie keine anderen Gäste.

Maria und ihr Mann, den wir später kennenlernten, waren Staatsbeamte und hatten keine Kinder. Ihre Eigentumswohnung bestand aus Wohnzimmer, Esszimmer, zwei Schlafzimmern, einer Küche mit einem Abstellraum und einem Balkon. Da sie nur etwa siebzig Quadratmeter hatte, waren die Zimmer entsprechend klein. Der Haushalt verfügte über alle technischen Einrichtungen, wie Waschmaschine, Geschirrspüler, TV, Mikrowelle usw. Zweimal in der Woche kam eine Putzfrau, die herzlich wenig zu tun hatte. Die meiste Zeit verbrachte sie mit Teetrinken und endlosen Telefonaten.

Obwohl wir vom langen Flug müde waren, spazierten wir ins Stadtzentrum, um uns ein wenig umzuschauen. Nachdem wir Dollars in Pesos umgetauscht hatten, gelangten wir zur Plaza de la Constitución und La Moneda, dem Präsidentenpalast. Fünfundzwanzig Jahre vorher, am 11. September 1973, hatten sich hier schreckliche Szenen abgespielt, die von den Fernsehanstalten aller Länder live übertragen wurden. Niemand, der diese Szenen gesehen hat, kann sie je vergessen. Salvador Allende, der erste demokratisch gewählte marxistische Präsident eines südamerikanischen Landes, wurde vom rebellierenden Militär unter der Führung von General Augusto Pinochet gestürzt und ermordet. Unterstützt wurde der Putsch von der Nixon-Regierung und deren Außenminister Henry Kissinger. Letzterer erhielt ein Jahr später den Friedensnobelpreis, nicht für die Ermordung Allendes, sondern für den Friedensvertrag mit dem Viet Cong, der die amerikanische Niederlage besiegelte.

Ich erinnere mich sehr gut an Allendes letzten Auftritt, den ich im österreichischen Fernsehen gesehen hatte. Von wenigen Getreuen umgeben, stand er auf dem Balkon von La Moneda und winkte einem Häuflein von Menschen auf dem Platz vor dem Palast zu. Bald darauf bombardierte die Luftwaffe den Palast und Sturmtruppen drangen in ihn ein. Unmittelbar nach der Ermordung Allendes und seiner engsten Vertrauten sperrte das Militär tausende Anhänger des gestürzten Präsidenten in ein Fußballstadion. Die meisten verschwanden für immer. Dies war das erste und originale 9/11.

Allendes marxistisches Regime hatte keine Verbrechen gegen die Menschlichkeit begangen, es hatte lediglich den wirtschaftlichen Interessen der USA geschadet. Während diese und ihre Verbündeten alles taten und immer noch tun, die Erinnerung an das zweite 9/11 für alle Zeiten zu bewahren, ist die Mitschuld der USA und ihrer Verbündeten an den Verbrechen des ersten 9/11 beinahe völlig in Vergessenheit geraten. Chile litt siebzehn Jahre lang unter dem brutalen Regime Pinochets, während das Leben in der übrigen Welt unbekümmert seinen Lauf nahm. Der Angriff auf die Twin Towers reizte den amerikanischen Riesen dermaßen, dass er wie wild um sich schlug und Länder angriff, die nichts mit dem Terroranschlag von 2001 zu tun hatten. Die Folge war, dass der Irak zerstört und die gesamte Region ins Chaos gestürzt wurde.

Hier waren wir also vor dem makellos restaurierten Palast. Die Menschen gingen im Park spazieren und sonnten sich auf den Bänken. Alles war friedlich, nichts erinnerte an die Gräuel der Vergangenheit, außer vielleicht, dass mehr Soldaten vor La Moneda postiert waren, als nötig schien. Das Land war zwar bereits vor sieben Jahren zur Demokratie zurückgekehrt, die Situation war jedoch immer noch angespannt. Augusto Pinochet war nach wie vor das Oberhaupt des Militärs. Nun sollte er abtreten. Damit aber würde er seine Immunität verlieren und Gefahr laufen, wegen Verbrechen gegen die Menschlichkeit vor Gericht gestellt zu werden. Seine Anhänger planten daher, ihn zum *senador vitalico* (Senator auf Lebenszeit) zu machen, womit er bis zu seinem Tod vor gerichtlicher Verfolgung sicher sein würde.

Die chilenische Verfassung erlaubt es, demokratisch gewählten Präsidenten nach Ablauf ihrer Amtszeit die Würde eines *senador vitalico* zu verleihen. Salvador Allende hätte diese Ehre verdient, wäre er nicht ermordet worden. Pinochet war nicht durch eine demokratische Wahl, sondern durch einen Putsch an die Macht gelangt. Die Medien berichteten ausführlich über den Fall, und im Fernsehen wurde eifrig über das Für und Wider diskutiert. Jeden Abend konnten wir General Pinochet im Fernsehen sehen. Mit seinem weißen Haar, seiner eleganten Kleidung und dem freundlichen Lächeln sah er nicht aus wie ein Massenmörder, sondern wie ein liebenswürdiger alter Onkel, der Kindern Süßigkeiten anbietet.

Die Tageszeitung *El Sur* veröffentlichte einen von fünf Mitgliedern der Abgeordnetenkammer unterzeichneten Antrag, der von der Mehrheit dieser Kammer angenommen worden war. Die fünf Unterzeichneten waren Mitglieder der *Democracia Cristiana* (der Christlich-Sozialen Partei) und wollten die Ernennung Pinochets zum *senador vitalico* verhindern. Der Wortlaut war wie folgt (übersetzt von mir):

1 In den kommenden Wochen soll General Pinochet nach der Abgabe des Oberkommandos über die Streitkräfte die Position eines Senators auf Lebenszeit annehmen, eine Position, die in der Verfassung von 1980 für jene Personen geschaffen wurde, die der Republik mehr als sechs Jahre als Präsident gedient und die diese Würde in demokratischen und freien Wahlen errungen haben.

2 Diese Voraussetzung hat General Pinochet nicht erfüllt, da er an die Macht kam, nachdem er den verfassungsmäßigen Präsidenten, Doktor Salvador Allende, mit Gewalt gestürzt hatte und damit unser demokratisches System für mehr als 17 Jahre zerstörte.

3 General Pinochet hatte somit das Amt des Präsidenten inne, ohne jemals vom Volk gewählt worden zu sein und nun soll er unter diesen Umständen zum Senator auf Lebenszeit ernannt werden.

4 Niemand kann heute vorschützen nicht zu wissen, dass unter seiner Regierung die Menschenrechte systematisch verletzt wurden, ohne dass General Pinochet bis zu diesem Tag Reue für die während seines Regimes begangenen Taten bezeugt hätte.

5 Unter den zahllosen Chilenen, die von den repressiven Maßnahmen des Regimes betroffen wurden, befanden sich auch drei Abgeordnete, die während des Militärputsches im Amt waren. Es waren das die Abgeordneten Calos Lorca (Valdivia), Vicente Atencio (Arica) und Gastón Lobos (Temuco). Die beiden erstgenannten wurden festgenommen und verschwanden später spurlos, der dritte wurde hingerichtet.

6 Alleine aufgrund dieser drei Fälle ist General Pinochet moralisch ungeeignet, die Würde eines Senators auf Lebenszeit anzunehmen. Es kann nicht sein, dass jemand, der einem Regime vorstand, das drei Abgeordnete hinrichten oder verschwinden hat lassen, ungestraft eine Würde in unserem National-Kongress bekleidet, die ihn vor Strafe schützt.

7 Andererseits unterminiert die Anwesenheit General Pinochets im Senat nicht nur weiter die Souveränität des Volkes, sondern schafft darüber hinaus ein Klima, das der Versöhnung der Chilenen untereinander und der Wiederherstellung des Vertrauens zwischen der Zivilbevölkerung und dem Militär nicht förderlich ist.

8 Außerdem wirkt sich seine Anwesenheit zweifellos sehr nachteilig auf den internationalen Ruf unseres Landes, insbesondere seiner Legislative, aus.

9 Aus den oben dargelegten Gründen und besonders im Interesse sowohl der Wiedergutmachung als auch der Erinnerung an die drei während der Militärherrschaft ermordeten Abgeordneten sind wir der Meinung, dass die Abgeordnetenkammer die moralische Pflicht hat, deutlich zu machen, dass sie die Ernennung des Generals Pinochet zum Senator auf Lebenszeit ablehnt.

10 Aus den oben angeführten Gründen nimmt die ehrwürdige Abgeordnetenkammer den folgenden Antrag an:

Antrag:

Die Ehrwürdige Abgeordnetenkammer ist damit einverstanden, ihre Zurückweisung und Ablehnung der Erhebung des Generals Augusto Pinochet zum Senator auf Lebenszeit deutlich zu machen. Sie betrachtet seine Anwesenheit im Senat als nicht hilfreich für die Versöhnung der Chilenen untereinander und für die Wiederherstellung des Vertrauens zwischen der Zivilbevölkerung und dem Militär und als schädlich für das internationale Ansehen Chiles und insbesondere der seiner Legislative.

Wie leider zu erwarten, wischte man diese klaren und überzeugenden Argumente beiseite und Pinochet wurde 1998 Senator auf Lebenszeit.

Als Pinochet 1998 Großbritannien besuchte, wurde er sechzehn Monate lang unter Hausarrest gestellt, während ein Auslieferungsverfahren an Spanien lief. Ein spanischer Richter wollte ihn vor Gericht stellen, da er während seiner Diktatur auch spanische Staatsbürger hatte ermorden lassen. Die britische Regierung verweigerte schließlich die Auslieferung und ließ ihn im März 2000 nach Chile zurückkehren. Als Grund führte man seine zerbrechliche Gesundheit an. So schlecht kann diese nicht gewesen sein, jedenfalls lebte er noch weitere sechs Jahre. Ganz ungestört konnte er die Früchte seiner Verbrechen allerdings nicht genießen, da man ihn in seiner Heimat noch mit mehreren Versuchen belästigte, ihn für seine Taten zur Verantwortung zu ziehen. Alle diese Versuche waren freilich vergeblich. Am 10. Dezember 2006 starb er im Alter von 91 Jahren.

Von La Moneda wanderten wir weiter zur Plaza de las Armas. Dort befindet sich die Statue eines Indianers, dessen Kopf neben seinem Körper liegt. Sie soll an die Grausamkeiten erinnern, die der indigenen Bevölkerung von den weißen Eroberern zugefügt wurden. Überall auf der Welt werden an vergangenes Unrecht erinnernde Monumente errichtet, wenn es für Wiedergutmachung längst zu spät ist.

Auf der Plaza de las Armas herrscht Redefreiheit ähnlich wie im Londoner Hyde Park. Sie wird vor allem von Angehörigen religiöser Sekten genutzt. Seit dem Ende der Militärdiktatur hat die katholische Kirche in Chile einen großen Teil ihrer Anhänger verloren. Zu oft hatte sie mit den herrschenden Mächten kollaboriert, egal wie übel diese waren. Das von der katholischen Kirche hinterlassene Vakuum wurde sehr schnell von allen möglichen obskuren protestantischen Sekten gefüllt. Einer der Prediger auf der Plaza de las Armas schien unter schrecklichen Konvulsionen zu leiden. War es seine Religion, die diese furchterregenden Zuckungen seines Körpers auslöste, oder litt er an Epilepsie? Wenn es seine Religion war, schien es ratsam, sich von ihr fernzuhalten.

Unser erster Eindruck von Santiago de Chile war etwas enttäuschend. Vielleicht hatten wir erwartet, viele historische Gebäude aus der spanischen Kolonialzeit zu sehen. Die häufigen Erdbeben schienen alle historische Patina vernichtet zu haben. Die Menschen sahen europäisch aus, die meisten waren formell gekleidet und trugen Brieftaschen. Das Herumstreunen hatte uns hungrig gemacht und wir hielten Ausschau nach Restaurants. Pizza Hut, Burger Kings und ähnliche Geschmacksverirrungen beherrschten die Szene. Wir fragten einen Passanten, wo die guten Restaurants seien, und er empfahl uns, den Barrio Brasil aufzusuchen. Seiner Visitenkarte, die er uns überreichte, entnahmen wir, dass er Direktor einer *pre-universitario* Schule war. Wir befolgten seine Empfehlung und aßen recht angenehm im Club Peruano.

Um neun Uhr am Abend kehrten wir in unsere Privatunterkunft zurück und lernten Marias Ehemann kennen. Ursula war müde und ging zu Bett. Ich trank mit unseren Gastgebern eine *pisco sour*. Pisco ist der nationale chilenische Schnaps. Er wird aus den Überresten der durch die Weinpresse hindurchgegangenen Trauben destilliert, ist also eine Grappa. Pisco Sour wird aus Pisco, Limettensaft, Zucker und Eiweiß hergestellt. Die Zubereitung ist dieselbe wie für einen Whisky Sour, nur dass der Whisky eben durch Pisco ersetzt wird. In den meisten Ländern Südamerikas wissen die Barmixer, wie man einen Cocktail herstellt. Sie würden es sich nicht einfallen lassen, dem Kunden einen fertig gemischten Cocktail anzubieten, sondern sie mischen und rühren oder schütteln die Margeritas, Caipirinhas, Pisco Sours usw. vor den Augen des Gastes. Das Essen in den Restaurants mag mitunter zu wünschen übrig lassen, die Cocktails entschädigen einen dafür. Ich erzählte Maria und José von unseren ersten Eindrücken und erwähnte vorsichtig die Debatten um Augusto Pinochet. Sie nannten ihn Pinoccio, und in der Tat, dies war sein Spitzname, den wir hinfort häufig auf Hausmauern aufgesprüht sahen.

Am folgenden Morgen fuhren wir mit der U-Bahn zu La Moneda. Als wir uns der Station näherten, erblickten wir etwas, das wie ein riesiger Misthaufen aussah. Näher kommend bemerkten wir, dass der Haufen aus Decken, Fetzen und alten Kleidern bestand. Ganz oben lagen zwei Leute, ein Mann und eine Frau, in tiefen Schlaf versunken. Es war halb elf Uhr.

Von La Moneda wanderten wir den Río Mapocho entlang zum Cerro Santa Lucia. Dies ist ein Hügel inmitten der Stadt, von dem aus man einen eindrucksvollen Rundblick genießen kann. Wir kamen bei einer Statue vorbei, die einen wilden Indianer darstellte und danach bei der Begräbniskapelle von Benjamin Vicuña McKenna, einem bedeutenden Intellektuellen und Journalisten baskischer und irischer Abstammung, der im neunzehnten Jahrhunderts gelebt hatte. Von der Aussicht waren wir wie von so viel anderem in Santiago enttäuscht. Da die Stadt meistens von einer Dunstwolke aus verschmutzter Luft bedeckt ist, sind die Anden nur alle heiligen Zeiten sichtbar. Wir sahen sie nicht.

Auf dem Rückweg sprachen uns einige junge Leute an, die Geld für ihre Universität sammelten. Sie behaupteten, dass die Uni unter Pinochet privatisiert worden sei und sich nun in finanziellen Nöten befinde. Wir erinnerten uns, gestern auf der Plaza de las Armas von angeblichen Studenten dieselbe Geschichte gehört zu haben und fragten uns, ob das Ganze vielleicht ein Schwindel sei.

Als wir von der U-Bahnstation zu unserer Unterkunft gingen, kamen wir wieder bei der misthaufenähnlichen Wohnstätte vorbei. Das Paar war nun wach. Die Frau saß auf dem Gehsteig und bereitete Tee zu, der Mann war damit beschäftigt, nützliche Dinge einzusammeln: Holzstücke, Plastikgegenstände usw. Wir sahen die beiden von nun an jeden Tag während unseres Aufenthalts in der chilenischen Hauptstadt.

8.2 Viña del Mar am Wahltag

Am 11. Dezember 1997 fanden Parlamentswahlen statt. Büros und Geschäfte waren geschlossen. Wir nützten den Tag für einen Ausflug nach Viña del Mar. Die Busfahrt von Santiago führt durch eine hügelige Landschaft und durch Weingärten und dauert eineinhalb Stunden. Viña del Mar liegt, wie der Name verrät, am Meer und war um die Wende vom neunzehnten zum zwanzigsten Jahrhundert eine reiche Stadt. Die Quelle des Reichtums waren die Salpeterminen, deren Besitzer, die sogenannten Salpeterbarone, sich wunderschöne Villen erbauen ließen. Als die Deutschen den Kunstdünger erfanden, war es mit dem Reichtum der Barone zu Ende. Heute ist Viña del Mar wieder ein wohlhabendes Städtchen, das vom Tourismus und von den reichen Leuten der Hauptstadt lebt, die dort ihre Wochenendhäuser besitzen.

Auf den öffentlichen Plätzen waren Tische und Stühle aufgestellt. Vor jedem Tisch saß ein Beamter, der die Registrierung für die Wahl vornahm, und neben ihm ein Soldat. Die Soldaten hatten die Aufgabe, dafür zu sorgen, dass alles ordnungsgemäß verlief. Es war nun Mittagszeit, und wir bekamen allmählich Hunger. Wir machten uns auf die Suche nach einem Restaurant und mussten erfahren, dass alle Gaststätten wegen der Wahl geschlossen waren. An Wahltagen herrscht in Chile ein strenges Alkoholverbot, und die beste Methode sicherzustellen, dass nichts getrunken wird, ist es, alle Gasthäuser den ganzen Tag zuzusperren. Wehmütig dachte ich an Ecuador, wo der Konsum von Alkohol an Wahltagen ebenfalls verboten ist, die Restaurants jedoch geöffnet bleiben. Die ecuadorianischen Wirte ignorieren das Alkoholverbot und stellen die Weinflasche diskret unter den Tisch. Chile ist da viel gründlicher. Nicht umsonst hat es den Ruf, das Preußen Südamerikas zu sein.

Nach einiger Zeit fanden wir einen Stand, der *empanadas* verkaufte. Das sind mit Fleisch, Fisch oder Gemüse gefüllte Pölsterchen aus Teig. Da diese Stände keine Alkohollizenz hatten, durften sie offen bleiben. Ursula kaufte eine mit Fleisch gefüllte Empanada, meine enthielt Meeresfrüchte. Beide waren ungenießbar und wir verfütterten sie an streunende Hunde, von denen es damals in den chilenischen Städten wimmelte. Da wir immer noch Hunger hatten, probierten wir es mit *palmeras*. In meiner Kindheit hießen sie in Österreich wegen ihrer Form Schweinsohren, sie haben aber nichts mit Schweinen zu tun, sondern sie sind aus einem in Fett herausgebackenen süßen Teig geformt. Die Palmeras schmeckten noch schlechter als die Empanadas. Ich bot meine einem Hund an, der sie kurz beschnüffelte und dann voller Verachtung den Kopf abwendete.

Wenn man länger nichts isst, vergeht der Hunger, zumindest für eine kleine Weile. Wir beschlossen nun, das *Casa de la Cultura* zu besuchen. Dieses ist eines der prächtigsten der von den Salpeterbaronen erbauten Villen. Heute dient es als Museum. In dem kleinen Park davor steht eine Skulptur von Rodin. Leider war das Haus nicht geöffnet. Eine ältere weißhaarige Dame bemerkte unsere Enttäuschung und sprach uns an. Sie war sehr freundlich und erzählte uns von den Salpeterbaronen, deren Reichtum dahinschmolz, als der Kunstdünger auf den Markt kam. Auf unsere Frage, warum das Haus der Kultur heute geschlossen war, antwortete sie, dass dies wegen der Wahlen sei. In welcher Weise könne ein Museum die Wahlen derart gefährden, dass man es zusperren muss, wollte ich wissen. Die freundliche alte Dame erklärte, dass nicht genügend Soldaten vorhanden seien, den Wahlprozess *und* die Museen zu schützen, weshalb es notwendig sei, die letzteren zu schließen. Ich war immer noch nicht überzeugt und wollte wissen, ob es wirklich der geballten Macht des gesamten Militärs bedürfe, um den friedlichen Ablauf der Wahlen zu garantieren. Vor wem schützen uns denn die Soldaten? „Vor den Terroristen" kam prompt die Antwort. „Gibt es so viele Terroristen", wagte ich zu fragen. „Heute nicht", erwiderte sie, „aber in der Vergangenheit gab es viele. Das Land befand sich damals im Chaos, denn die Kommunisten versuchten, die Macht zu übernehmen. Die Armee musste eingreifen und die Ordnung wieder herstellen." Auf diese Weise sprach sie weiter. Sie war wirklich freundlich. Schließlich sagten wir höflich *adios* und gingen weiter.

Am Abend waren wir wieder in Santiago. Unser Hunger war nun unbezwingbar geworden. Die Türen eines McDonald's standen offen. Das war legal, denn die Behörden konnten sicher sein, dass die McDonald's nie und nimmer Alkohol ausschenken. Wir bestellten Hamburger mit Chips. Die Hamburger kamen ohne Chips. Wir bestellten die Chips wieder. Nach längerer Zeit wurden sie gebracht, aber sie waren kalt. Nun wurden wir ungehalten und beschwerten uns beim Manager. Dieser entschuldigte sich ausgiebig und bot uns Hamburger an, für die wir nicht bezahlen mussten. Diesmal kamen sie mitsamt den Chips.

8.3 Die Panamericana: Weihnachten und Silvester in Chile

La Carretera Panamericana, *Pan-American Highway* auf Englisch, auf Deutsch meistens als Panamericana bekannt, beginnt in Prudhoe Bay in Alaska und führt durch Kanada, die USA, Mexiko, Zentralamerika, Kolumbien, Ecuador, Peru, Chile und Argentinien. Bei Valparaiso nördlich von Santiago de Chile teilt sie sich. Die östlich verlaufende Route führt über Buenos Aires in den Süden bis Ushuala in Patagonien. Wenn man von Valparaiso weiter in südlicher Richtung reist, kommt man nach Puerto Montt und endet in Quellon auf der südlichen Spitze der Halbinsel Chiloe.

In meiner Schulzeit hatte ich einen Dokumentarfilm über die Panamericana gesehen, der einen großen Eindruck auf mich machte. Der Film beschrieb sie als eine der *Traumstraßen der Welt*, da sie durch eine unglaubliche Vielfalt von Kulturen und Landschaften führte. Ich träumte davon, sie in ihrer Gänze zu bereisen. Es war einer meiner vielen Träume, die nie verwirklicht wurden.

Aber ich habe immerhin Abschnitte der Panamericana kennengelernt. Die große den Norden und Süden Ecuadors verbindende Verkehrsader ist ein Teil von ihr. In Ecuador mag die Bezeichnung *Highway* zu großartig sein, denn meistens ist sie, oder war sie wenigstens, als ich dort war, eine holperige Straße voller Schlaglöcher. Anders ist es in Chile. Dort ist sie ein wirklicher Highway, breit und mit gutem Straßenbelag, so dass wir in den luxuriösen Überlandbussen kaum merkten, dass wir uns bewegten. Allerdings ist sie die einzige gute Überlandstraße Chiles, die durch dieses lange und sehr schmale Land (die maximale Breite ist lediglich 140 km!) führt. Sobald man sie verlässt, fährt man zumeist auf Lehm oder Schotter.

Wir nahmen den Überlandbus und fuhren auf der Panamericana von Santiago in Richtung Süden nach Chillán. Bernardo O'Higgins, der als *libertador* (Befreier) Chiles gefeiert wird, kam dort auf die Welt. Er war der Sohn des in Sligo (Irland) geborenen Ambrosio Bernardo O'Higgins. Dieser wurde, nachdem er nach Südamerika ausgewandert war, zuerst Bürgermeister der Stadt Concepción, später Gouverneur von Chile (1788 – 1796) und schließlich Vizekönig von Peru (1796 – 1801). Bernardo war sein uneheliches Kind. Die Mutter, Isabel Riquelme, eine bekannte Dame aus Chillán, konnte Ambrosio nicht heiraten, weil es spanischen Beamten verboten war, Einheimische zu ehelichen. Bernardo spielte eine wichtige Rolle im Unabhängigkeitskrieg gegen Spanien.

Nach einer fast siebenstündigen Autobusfahrt kamen wir in Chillán an und checkten im Hotel Libertador ein. Danach wollten wir das Geburtshaus von Bernardo O'Higgins besuchen, mussten jedoch erfahren, dass es nicht mehr existierte. An seiner Stelle stand die Statue eines kriegerischen Reiters vor einem eindrucksvollen Wandgemälde, welches die Schlacht von Roble darstellte. Diese Schlacht, in der chilenische Patrioten die Spanier aus Chillán vertrieben, fand am 17. Oktober 1813 statt. Bernardo trug entscheidend zum Sieg bei.

Am 14. Dezember setzten wir unsere Reise in den Süden fort. Wir kamen nach Temuco, einem ziemlich uninteressanten Ort, der aussieht wie viele langweilige Städte irgendwo in den Vereinigten Staaten. Am folgenden Morgen mieteten wir ein Auto und fuhren nach dem dreißig Kilometer entfernten Chol-Chol, einem von Maipuche-Indianern bewohnten Ort. Die Straße war fürchterlich, die Vegetation üppig und exotisch, und wir sahen vor Pflüge und schwere Karren gespannte Ochsen, wie ich sie seit meiner Kindheit nicht mehr gesehen hatte.

Auf dem Rückweg nahmen wir einen jungen Mann im Auto mit. Er erzählte uns, dass er als Psychologe in Schulen in der Nähe von Chol-Chol und Temuco arbeitete, dass er Mauricio hieß und dass seine Braut (*novia*) etwas über zwanzig Jahre alt und im siebenten Monat schwanger war, und dass sie in der Nähe unseres Hotels bei seinen Eltern wohnten. Wir fragten ihn, wo wir gut essen könnten, und er empfahl ein Restaurant, das *platos tipicos* wie z.B. Empanadas und Humitas servierte. Wir kehrten am Abend dort ein. Leider gab es weder Empanadas noch Humitas.

Zwei Tage darauf fuhren wir zu einem *refugio* am Fuß des über dreitausend Meter hohen Vulkans Llaima. Da er von Schnee und Eis bedeckt war und wir über keine entsprechende Ausrüstung verfügten, bestand keine Möglichkeit, ihn zu besteigen. Dennoch hofften wir, eine kleine Wanderung unternehmen zu können. In einem Dorf namens Vilcun hielten wir bei einem Touristenbüro an, um uns nach Wandermöglichkeiten zu erkundigen. Während die Dame in dem Büro versuchte, uns zu überreden, nicht nach Temuco zurückzufahren, sondern in Vilcun zu bleiben, kam ein Deutscher herein und informierte uns, dass er *cabañas* (Ferienhäuser) komplett mit Sauna, Pferden und Mountain-Bikes vermiete. Da seine Preise ziemlich geschmalzen waren, versprachen wir, darüber nachzudenken, baten ihn aber zunächst um Wandervorschläge. Er schlug eine leichte Route vor, auf der man sich nicht verirren konnte, und wir versprachen, nach unserer Rückkehr seine *cabañas* zu besichtigen.

Sein Vorschlag erwies sich als sehr gut. Die Route führte Hochspannungsmasten entlang in Richtung des Vulkans. Die spektakuläre Aussicht wurde durch die Masten und durch die Schilifte etwas beeinträchtigt, aber die Wanderung lohnte sich durchaus. Wir fragten uns, was unseren deutschen Freund nach Chile gebracht haben könnte. Wir schätzen ihn auf Mitte vierzig. Er hatte uns erzählt, dass er 1982 nach Chile gekommen war und seitdem nur einmal Deutschland besucht hatte. Er war damals höchstens drei-ßig Jahre alt gewesen und Pinochet war an der Macht. Wir hatten keine Gelegenheit ihn zu fragen, denn als wir von unserer Wande-rung zurückkehrten, war es zu spät, und wir zogen es vor, in unser Hotel in Temuco zurückzukehren.

Zum Abendessen gingen wir in den *Club Aleman*, den Deut-schen Club. In der Mitte des neunzehnten Jahrhunderts waren vie-le Deutsche und Österreicher nach Chile ausgewandert. Sie wur-den von der Regierung angeworben und erhielten Land zur Kulti-vierung. Die klimatischen und geographischen Verhältnisse im Süden Chiles sind denen im Schwarzwald und in den österreichi-schen und bayrischen Alpen einigermaßen ähnlich. Noch heute gibt es viele Fachwerkbauten und Häuser mit alpinem Charakter, in denen deutsch aussehende Menschen wohnen. Sie haben Namen wie José Müller oder Gonzalo Mayer, aber die wenigsten von ihnen sprechen noch Deutsch. Das Innere der Clubs gleicht süddeutschen und österreichischen Gasthäusern, in denen Schank und Stamm-tisch nicht fehlen.

Der Club Aleman war den Besuch wert. An der Schank bestell-ten wir den üblichen Pisco Sour. Wie immer bereitete ihn der Bar-mann vor unseren Augen zu. Das Rezept verlangt, dass eine kleine Portion Eiklar in die Mischung gegossen wird. Anstatt das Ei ent-zwei zu schlagen und Dotter und Eiklar zu trennen, bohrte der Barmann ein Loch in das Ei und ließ etwas flüssiges Eiklar heraus-rinnen. Ich fand das sehr praktisch und tue das nun immer, wenn ich einen Pisco oder Whisky Sour für meine Gäste mische. Das Abendessen bestand aus *Kassler Rippchen und Sauerkraut*, dazu tranken wir ein deutsches Bier. Wir waren überaus zufrieden.

Auf dem Weg von Temuco in Richtung Pucón im chilenischen Seengebiet fuhren wir am 17. Dezember bei der Stadt Villarica vor-bei. Auf halbem Weg zwischen Villarica und dem in der Nähe des *Lago Villarica* liegenden Pucón sahen wir ein Schild, auf dem *cabañas* zum Vermieten angeboten wurden. Wir wussten seit unse-rer Begegnung mit dem deutschen Auswanderer, was eine *cabaña* ist, und folgten dem Wegweiser. Inmitten eines kleinen Wäldchens befand sich eine Gruppe von malerisch um einen Swimming Pool gruppierten Ferienhäusern. Da es Nebensaison war, konnten wir eine *cabaña* um den lächerlichen Preis von zwölf Dollars pro Tag mieten. Das Häuschen war komfortabel und bestens eingerichtet, und wir beschlossen, Weihnachten dort zu verbringen. Der Villarica See war nur einige hundert Meter entfernt, zum Fuß des rauchenden *Volcán Villarica* und ins Zentrum von Pucón waren es fünfzehn Minuten mit dem Auto. Außerdem gab es zahlreiche Wandermöglichkeiten in der näheren Umgebung.

Am Abend saßen wir beim Pool, tranken einige Pisco Sours und rauchten kleine Montecristo-Zigarren. Die Besitzerin der Ferienhäuser hatte zwei Pudelweibchen, Mutter und Tochter. Bini war die Mutter, und die Tochter hieß Pancha. Pancha stieß mich mit der Schnauze solange an, bis ich ihr Steine zuwarf, die sie fing. Sie konnte von diesem Spiel nie genug bekommen. Eine streunende Katze kam in unser Haus und machte es sich bequem. Sie wurde jeden Tag zutraulicher, weil Ursula sie mit *Whiskas* fütterte. Vor unserem Schlafzimmerfenster stand ein Tannenbaum, auf dem sich jeden Abend ein Hahn und eine Henne zum Schlafen niederließen. Sie benützen jedes Mal denselben Zweig. Am Morgen weckte uns der Hahn mit seinem Krähen auf.

Den folgenden Tag fuhren wir zum *Lago Caburga* und mieteten ein Tretboot. Von der Mitte des Sees hatten wir einen wunderbaren Blick auf den Vulkan Villarica, dessen nahezu dreitausend Meter hoher Gipfel schneebedeckt war. Ungefähr alle zehn bis fünfzehn Minuten stieg von seinem Krater ein kleines Rauchwölkchen auf.

Am Freitag den 19. Dezember besuchten wir den östlich von Pucón gelegenen *Huerquehe National Park* und unternahmen eine fünfeinhalbstündige Wanderung. Der Weg führte durch dichte Wälder und entlang mehrerer kleiner Bergseen: *Lago Tinquilco, Lago Chico, Lago Verde* un *Lago El Toro*. Der schneebedeckte Vulkan war von fast überall zu sehen. Auf dem Weg zurück zu unserer Feriensiedlung nahmen wir eine junge Frau aus den Niederlanden im

Auto mit. Sie war seit fünf Wochen allein in Argentinien und Chile unterwegs. Vor ein paar Tagen hatte sie den Vulkan Villarica bestiegen. Von ihrem Mut inspiriert, beschloss ich, so bald wie möglich auf diesen Berg zu steigen. Wir machten in Pucón Halt, ich reservierte im Adventure Centre einen Platz in einer Gruppe, die am nächsten Morgen zum Gipfel aufbrach, und wählte die im Preis mitinbegriffene Ausrüstung (Bergschuhe, Steigeisen, Eispickel und Bergkleidung) aus. Ursula zog aus dem, was sie sah, den Schluss, dass die Besteigung des Villarica mehr war als ein harmloser Spaziergang und entschied sich für einen Ruhetag beim Schwimmbecken. Als wir wieder in unserer *cabaña* waren, gesellte sich ein Kater zu uns. Wir bemerkten, dass die Katze, die seit einigen Tagen bei uns wohnte, schwanger war.

Am Samstag stieg ich auf den Villarica. Die Bergführer teilten uns in zwei größere Gruppen von je fünfzehn und eine kleinere Gruppe von zehn Leuten. Die größeren Gruppen nahmen einen Sessellift und sparten sich damit ein Drittel des Wegs, die kleinere Gruppe ging den gesamten Weg zu Fuß. Ich schloss mich der kleineren Gruppe an. Sie bestand aus vier Israelis, einem Schweizer Ehepaar, einem schwedisch-chilenischen Ehepaar, einem jungen Amerikaner und mir. Der Amerikaner war in Ecuador gewesen und hatte den Cotopaxi bestiegen. Wir tauschten Reminiszenzen über mein südamerikanisches Lieblingsland aus.

Nach einem nebeligen Start brach die Sonne durch, und es wurde ein Tag fürs Bilderbuch. Je näher wir dem Gipfel kamen, umso wärmer wurde der Boden, und der Schwefelgeruch wurde intensiver. Die Spitze des Berges existiert nicht mehr. Sie war vor langer Zeit explodiert und hatte einem enormen Krater Platz gemacht, aus dem Rauch aufstieg, sodass man nicht auf den Grund sehen konnte. Der Schwefelgeruch war schwer zu ertragen. Einige Leute trugen Gasmasken und sahen wie Krieger im Ersten Weltkrieg aus. Vom Gipfel des Villarica hatten wir einen unbeschreiblichen Rundblick. Etwa fünfzig Kilometer entfernt, jenseits der argentinischen Grenze, ragte der 3.776 m hohe Vulkan Lanín in den blauen Himmel. Um halb fünf am Nachmittag waren wir alle zurück in

Pucón, und bald darauf war ich wieder in unserem Ferienhäuschen. Nachdem ich mich im Schwimmbecken abgekühlt hatte, war es Zeit für einen Piso Sour und eine Zigarre. Bevor wir schlafen gingen, wünschten wir unserem gefiederten Pärchen auf dem Tannenbaum eine gute Nacht.

Die Tage vor Weihnachten sonnten wir uns an den Stränden des Lago Villarica und des Lago Caburga und unternahmen Autofahrten in die Umgebung. Einmal nahmen wir zwei junge Frauen mit, die wir zuerst für Chileninnen hielten, die sich jedoch als Israelis entpuppten. Sie waren seit Monaten in Südamerika unterwegs. Ich muss gestehen, dass ich sie beneidete. Ein anderes Mal sahen wir in der Nähe der Grenze zu Argentinien einen sehr sorgfältig gekleideten Mann (Anzug, Krawatte, Lackschuhe) auf einer einsamen und staubigen Straße dahinwandern. Er signalisierte, dass er eine Mitfahrgelegenheit wünschte, und wir nahmen ihn bis zum nächsten Dorf mit. Er war ein Zeuge Jehovas und wie alle seine Glaubensbrüder höchst motiviert.

Schon öfters hatten wir den Boom vieler nordamerikanischer protestantischer Sekten in Chile bemerkt. Ihre Versammlungshallen waren voller begeisterter Menschen, die aus vollem Hals und Herzen ihre Hymnen sangen und viel Freude dabei hatten. Im Gegensatz dazu waren die katholischen Kirchen leer. Wahrscheinlich war dies eine Folge der Militärdiktatur. Die Menschen hatten sich von der Kirche abgewendet, die das brutale Regime Pinochets unterstützt hatte. Das war freilich nicht das erste Mal gewesen, dass die katholische Kirche der unterdrückten Bevölkerung Schutz und christliche Nächstenliebe verweigert hatte. Seit dem späten 18. Jahrhundert war sie immer wieder auf der Seite der *anciéns régimes* gegen die von diesen unterdrückte Bevölkerung vorgegangen. Auf diese Weise verlor sie im 19. und frühen 20. Jahrhundert die Arbeiterklasse an die Sozialisten und Kommunisten. Auch danach lernte sie nichts von ihren Fehlern und setzte weiterhin beharrlich auf die falschen Pferde: Franco, Hitler und die schauerlichen Diktaturen Zentral- und Südamerikas.

Am Abend vor dem Schlafengehen saß der Hahn alleine auf seinem Zweig. Die Henne war, so erzählte uns die Besitzerin am nächsten Morgen, in den Suppentopf gewandert. Wir trauerten mit unserem Hahn, der nun ein Witwer war.

Am 24. Dezember füllte sich unsere Feriensiedlung mit Gästen. Die Bäume unseres Wäldchens waren mit elektrischen Birnen versehen worden und leuchteten weihnachtlich. Dennoch kam keine wirkliche Weihnachtsstimmung auf, weil die sommerlichen Temperaturen nicht zu dem passten, was wir uns unter Weihnachten vorstellten. Bevor wir uns zum Abendessen setzten, leerten wir beim Pool mit einem internationalen Ehepaar eine Flasche Sekt. Der Mann war Schwede und seine Frau Finnin. Eine der beiden Töchter, die sie begleiteten, war adoptiert und stammte aus Chile.

Am 28. Dezember war es Zeit, unsere freundliche Feriensiedlung zu verlassen. Wir verabschiedeten uns von Bini und Pancha, dem Kater, der schwangeren Katze und dem verwitweten Hahn und fuhren nach Puerto Montt. Das Wetter hatte sich verschlechtert, es regnete wie im Salzkammergut. Puerto Montt ist als Regenloch bekannt. Meine Erinnerungen an diese Stadt sind undeutlich, ich weiß nur mehr, dass alles vor Nässe triefte.

Beim Abendessen kamen wir ins Gespräch mit zwei Damen aus den Vereinigten Staaten. Sie hatten einen Platz auf einem Frachtschiff nach Puerto Natales in Patagonien reserviert, das am Morgen des nächsten Tages die Anker lichtete. Eine Kreuzfahrt von Puerto Montt nach Patagonien schien eine aufregende Sache zu sein. Eine andere Möglichkeit, nach Patagonien zu gelangen, ist es, mit dem Auto die 1240 km lange *Carretera Austral* bis Villa O'Higgins zu fahren. Von Villa O'Higgins aus muss man den Rest des Wegs bis zum südlichsten Punkt des amerikanischen Kontinents mit dem Schiff zurücklegen. Eine bessere Straße nach Patagonien führt über Argentinien. Die Carretera Austral (wörtlich: Südautobahn) ist jedoch zweifellos abenteuerlicher. Sie wurde während der Diktatur Pinochets errichtet. Auf weite Strecken ist sie alles andere als eine Autobahn. Meistens ist sie eine Schotterstraße, und Tankstellen gibt es nur sehr wenige. Es wird empfohlen, einen Jeep mit Vierradantrieb zu mieten und einige Kanister Diesel oder Benzin mitzunehmen. Die Carretera Austral zählt wohl zu den großartigsten Autoreisen der Welt. Sie führt an Gletschern und Fjorden vorbei, und man muss mehrere Meeresengen mit Fähren überqueren. Auch sie gehört zu meinen unverwirklichten Träumen. Wir konnten der Versuchung nicht widerstehen, die Carretera Austral ein Stück entlang zu fahren. Nach etwa fünfzig Kilometern mussten wir einsehen, dass ihr unser Auto nicht gewachsen war.

Das Abendessen nach unserer kurzen Erkundungsfahrt auf der sogenannten „Südautobahn" nahmen wir im *Club Aleman* ein. Nach zwei potenten Margeritas aßen wir eine herrliche Fischplatte und tranken dazu eine Flasche chilenischen Weißweins. Eine Fernsehcrew war anwesend. Sie drehte einen Film über die Neujahrsfeiern in Puerto Montt. Alle Gäste wurden aufgefordert, sich zu verhalten, als ob bereits Silvester wäre. Wir hatten die Ehre, kurz interviewt zu werden, und vielleicht erschienen wir später im chilenischen Fernsehen. All das war höchst vergnüglich, und wir freuten uns auf den richtigen Silvesterabend, den wir in zwei Tagen in Castro auf der Insel Chiloe zu feiern gedachten.

Am 30. Dezember verließen wir Puerto Montt bei wunderbarem Wetter und setzten mit der Autofähre auf die Insel Chiloe über. Unser Hotel in Castro war komfortabel, es gab außer uns nur wenige Gäste. Am letzten Tag des Jahres 1997 fuhren wir nach Quellon im Süden der Insel bis zum Ende der chilenischen Variante der Panamericana. Von dort aus hatten wir eine verlockende Aussicht auf die schneebedeckten Berge entlang der Carretera Austral. Am Abend zogen wir unsere besten Gewänder an und schritten erwartungsvoll in das Hotelrestaurant. Alles war in Dunkelheit, und kein Mensch war zu sehen. Schließlich erschien die Besitzerin und teilte uns mit, dass das Restaurant heute geschlossen sei. Als sie die Panik in unseren Gesichtern bemerkte, empfahl sie das Gasthaus *Palafito* und erbot sich, uns dorthin zu fahren.

Palafito war leer. Der Kellner hatte offensichtlich bereits zu viel getrunken und bewegte sich auf bedenklich schwankenden Beinen. Wir wollten wissen, was für *cocteles* er uns anbieten könne. Das Wort *coctel* schien ihm unbekannt zu sein. Immerhin verstand er *aperitivo*. Ich habe vergessen, ob wir *aperitivos* bestellten, doch erinnere ich mich an die Krabbe, die er uns servierte. Sie war lauwarm und ohne Geschmack. Nach dem Essen wollten wir ein Taxi rufen, aber da keines zu haben war, mussten wir zu Fuß ins Hotel zurückkehren. Ursula zog ihre Schuhe aus, um sie nicht auf dem holprigen und löcherigen Pflaster zu beschädigen. In unserem Hotelzimmer schalteten wir den Fernseher ein und sahen das Silvesterfeuerwerk in Valparaiso. Es war offenkundig, dass wir am falschen Ort waren. Wir öffneten eine warme Flasche Coca Cola, schütteten etwas Pisco hinein und begrüßten das Neue Jahr.

Lago Caburga mit Vulkan Villarica

Abenteuer ohne Risiko ist Disneyland. Doug Coupland

Kapitel 9: Venezuela 2000

9.1 Caracas: Ein höheres Chaos

1975 war Caracas eine der teuersten Städte der Welt und glücklich und chaotisch. Neue Gebäude und breite Autobahnen sprangen überall aus dem Boden, und Geld wurde für jeden möglichen Luxus ausgegeben. Es gab Bars, Banken, Restaurants und Hotels für Liebespaare an jeder Ecke, und die Straßen waren mit den neuesten Automodellen vollgestopft, so dass es im Verkehrschaos kein Weiterkommen gab. Niemand kümmerte sich um Verkehrsampeln, aber die Autofahrer hielten auf den Autobahnen an, um die verwirrten Fußgänger überqueren zu lassen. Geld schien auf den Bäumen zu wachsen. Dicke Geldbündel gingen mit solcher Geschwindigkeit von Hand zu Hand, dass keine Zeit blieb sie zu zählen. (Isabel Allende, *Paula*; Übersetzung von mir).

Das war der Eindruck, den Isabel Allende von Caracas gewann, als sie dort 1975 nach ihrer Flucht vor Pinochets Diktatur ankam. Es war der Höhepunkt des Öl-Booms, und ein Ende des Wirtschaftswachstums war nicht in Sicht. Jedermann glaubte, eine rosige Zukunft vor sich zu haben.

Freilich ging das nicht ewig so weiter. Als ich im Oktober 2000 dort war, liefen die Dinge nicht mehr so glatt, vor allem die Inflation nahm besorgniserregende Ausmaße an. Zwei Jahre später, im Februar 2002, befand sich Venezuela in einer tiefen Wirtschaftskrise. Während meines Aufenthalts sah ich Hugo Chavez, den *jefe del estado*, öfters auf dem Fernsehschirm meines Hotelzimmers. Er stolzierte in seiner mit Orden bedeckten Generaluniform oder in Kampfausrüstung umher, je nachdem, was zur jeweiligen Gelegenheit passte, schüttelte Hände mit ausländischen Staatsmännern, Gewerkschaftsbossen oder im Dschungel stationierten Soldaten und hielt harsche Reden gegen die Vereinigten Staaten. Er war allgegenwärtig, und die meisten Leute, mit denen ich sprach, liebten ihn. Sie glaubten, dass seine Absichten gut waren, und dass er es mit dem Kampf gegen Armut und Korruption ernst meinte. 2002 begann sich die Stimmung gegen ihn zu wenden. Ein Putsch wurde versucht und schlug fehl. Chavez regierte weiter, bis er 2013 an Krebs starb.

Jetzt, während ich dies schreibe, 2020/2021, versinkt das Land im Chaos. Das ist nicht nur erschütternd, sondern tatsächlich schwer zu verstehen. Mit seinem Reichtum an Mineralien könnte Venezuela das Norwegen Südamerikas sein. Nicolás Maduro, der Nachfolger von Chavez, macht die USA für den wirtschaftlichen und sozialen Niedergang verantwortlich. Wenngleich die Vereinigten Staaten zweifellos viel Unheil in Südamerika angerichtet haben, so sieht es doch danach aus, dass die Krise Venezuelas vorwiegend hausgemacht ist.

Ich landete am Montagabend den 2. Oktober 2000 in Caracas. Der Zweck meiner Reise war die Teilnahme an einer Konferenz der ALEG, des Dachverbandes der Universitätsprofessoren des Deutschen in Lateinamerika. Aus dem *Air France*-Flieger steigend wurde ich von der angenehm warmen Luft umfangen. Die Temperatur betrug 28 Grad. Das von den Organisatoren der Konferenz empfohlene Hotel Avila hatte ich über das Internet kontaktiert, und mir war ein *traslado aeropuerto – hotel* zugesagt worden. Nachdem ich zwanzig Minuten gewartet hatte, wurde mir klar, dass es mit dem *traslado* nichts war, und ich begann, mich um ein Taxi umzusehen. Da fiel mein Blick auf einige Wartende, die sich um eine ALEG-Tafel gruppiert hatten. Ich gesellte mich zu ihnen. Sie warteten auf Kollegen und Kolleginnen, die nicht aus dem Flugzeug, mit dem sie kommen sollten, gestiegen waren. Eine der wartenden Damen war Dozentin in der Universidad Central und bot mir freundlicherweise an, mich in ihrem Auto ins Hotel zu führen.

Das war nun das erste Mal, dass ich das von Isabel Allende beschriebene Verkehrschaos erlebte. Sie hatte nicht übertrieben. Niemals wieder habe ich dergleichen erlebt. Erinnerungen an meine Autostoppreise durch Neapel 1968 drängten sich auf, aber selbst Neapel war die reinste Ordnung verglichen mit dem, was sich hier abspielte. Was Caracas bot, war eine höhere Kategorie von Chaos. Autos drehten in den unmöglichsten Situationen mitten auf der Straße um, rot leuchtende Verkehrsampeln wurden ignoriert, man überholte rechts oder links, wo immer es möglich war.

In einem Punkt hatte Isabel Allende unrecht: Trotz des Chaos gab es durchaus ein Weiterkommen. Der Verkehr funktionierte erstaunlich reibungslos. Überall sonst auf der Welt wäre der Verkehr unter solchen Umständen zum Erliegen gekommen. Hier floss er weiter. Wenn jemand umdrehte und gegen die Einbahn fuhr, regte sich niemand darüber auf und niemand hupte bösartig. Wenn jemand hupte, dann eher so, als ob er meinte: „gib acht, ich drehe hier um", oder „ist in Ordnung, aber pass bitte auf, dass du meinen Wagen nicht ankratzt". Jedermann verstieß gegen alle Regeln und jedermann stellte sich darauf ein und verhielt sich entsprechend. Während meines kurzen Aufenthalts in Caracas musste ich immer wieder dieses so erstaunlich gut funktionierende und fröhliche Chaos aus tiefstem Herzen bewundern.

Nicht nur der Verkehr, sondern das Leben im Allgemeinen ist in Venezuela chaotisch. Gesetze und Regeln, auf die Europäer und Nordamerikaner nicht verzichten können oder wollen, haben in Venezuela keine Bedeutung. Sie existieren nur auf dem Papier. Vielleicht hat das etwas mit dem Klima zu tun. Im Instituto Cervantes in Dublin, wo ich Spanisch lernte, wurde uns einmal ein Tonband vorgespielt, auf dem eine junge Frau aus Venezuela über die Einstellung ihrer Landsleute zum Leben sprach. Sie verwies darauf, dass es in ihrem Land kaum Unterschiede zwischen den Jahreszeiten gibt und daher die Pflanzen keine Wachstumspausen kennen. Ein Teil von ihnen mag absterben, ein anderer wächst weiter oder kommt neu hinzu. Dies habe zur Folge, dass die Venezolaner ein anderes Verhältnis zur Zeit entwickelt haben als Europäer. Das immer beinahe gleiche Klima und das permanente Wachstum der Vegetation lässt sie das unerbittliche Verrinnen der Zeit vergessen, dessen sich Europäer und Nordamerikaner immer bewusst sind und das möglicherweise der tiefere Grund für ihr Ordnungsbedürfnis ist. Damals hielt ich das für nicht mehr als eine interessante These. Nun begann mir zu dämmern, dass sie in der Tat auf die Wirklichkeit zutreffen könnte.

9.2 Ein gefährliches Pflaster

Caracas hat den Ruf, eine gefährliche Stadt zu sein. Die Verbrechensrate ist hoch, und wenn man in der Stadt herumspaziert, kann es passieren, dass man ausgeraubt oder sogar umgebracht wird. Alle in Caracas lebenden Menschen, die ich kennenlernte, wurden es nicht müde, uns zur Vorsicht zu ermahnen.

Als wir auf der Fahrt zum Hotel die Autobahn verließen und in die inneren Bezirke der Stadt eintauchten, war kaum jemand auf den Gehsteigen zu sehen. Es war dunkel geworden, und der Abend war mild. Beim Hilton-Hotel und an der Plaza Venezuela konnte ich die Zahl der Fußgänger an einer Hand abzählen. Gelegentlich stand eine Gruppe junger Leute an einer Straßenecke. Sie schienen herumzulungern und sahen ein wenig bedrohlich aus. Vielleicht hielten sie nach einem Gringo Ausschau, der mit seinem teuren Fotoapparat und der Hosentasche voller Dollars vorbeiging und ein leichtes Opfer darbot. Einmal vor den Gefahren der Stadt gewarnt, schienen sie überall zu lauern. Ich dachte an Madrid, wo ich häufig einen Zwischenstopp auf meinen Flügen nach Südamerika einlege. Im Sommer sind dort die Straßen und Plätze voll von flanierenden Menschen. In Madrid ist es zwischen Mai und September warm, in Caracas das ganze Jahr. Venezuelas Hauptstadt könnte die Welthauptstadt der Flaneure und Schanigärten sein. Stattdessen ist es wie Los Angeles eine Stadt der Autofahrer. Offensichtlich ist es zu gefährlich, herumzugehen oder vor einem Kaffeehaus oder Gasthaus zu sitzen.

Die Einfahrt zum Hotel Avila war eine eindrucksvolle Palmenallee. Wir mussten ein von bewaffneten Sicherheitskräften bewachtes Tor passieren. Am Vortag hatte eine internationale Konferenz der ölproduzierenden Länder (OPEC) stattgefunden, und viele Teilnehmer weilten immer noch in Caracas, einige davon im Hotel Avila. Bei der Rezeption erfuhr ich zu meiner Erleichterung, dass mein Zimmer reserviert war. Ich erwähnte, dass das versprochene *traslado* nicht stattgefunden hatte, und man versprach, der Sache nachzugehen. Ich hörte nichts mehr davon.

In den folgenden Tagen nahm ich mir die Warnungen vor Straßenräubern so sehr zu Herzen, dass ich mich kaum getraute, in der Gegend herumzuspazieren. Ich ging lediglich die fünf Minuten zwischen dem Hotel und dem Humboldt-Institut, in dem die Konferenz stattfand, hin und her. Wenn ich woanders hinwollte, nahm ich wie die meisten Konferenzteilnehmer ein Taxi.

Dann aber kamen mir höchst beunruhigende Geschichten über Taxis in Caracas zu Ohr. G, eine der Konferenzteilnehmerinnen, erzählte mir, was einem argentinischen Kollegen vor einem Jahr zugestoßen war. Der gute Mann, nennen wir ihn Alfredo, kam in der Dunkelheit auf dem Flughafen an und nahm ein Taxi zu seinem Hotel. Nach einigen Minuten hielt der Fahrer an und ließ zwei Männer zusteigen. Alfredo wunderte sich ein wenig, dachte aber, dass dies in Venezuela so üblich sei. In Chile zum Beispiel gibt es sogenannte *colectivos*. Das sind Taxis, die unterwegs mehrere Passagiere aufnehmen und sie an verschiedenen Orten aussteigen lassen. Dies aber war kein *colectivo*, und die Zugestiegenen waren keine Passagiere, sondern Räuber. Der Taxifahrer war ebenfalls ein Räuber und täuschte nur vor, ein Taxichauffeur zu sein. Die neuen angeblichen Passagiere hielten eine Pistole an Alfredos Kopf, nahmen ihm seine Kreditkarte ab und verlangten, dass er ihnen das Passwort verrate. Wenn er sich weigerte, so informierten sie ihn höflich, hätten sie keine Wahl als ihn zu erschießen. Wenn er kooperiere, werde alles gut ausgehen. Was hätte der arme Mann tun können? Er verriet ihnen sein Passwort, und das Trio hielt ihn so lange gefangen, bis sie sein Konto geleert hatten.

Durfte ich G glauben? Ihren eigenen Erzählungen zufolge war sie eine Person, die überall in die fürchterlichsten Schwierigkeiten zu geraten pflegte. Sie und ihre Freunde schienen zu der Art von Leuten zu gehören, die jede Art von Unglück und Katastrophen wie ein Blitzableiter anziehen. Es schien mir ratsam, ihr während meines Aufenthalts in Caracas tunlichst aus dem Weg zu gehen.

9.3 Eine Wanderung auf El Avila

Wo immer ich mich aufhalte, steige ich auf einen Berg, sofern sich einer in der Nähe befindet. Caracas hat eine schöne Lage. Es liegt neunhundert Meter über dem Meer. Im Norden schiebt sich eine imposante über zweieinhalb tausend Meter hohe Gebirgskette zwischen die Stadt und die Küste. Das Gebirge heißt *El Avila* und hat mehrere Gipfel, dessen höchster mit 2.765 m der *Pico Naiguatá* ist. El Avila ist ein Nationalpark mit einer reichen Auswahl guter Wanderwege. Wenn man ein Zelt hat, kann man mehrere Tage dort verbringen. Meine venezolanischen Kollegen versicherten mir, dass es ungefährlich sei, auf den Avila zu steigen, da fast immer Wanderer unterwegs sind und den Räubern das Bergsteigen zu viel Mühe macht. G hatte Interesse geäußert, eine Wanderung zu unternehmen, aber ich hielt es für klüger, alleine zu gehen.

Einer der Wanderwege nahm wenige Minuten vom Hotel entfernt seinen Anfang. Menschen jeden Alters, alleine oder in Gruppen, bevölkerten ihn. Es schienen keine Gefahren zu lauern. Ich begann aufwärts zu steigen und fragte zwei junge Männer, ob dies der Weg zu *El Avila* sei. Sie fragten mich, wo genau ich hinwollte, aber ich hatte keine Ahnung, ich hatte nicht einmal eine Karte. Mein Wunsch war lediglich, eine gewisse Höhe mit einer guten Aussicht zu erreichen. Die beiden sagten, dass sie zu *Lagunazo* gingen und dass ich willkommen sei, mich ihnen anzuschließen.

Meine neuen Freunde hielten einen kleinen Lastwagen an, der uns aufsitzen ließ. So ersparten wir uns den ersten Teil der Strecke. Der befahrbare Weg endete bald, und wir gingen zu Fuß weiter. Nun bewegten wir uns aufwärts durch verschiedene klimatische Zonen und Vegetationen. Zuerst gingen wir durch eine von menschlichen Eingriffen fast vollkommen freie Savannah, eine Mischung von Grasland und weit auseinanderstehenden Bäumen. Nachdem wir höher gestiegen waren, sahen wir Eukalyptusbäume, die zu Beginn des zwanzigsten Jahrhunderts eingeführt worden waren und nun das ökologische System bedrohten. Zwischen eineinhalb und zweitausend Höhenmetern befanden wir uns im Wolken- und Nebelwald. Man geht wörtlich durch Wolken, die Luft ist feucht, und es wachsen dicke Bambusstauden und Palmen.

Nach etwa zwei Stunden erreichten wir die zwischen Westen und Osten verlaufende Hochebene, von der mehrere Gipfel in den Himmel ragen. Wenn es nicht so dunstig gewesen wäre, hätten wir hinter uns Caracas und vor uns die Karibik sehen können. Was wir aber sahen, war ein Hotel, das so hoch war, dass seine obersten Stockwerke in den Wolken verschwanden. Es war das vor kurzem fertiggestellte Hotel Humboldt, dessen Eröffnung demnächst geplant war. Eine noch im Bau befindliche Seilbahn sollte Touristen aus der Stadt hierherbringen. Beim Aufstieg hatten wir mehrere Baustellen gesehen, die nicht den Eindruck erweckten, dass die Fertigstellung der Seilbahn unmittelbar bevorstand.

Vor mehreren Jahrzehnten hatte eine deutsche Firma eine Seilbahn gebaut, die zu einem Aussichtspunkt einige hundert Meter über Caracas führte. Sie verfiel, nachdem die Firma das Land verlassen hatte. In den vergangenen zehn Jahren hatte die Regierung geplant, sie zu restaurieren und zu verlängern, bis dahin ohne Erfolg. Ich hatte den Verdacht, dass das Hotel Humboldt zur Ruine verkommen sein werde, bevor die Seilbahn ihren Betrieb aufnimmt. Mir fiel Uwe Timms Roman *Der Schlangenbaum* ein, in dem ein deutscher Ingenieur, der für eine deutsche Baufirma in einem südamerikanischen Land arbeitet, auf einer durch den Dschungel führenden Straße fährt, die plötzlich vor einem tiefen Tal endet, das er auf einem Maultier durchqueren muss. Das Land in Timms Roman ist voller unvollendeter Prestigebauten, die von verschiedenen Diktatoren begonnen, von deren Nachfolgern fallengelassen und durch andere Projekte ersetzt wurden, die ebenfalls unvollendet blieben.

Vom Hotel Humboldt wanderten wir in Richtung Osten. Mehrmals war der Pfad durch tiefe Gräben unterbrochen, die von den katastrophalen Regengüssen geschaffen worden waren, die Caracas im Dezember 1999 heimgesucht hatten. Wir stiegen in die Gräben hinab, kletterten auf der anderen Seite wieder hoch und suchten die Fortsetzung des Pfades. Der lehmige Boden musste bei Regen nahezu unpassierbar sein. Eineinhalb Stunden nach dem Hotel Humboldt erreichten wir Lagunazo, eine 2.200 m über dem Meer gelegene Tundra mit einem unterirdischen See, der die Hochfläche mit vielen Quellen versorgt. Der Nebel hatte sich gehoben und gab den Blick auf die Küste im Norden frei.

Da es um sieben Uhr dunkel wurde, beschlossen meine Freunde, nicht denselben Weg zurückzugehen, den wir gekommen waren, sondern nach Norden in ein Bergdorf namens Galipán abzusteigen und dort eine Mitfahrgelegenheit nach Caracas zu suchen. Während des Abstiegs hatten wir weitere nach den Regenfällen des vergangenen Jahres entstandene Gräben zu überwinden. Einige Häuser hatten Glück gehabt, nicht davongeschwemmt zu werden und standen bedenklich nahe an gähnenden Abgründen. Manche Gärten waren voller exotischer Pflanzen.

Galipán ist mit Caracas durch eine Lehm- und Schotterstraße verbunden, die nur mit einem Auto mit Vierradantrieb befahren werden kann. Als wir ankamen, fand gerade ein kleiner Jahrmarkt statt. Kinder ritten auf Ponys, es gab ein Ringelspiel und aus Lautsprechern plärrte Musik. Einige Stände boten Erfrischungen an. Wir setzten uns nieder und bestellten etwas zu essen und zu trinken. Ich wollte ein Bier, aber es gab nur alkoholfreie Getränke. Erinnerungen an die *dry counties* in den Vereinigten Staaten wurden wach.

Nachdem wir uns ausgeruht hatten, nahm uns einer der zahlreichen *camionetas* nach Caracas mit und lud uns in der Nähe meines Hotels ab. Meine Freunde sorgten sich um meine Sicherheit und bestanden darauf, mich zum Hotel zu begleiten. Ich war von diesen beiden jungen Venezolanern sehr beeindruckt. Sie waren so freundlich und hatten mir so gute Gesellschaft geleistet! In den folgenden Tagen hatte ich noch einige weitere positive Erlebnisse dieser Art. Trotz allem, was mir über die Gefahren von Caracas berichtet wurde, muss ich sagen, dass ich in dieser Stadt nur freundlichen Menschen begegnet bin.

9.4 Taxiräuber und Siemens-Mädchen

Zwei Tage nach meiner Besteigung von El Avila feierte Deutschland den zehnten Jahrestag des Falls der Berliner Mauer, und die Deutsche Botschaft lud alle Teilnehmer der ALEG-Konferenz zu einem Empfang am Abend ein. Ich war der vielen Vorträge etwas müde geworden und beschloss, mir einen zweiten freien Tag zu nehmen und noch einmal auf den Avila zu gehen, diesmal über eine andere Route. Ich hatte mir inzwischen eine Wanderkarte gekauft. Da meine erste Erfahrung so positiv gewesen war, schloss ich, dass die Gesellschaft der für Katastrophen anfälligen G keine allzu große Gefahr darstellen würde, und lud sie ein, mit mir zu kommen.

Vor dem Hotel wartete fast immer ein Taxi auf Kunden. Als wir einsteigen wollten, bemerkte G, dass auf dem Auto kein offizielles Taxikennzeichen angebracht war. Da sie von ihrem unglücklichen argentinischen Kollegen gelernt hatte, nur in echte Taxis zu steigen, sagte sie zum Fahrer: *usted no es un taxi oficial*. Der Fahrer bestätigte, dass sein Auto in der Tat kein Taxi war, sondern ein dem Hotel gehörender Wagen, der die Gäste überall hinfahre, wohin sie wollten. Da wir den Wagen oft gesehen und nichts Negatives gehört hatten, fassten wir Vertrauen und stiegen ein. Der Chauffeur führte uns zum Start unserer Wanderung. Wir planten, in einem anderen Teil der Stadt herunterzukommen, und der Fahrer meinte, dass wir dort leicht ein Taxi finden würden.

Unsere Wanderung war angenehm und verlief ohne Zwischenfälle. Um drei Uhr waren wir wieder in der Stadt und hielten nach einem Taxi Ausschau. Weit und breit war keines zu sehen. Alles war still, es gab kaum Verkehr. Vielleicht war es die Zeit der Siesta. Vor einem Haus stand ein Auto, an dem sich zwei Männer zu schaffen machten. Die Kühlerhaube war geöffnet, und die beiden fummelten am Motor herum. Wir fragten sie, ob ein Taxistand in der Nähe sei, und sie versicherten uns, dass wir nur warten sollten, in nicht zu langer Zeit würde schon ein Taxi vorbeikommen. Wir warteten zwanzig Minuten und nichts geschah. Dann kam einer der beiden Männer, mit denen wir gesprochen hatten, auf uns zu, und sagte, dass er in die Stadt fahre und uns mitnehmen könne. Wir dachten an die vielen Räubergeschichten, die man uns erzählt hatte, und zögerten ein wenig. Dann aber nahmen wir sein Angebot an. Er fragte uns, wo wir hinwollten, und als wir das Hotel nannten, antwortete er, dass er uns hinfahren werde. Wir fühlten uns verpflichtet, höflich zu protestieren, waren aber froh, auf diese Weise bald im Hotel zu sein und uns vor dem Botschaftsempfang ausruhen zu können.

Als wir im Auto saßen, wandte sich unser Gespräch mit dem Fahrer Fragen der Sicherheit zu. Er warnte uns davor, sich von Fremden mitnehmen zu lassen. Viele würden die Gelegenheit ergreifen, naive Gringos auszurauben. Er sei natürlich kein Räuber, er wolle uns nur sagen, dass wir nicht genug vorsichtig sein könnten. Einen Augenblick kam mir der Gedanke, dass wir in der Tat einem Räuber in die Falle gegangen waren und dass er versuchte, uns in falsche Sicherheit zu wiegen, indem er uns vor Räubern warnte. Vielleicht hatte ich einen Fehler begangen, mit G zu wandern! Während mich diese unerfreulichen Gedanken plagten, hielt der Wagen, und wir waren beim Hotel. Der Fahrer öffnete die Tür und wünschte uns einen guten Tag. Er war also doch kein Räuber, sondern ein weiterer freundlicher Bewohner dieser so gefährlichen Stadt.

Einige Tage später erzählte mir ein deutscher Professor beim Abendessen folgende Geschichte, die er vor einigen Jahren in Caracas erlebt zu haben schwur. Er war bis drei Uhr in der Früh auf einer Party gewesen und hielt nach einem Taxi Ausschau. Die Straße war leer, aber an einer Ecke stand ein geparktes Auto mit geöffneter Kühlerhaube. Ein Mann war darüber gebeugt und reparierte offenbar etwas. Das Auto trug ein Taxikennzeichen. Der Professor fragte den Mann, ob er ihn in sein Hotel führen könne. Dieser bejahte, schloss die Kühlerhaube und ließ den Professor einsteigen. Das Hotel war gut bekannt und befand sich in einem viel besuchten Bezirk. Sehr rasch wurde offenbar, dass der Fahrer keine Ahnung hatte, wo er hinfahren musste. Offensichtlich kannte er sich in Caracas nicht aus. Unser Professor wies ihm den Weg so gut er konnte. Nach vielem Herumfahren hielten sie schließlich vor dem Hotel. Kaum war der Professor ausgestiegen, fuhr das Taxi mit quietschenden Reifen davon. Was bedeutete das? Der Professor kam zu dem Schluss, dass der Mann, den er für einen Taxifahrer gehalten hatte, im Begriff gewesen war, das Taxi zu stehlen. Da er nicht als Räuber erkannt werden wollte, gab er vor, der Taxifahrer zu sein und versuchte, diese Rolle so gut wie möglich zu spielen. Die mangelnde Ortskenntnis machte ihm dabei einen Strich durch die Rechnung. Wie immer dem auch sei, unser Professor gelangte sicher in sein Hotel.

Der Empfang der Deutschen Botschaft fand im *Hotel Gran Meliá Caracas* statt. Es war das größte und teuerste Hotel der Stadt. Die meisten Vertreter der OPEC-Länder hatten vor einigen Tagen dort gewohnt. Der Empfangsraum befand sich im ersten Stock und hatte riesige Dimensionen. Außer den Teilnehmern der ALEG war die gesamte Prominenz von Caracas eingeladen, die zahlreiche deutsche Gemeinde miteingeschlossen. Beim Eintritt schüttelten wir die Hand mit dem Botschafter und seiner Frau.

In der Nähe des Eingangs standen bildhübsche junge Mädchen herum. Sie hatten pechschwarzes Haar, makellose Haut und vollkommene Proportionen. Sie trugen extrem kurze Miniröcke, in denen sich einige nicht wohl zu fühlen schienen, denn sie zogen sie immer wieder nach unten in der vergeblichen Hoffnung, sie dadurch länger zu machen. Auf ihren Blusen waren die Warenzeichen bekannter deutscher Firmen aufgedruckt. Es gab ein SIEMENS-Mädchen, ein BASF-Mädchen, ein BAYER-Mädchen usw. Ich wusste nicht, was ich davon halten sollte, bis mich ein Kollege auf die Einladungskarte aufmerksam machte. Auf dieser stand zu lesen: *La Embajada agradece a las empresas que patrocinan el evento* (Die Botschaft dankt den folgenden Firmen, die das Ereignis gesponsert haben). Die Firmen waren Deutsche Bank, Siemens, Merck, Bayer, Beck's, D'Ambrosio Hermanos, Waveca, Dresdner Bank Lateinamerika AG y Dresdner Bank AG, Ferrostaal, DSD, Veba Oel, Mont Blanc, Thyssen Rheinstahl Technik, Industrial Esco S.A., Boehringer Ingelheim Pharmaton, Verimpex C.A., Lufthansa, BASF, Aventis, Mannesmann, Mercedes Benz, Preussag Energie. Die schönen Mädchen waren lebende Plakate für diese Firmen und machten aus einer der bedeutendsten deutschen Feiern eine Werbekampagne für die deutsche Industrie. Es war eine beschämende Affäre.

Bevor wir die Feier verließen, wurde uns gesagt, dass wir uns von den Ständen der Firmen Geschenke abholen könnten. Einige meiner Kollegen nahmen ein SIEMENS-T Shirt, eine LUFTHANSA-Tasche und dgl. mit. Ich hätte gern einen richtigen MERCEDES BENZ gehabt, aber leider war keiner zu haben.

Wer denkt, Abenteuer seien gefährlich, sollte es mal mit Routine versuchen: Die ist tödlich. Paulo Coelho

Kapitel 10: Brasilien 2003 und 2004

10.1 Ein Land der Zukunft

Vom 25. September bis 5. Oktober 2003 hatte ich wieder einmal die Gelegenheit, an einer Konferenz der ALEG, der Vereinigung Lateinamerikanischer Universitätsprofessoren des Deutschen, teilzunehmen. Dieses Mal fand sie in Brasilien statt, wo ich noch nie zuvor gewesen war. Besonders attraktiv an dieser Veranstaltung war, dass es sich um eine Wanderkonferenz handelte. Zuerst verbrachten wir einige Tage in Sao Paolo, danach in Paraty, in Petropolis und schließlich in Rio de Janeiro.

Die meisten von uns können sich unter Rio de Janeiro etwas vorstellen, ohne je dort gewesen zu sein. Von Sao Paolo gilt das wohl weniger, und von Paraty, der charmanten kleinen Küstenstadt mit der wunderbaren Architektur aus der portugiesischen Kolonialzeit, haben vermutlich die wenigsten gehört. Ich jedenfalls hatte keine Ahnung von Paraty. Und alles, was ich über Petropolis wusste, war, dass Stefan Zweig und seine zweite Frau, Charlotte Altmann, dort freiwillig aus dem Leben geschieden waren und dass man ihr Grab besuchen konnte. In meinem Reiseführer las ich, dass sich die Villa, in der sie gewohnt hatten, in Privatbesitz befand und nicht für Besucher geöffnet war.

Ich hatte viele Bücher von Stefan Zweig gelesen. Besonders beeindruckt hatten mich seine Biographien von Marie Antoinette, Fouché und Magellan. Er floh mit seiner Frau vor den Nazis aus Österreich nach England, dessen Lebensstil ihm nicht zusagte. Von dort reisten sie weiter nach New York und danach nach Südamerika. Sie fanden schließlich Asyl in Brasilien, einem Land, von dem Zweig in den höchsten Tönen sprach. In seinem Buch *Brasilien. Ein Land der Zukunft* (1941) beschrieb er es als ein Land, in dem Menschen verschiedener Herkunft, Rasse, Hautfarbe und Kultur gelernt hatten, harmonisch zusammenzuleben. Er machte seinem Leben nicht deswegen ein Ende, weil er Brasilien unerträglich fand. Das Gegenteil war der Fall. Er beendete sein Leben, weil er jede Hoffnung verloren hatte, dass Europa und seine Kultur nach der Katastrophe des Dritten Reichs wieder auferstehen können. 2016 kam Maria Schraders großartiger Film *Vor der Morgenröte* mit Josef Hader als Stefan Zweig in die Kinos. Der Film folgt Zweigs letzten Jahren in New York und in Brasilien.

Petropolis liegt in den Bergen und bot den wohlhabenden Familien im Sommer Schutz vor der Hitze Rio de Janeiros, das bis 1960 die Hauptstadt von Brasilien gewesen war. Noch heute kann man die herrlichen Villen sehen, die sich die sogenannten Kaffeebarone um die Wende vom neunzehnten zum zwanzigsten Jahrhundert erbauen ließen. Auch der Kaiser von Brasilien, Pedro II, unterhielt dort seinen Sommerpalast, den man besichtigen kann.

Wieso hatte Brasilien einen Kaiser, und wann? Das hat mit der Art und Weise zu tun, wie das Land seine Unabhängigkeit von Portugal erlangte. Es geschah folgendermaßen: Der portugiesische König Johann VI floh 1808 vor Napoleon nach Rio de Janeiro. Am 16. Dezember 1815 erhob er die portugiesische Kolonie Brasilien zum Königreich. Nach Napoleons Fall kehrte er 1821 nach Portugal zurück. Sein Sohn Pedro I. übernahm die Regierung Brasiliens. Am 7. September 1822 erklärte dieser die Unabhängigkeit von Portugal und ließ sich am 12. Oktober zum Kaiser ernennen und am 1. Dezember krönen. Nach einem kurzen Krieg erkannte Portugal im Vertrag von Rio de Janeiro 1825 Brasiliens Unabhängigkeit an. Nachdem König Johann VI in Lissabon gestorben war, sollte Pedro I König von Portugal werden. Er aber verzichtete zugunsten von Maria II auf den portugiesischen Thron und blieb in Brasilien. 1831 zwang ihn das brasilianische Parlament zum Rücktritt und sein noch minderjähriger Sohn Pedro II folgte ihm nach. Dieser wurde 1841 vorzeitig für volljährig erklärt und zum Kaiser gekrönt.

Zweifellos sah Stefan Zweig sein Gastland durch die rosigen Brillen eines Menschen, der den Schrecken des von den Nazis beherrschten Europas entkommen war. Verglichen mit dem in Chaos und Barbarei versinkenden alten Kontinent muss ihm Brasilien als ein Paradies erschienen sein. Hier gab es ein Ausmaß an Toleranz und friedlichem Zusammenleben, von dem europäische Intellektuelle seit Jahrhunderten geträumt hatten. Gleichgültig, woher die in Brasilien lebenden Menschen stammten, was immer ihre Hautfarbe und Rasse war und welcher Kultur sie ursprünglich angehörten, sie waren Brasilianer geworden. Ihre neue brasilianische Identität ließ die Herkunftskultur verblassen, und die ethnischen Differenzen verloren an Bedeutung. So sah es wenigstens Stefan Zweig.

Die Wirklichkeit ist freilich nicht ganz so. Auf der Konferenz sprach ich mit Edgar und Helga, einem Ehepaar, das deutsche Sprache und Literatur an einer Universität im Süden des Landes lehrte. Sie waren Nachkommen deutscher und österreichischer Einwanderer und sie sahen nicht nur „deutsch" aus, sondern sprachen das Deutsche ohne jeden ausländischen Akzent. Ich fragte sie, ob sie sich als Deutsche, Österreicher oder Brasilianer fühlten, und ihre Antwort war klar: als Brasilianer. Sie räumten ein, dass sie sich ihres mitteleuropäischen Erbes bewusst waren und es auch pflegten. Edgar erklärte mir, dass Brasilien eine Gesellschaft ohne Rassenvorurteile sei. Er war sehr stolz darauf und bestätigte den Eindruck, den Stefan Zweig gewonnen hatte. Aber als ich ihn fragte, wie er reagieren würde, wenn seine Tochter einen Schwarzen heiratete, zögerte er ein wenig und gab dann zu, dass er nicht sehr glücklich darüber wäre. Ein anderer Konferenzteilnehmer erzählte mir, dass viele Schwarze den Ehrgeiz hätten, Weiße zu heiraten. Umgekehrt sei das selten der Fall. Was die schwarze Bevölkerung motiviere, sich mit Weißen zu vermischen, sei der Wunsch, „die Rasse zu verbessern"!

Tatsache ist, dass Brasilien ein klassisches Einwandererland ist. In der ersten Hälfte des zwanzigsten Jahrhunderts zogen viele Italiener, Deutsche und Österreicher aus dem verarmten Europa ins Land. Vorher waren die kolonisierenden Portugiesen und die Holländer gekommen. Die Portugiesen brachten die afrikanischen Sklaven. Viele Einwanderer kamen auch aus dem Libanon und aus

Japan. Sao Paolos 250.000 Menschen umfassende japanische Gemeinde ist die größte außerhalb Japans. Die meisten dieser brasilianischen Japaner gehören der zweiten und dritten Generation an und sind des Japanischen nicht mehr mächtig. Sie haben aber das Recht, jederzeit nach Japan zurückzukehren. Wenn die brasilianische Wirtschaft kriselt – und das tut sie oft – wollen viele im Mutterland Arbeit finden. Ohne Sprachkenntnisse ist das allerdings kaum möglich.

Japaner und Libanesen finden sich auch in anderen südamerikanischen Ländern und nehmen nicht selten führende politische oder wirtschaftliche Positionen ein. Perus Präsident zur Zeit des *sendero luminoso* (des leuchtenden Pfades), Alberto Fujimori, war japanischer Herkunft. Dessen ungeachtet nannten ihn die Peruaner *El Chino*, den Chinesen. Als er wegen Korruption angeklagt wurde, floh er nach Japan. Abdalá Jaime Bucaram Ortiz war der Sohn libanesischer Einwanderer und wurde 1996 Präsident von Ecuador. Über ihn und seinen seltsamen Charakter haben wir bereits gesprochen. Ich erwähne das, weil es zeigt, dass in den südamerikanischen Ländern Menschen der verschiedensten Herkunft die höchsten Stellen im Land einnehmen können. In den Vereinigten Staaten hingegen waren mit Ausnahme von Barak Obama bisher alle Präsidenten ausschließlich Weiße, und hatten vorwiegend englischsprachige und manchmal auch deutschsprachige Vorfahren. Noch hat es kein weißer Amerikaner italienischer, spanischer oder griechischer Herkunft geschafft, ins Weiße Haus einzuziehen. Von chinesischen oder japanischen Amerikanern wollen wir gar nicht erst reden. Vielleicht befindet sich Südamerika doch auf einem aussichtsreicheren Weg in eine bessere vorurteilsfreiere Zukunft als die USA und Europa.

10.2 Ein Traum wurde Wirklichkeit: Brasília

In den Fünfzigerjahren startete die Regierung Präsident Kubitscheks ein gewagtes Projekt, das Brasilien wieder einmal zum Land der Zukunft machen sollte. Man wollte die Menschen dazu ermutigen, sich nicht nur an der Küste niederzulassen, sondern auch das Innere des riesigen Landes zu besiedeln. Dies hoffte man dadurch zu erreichen, dass man eine vollkommen neue Hauptstadt in der Landesmitte, wo vorher nichts war, erbaute. Sie sollte Brasília heißen. In meiner Schulzeit sah ich einen Dokumentarfilm über diese im Bau befindliche futuristische Stadt. Die wunderbaren aus Stahlbeton errichteten elegant gekurvten, die Gesetze der Schwerkraft zu überwinden scheinenden Gebäude machten auf mich einen großen Eindruck. Es muss der Traum jedes Architekten und Stadtplaners gewesen sein, sich an diesem Projekt zu beteiligen. Im April 1960 war es so weit: Brasília löste Rio de Janeiro als Hauptstadt ab.

Im Herbst 2004 reiste ich zum zweiten Mal nach Brasilien. Als ich im Jahr davor an der Wanderkonferenz der ALEG teilgenommen hatte, war mir keine Zeit für einen Besuch der Hauptstadt geblieben. Dieses Mal war ich eingeladen, an verschiedenen Universitäten des Landes Gastvorlesungen zu halten und hatte genügend Zeit, die Verwirklichung des futuristischen Traums der Fünfzigerjahre mit eigenen Augen zu sehen. Theo H, ein Freund und Kollege, lehrte an der Universität in Brasília. Er wurde unser Stadtführer.

Mit 2,6 Millionen Einwohnern und dem Mangel an Vergangenheit kann sich Brasília nicht mit dem von 7 Millionen Menschen bevölkerten und an Geschichte reicheren Rio de Janeiro messen. Aber es ist eine interessante und gut funktionierende Stadt. In der Mitte des vorigen Jahrhunderts dachten die Stadtplaner, dass die Zukunft dem Auto gehöre, und sie planten Brasília als eine ideale Stadt für den Autoverkehr. Theo empfahl uns, ein Auto zu mieten, was wir auch taten.

Oskar Niemeyer war der Architekt der atemberaubenden repräsentativen Gebäude, die ich zuerst in dem Dokumentarfilm der späten Fünfzigerjahre gesehen hatte. Im Jahr 2004 lebte er noch und war 97 Jahre alt. (Er starb wenige Tage vor seinem 105. Geburtstag im Dezember 2012). Nun sah ich sie wirklich: die wie eine Dornenkrone geformte Kathedrale, das Kongressgebäude, den *Pa-*

lacio da Alvorado und das Nationale Stadion. Für die Planung der Stadt war Lúcio Costa zuständig gewesen. Er gab ihr den Grundriss eines Flugzeugs. Im Rumpf befinden sich die Geschäftszentren und Hotels, die Regierungsgebäude sind im Cockpit und die Wohnviertel in den Flügeln untergebracht. Anstelle von Straßennamen gibt es Buchstaben und Nummern. Die geraden Nummern gehören zu einem der Flügel, die ungeraden Nummern zum anderen. Die Wohngegenden sind in kleinere Einheiten unterteilt. Jede von ihnen hat Restaurants, Geschäfte, Schulen usw., sodass man das meiste, was man zum Leben braucht, in unmittelbarer Nähe findet. All das scheint gut zu funktionieren. Mit der Orientierung hatten wir allerdings Probleme. Es braucht einige Zeit, bis man lernt, sich nur anhand von Nummern und Buchstaben zurechtzufinden, besonders dann, wenn man mit dem Auto unterwegs ist und einige *caipirinhas* getrunken hat.

Um eine Caipirinha, das brasilianische Nationalgetränkt, zuzubereiten, braucht man Limetten, Rohrzucker, *cachaça* (einen aus fermentiertem Rohrzucker destillierten Schnaps) und Eiswürfel. Man schneide eine Limette in kleine Stücke, lege sie in ein Glas, füge ein oder zwei Löffel Rohrzucker hinzu und zerdrücke die gezuckerten Limetten mit einem Stößel, bis genug Saft ausgetreten ist. Dann lege man die Eiswürfel ins Glas und gieße die Cachaça hinein. Gut umrühren und durch einen Strohhalm trinken. Bestellt man eine Caipirinha in einer Bar, muss man sich gedulden, da die Zubereitung einige Zeit erfordert. Aber es ist wert, auf sie zu warten. Sie ist dem bekannteren kubanischen Mojito nicht unähnlich, schmeckt aber viel besser.

In Brasilien zum Essen auszugehen, ist ein Vergnügen. Es gibt zwei Arten von Restaurants, die man nur dort findet. Eines davon ist das *quilo*. *Quilo* heißt Kilogramm. Die Quilos sind Selbstbedienungsrestaurants. Was immer man auf den Teller legt, wird gewogen. Ein Kilo Fleisch kostet dasselbe wie ein Kilo Salat. Das System ist ähnlich wie in den Wiener *Heurigen* mit dem Unterschied, dass man in Wien Fleisch, Salat, Kartoffel etc. separat wiegt und verrechnet, was umständlich ist und Zeit verschwendet. Das brasilianische System ist genial in seiner Einfachheit. Vielleicht gelingt es mir einmal, die Heurigenwirte zu überreden, dem Beispiel der Quilos zu folgen. Eine andere brasilianische Institution ist das *rodizio*. Beim Betreten des Lokals bezahlt man einen fixen Betrag. Nachdem man einen Tisch ausgesucht hat, bedient man sich beim Buffet mit Reis, Kartoffeln, Salaten und dgl. Auf dem Tisch liegen Jetons, deren eine Seite rot, die andere grün ist. Wenn ein Kellner vorbeikommt und Fleischstücke anbietet, lässt man entweder die rote oder die grüne Seite sichtbar nach oben zu liegen kommen. Grün bedeutet: ich will etwas von dem Fleisch; rot heißt: danke, ich will im Augenblick nichts. Ob man grün und oder rot zeigt, mag man von der Qualität der angebotenen Fleischstücke abhängig machen. Auf diese Weise kann man erreichen, nur das Beste serviert zu bekommen.

Es mag wohl sein, dass ich die herrliche Umgebung von Rio, die historische Patina von Petropolis und Paraty oder die aufregende Atmosphäre der Megastadt Sao Paolo vermissen würde, wenn ich in Brasília lebte. Theo schien dort jedenfalls sehr zufrieden zu sein. Wer Brasilien bereist, soll seine Hauptstadt unter keinen Umständen auslassen. Ohne Brasília gesehen zu haben, kann man Brasilien nicht wirklich verstehen.

10.3 Fortaleza

Wer einen Ort mit phantastischen Stränden, tollen Restaurants und viel Sonne sucht, der anders ist als die üblichen spanischen Touristenresorts, soll nach Fortaleza fliegen. Ursula und ich waren im November 2004 dort, als ich meine Vorlesungstour nach Sao Paolo, Belo Horizonte und Fortaleza absolvierte. Meine Vorlesungen in Fortaleza nahmen nicht allzu viel Zeit in Anspruch, also hatten wir genug Muße, unseren Aufenthalt zu genießen. Die deutsche Lektorin des Deutschen Akademischen Austauschdienstes (DAAD) hatte uns ein Zimmer in einem an der Strandpromenade gelegenen Hotel bestellt.

Als wir eines Nachmittags auf der Hotelterrasse saßen und Caipirinhas tranken, kam ein etwa zwölfjähriger Straßenjunge vorbei. Er redete mich mit „Hello Mister" an und wollte Geld. Obwohl man uns geraten hatte, es nicht zu tun, gaben wir ihm eine Kleinigkeit. Am folgenden Tag kam er wieder, diesmal in Begleitung eines etwas älteren Knaben, der vielleicht sein Bruder war, und wir gaben ihnen wieder einige Münzen. Das Bemerkenswerte an diesen Straßenkindern waren ihre guten Manieren. Sie waren niemals aggressiv, sie besaßen einen natürlichen Charme und waren immer freundlich und höflich, und ihr Englisch, das sie vermutlich von den Touristen gelernt hatten, war erstaunlich gut. Kämen diese Kinder in den Genuss einer guten Erziehung, könnten sie es bei ihrer Intelligenz im Leben sehr weit bringen.

Am Sonntag folgten wir der Empfehlung der deutschen Lektorin und fuhren mit einer organisierten Busreise zu zwei wunderbaren und endlos langen Stränden nicht weit von Fortaleza: *Morro Branco* und *Praia dos Fontes*. Wir waren die einzigen Gringos an Bord des Autobusses und ersuchten die Reiseleiterin, dass sie ihre Ausführungen für uns ins Spanische übersetze. Das tat sie auf ihre Weise: Nach jeder zehnminütigen portugiesischen Wortkaskade folgte eine etwa zehn Worte umfassende Erklärung auf Spanisch. Entweder enthielten die zehn spanischen Worte die vollständige Information, in welchem Fall neunzig Prozent des portugiesischen Wortschwalls überflüssig gewesen waren, oder wir vermissten neunzig Prozent. Wir werden es nie wissen.

Wir verbrachten einen höchst angenehmen Tag. Auf dem Programm standen eine aufregende Fahrt in einem Dünen Buggy und eine Wanderung durch dramatische aus kompaktem Sand geformte Canyons. Wir wanderten in der Gesellschaft eines Tierarztes namens Luiz, und seiner Frau Carla. Sie hatten eine junge Bekannte mit, die Luciana hieß und sich sehr um unser Wohl bemühte. Offensichtlich waren wir in ihren Augen richtige Mummelgreise. Bei jedem Hindernis griff sie uns unter die Arme, um uns davor zu bewahren, hinzufallen. Das war sehr lieb von ihr. Wir ließen sie gewähren, da wir nicht damit angeben wollten, dass wir gewohnt waren, auf Bergen und Gletschern herumzusteigen.

Am späten Nachmittag waren wir wieder in Fortaleza. Die österreichische Konsulin und ihr Mann hatten uns für den Abend in ihr Haus zum Essen eingeladen. Die anderen Gäste waren die DAAD Lektorin und ein Professor des Rechts. Wir fragten die Konsulin über ihre Arbeit, und sie erzählte, dass neben der Vertretung österreichischer Geschäftsinteressen in Brasilien die juristische Hilfeleistung für österreichische Staatsbürger, die mit dem Gesetz in Konflikt geraten, viel Zeit und Energie beanspruche. In welche Art von Schwierigkeiten die Österreicher denn zu geraten pflegen, wollten wir wissen. Die Antwort: meistens handelt es sich um Männer, die des sexuellen Missbrauchs von Minderjährigen angeklagt wurden. Dies gehörte zu den weniger erfreulichen Pflichten eines Konsuls. Brasilien ist ein beliebtes Reiseziel für Sextouristen, und weil es zwischen Wien und Fortaleza direkte Flüge gibt, ist Fortaleza ein diesbezüglicher Hotspot für Österreicher.

Ursula hatte einen Cousin, der in der Gemeinde Caucaia in der Nähe von Fortaleza wohnte. John war ein dem Orden der Redemptoristen angehörender Priester. Der Orden hatte ihn nach Brasilien gesendet, als er ein junger Mann war, und er hatte den größten Teil seines Lebens dort verbracht. Wir wurden von ihm eingeladen, mit ihm und drei weiteren Priestern, mit denen er in einer Wohngemeinschaft lebte, zu Mittag zu essen.

Das Haus war von einem ummauerten Garten umgeben und wurde von zwei riesigen Mastiffs bewacht, die *Loboninho* (Wölfchen) und *Tigre* (Tiger) hießen. Die Priester hatten beschlossen, diese mächtigen Tiere zu erwerben, nachdem ein bewaffneter Räuber auf der Flucht vor der Polizei über die Mauer gesprungen und auf einen Baum im Garten geklettert war, wo er gefangen genommen und in Handschellen abgeführt wurde. Sie hofften, dass die furchteinflößenden Hunde in Zukunft unwillkommene Eindringlinge abschrecken würden. Offenbar aber hatten die Priester versäumt, die lieben Tiere entsprechend abzurichten. *Loboninho* und

Tigre waren sehr herzig und hätten wahrscheinlich jedem Eindringling freundlich die Hand geleckt.

John war unmittelbar nach seiner Priesterweihe nach Brasilien transferiert worden. Nachdem er sich in Rio de Janeiro einige Wochen einem Schnellkurs in Portugiesisch unterzogen hatte, wurde ihm eine Gemeinde in einem abgelegenen Außenposten im Regenwald im Amazonasgebiet zugeteilt, wo er ganze zwanzig Jahre verbrachte. Die permanente Luftfeuchtigkeit fraß alles auf: seine Kleider, seine Bücher und zuletzt das Haus, in dem er wohnte. Viele seiner Kollegen wurden von allen möglichen Krankheiten dahingerafft. Er hatte Glück, dass er diese Zeit überlebte. Als man ihm den Posten in Fortaleza anbot, griff er sofort zu. Das trockene Klima, die Nähe des Meeres und die Tatsache, wieder in der Zivilisation zu sein, all das erschien ihm wie das Paradies. Er hatte keine Absicht, nach Irland zurückzukehren.

Wir wollten etwas über die politische Situation in seiner Region erfahren, und er erzählte uns die folgende Begebenheit, die vermutlich ziemlich bezeichnend ist, auch wenn sie Europäern merkwürdig erscheinen mag. Vor den letzten lokalen Wahlen wendete die regierende Partei enorme Geldmittel für den Wahlkampf auf und versprach das Blaue vom Himmel, von kostenloser Krankenbetreuung, Wasser und Strom zum Nulltarif bis zu einem Haus für jede Familie. Damit gewann sie die Wahlen. Da sie aber die Gemeindekassa für die Finanzierung des Wahlkampfes geplündert hatte, war für die versprochenen großartigen Leistungen kein Groschen mehr übrig.

10.4 Die Favelas von Rio de Janeiro

Im November 2004 rafften Ursula und ich genügend Mut zusammen, einen Drachenflug über Rio de Janeiro zu wagen. Auch unsere irische Freundin Eileen, die mit uns in Rio weilte, war mit von der Partie. Wir hatten es zuvor in den österreichischen Alpen versucht, aber der Flug war wegen ungünstiger Winde im letzten

Augenblick abgeblasen worden. In Rio, so sagte man uns, seien die Aufwinde fast immer günstig.

Wir wurden auf einen Hügel gefahren, von dem aus wir einen Teil der Stadt und das Meer sehen konnten. Wir bekamen je einen Führer zugeteilt. Auf dem Hügel stand eine Rampe, von der man einen kräftigen Anlauf nehmen musste, bevor man ins Nichts hinaussprang. Die Führer schärften uns ein, ja nicht mit dem Laufen aufzuhören, bevor wir den Sprung ins Nichts getan hatten. Also rannten wir los und vertrauten auf Gott. Wir befanden uns nur etwa zwanzig Minuten in der Luft, aber das Gefühl, wie ein Vogel zu fliegen, war überwältigend. Zuerst flogen wir über waldbedeckte Hügel, dann breitete sich unter uns ein riesiger Stadtteil aus. Mitten während des Fluges läutete das Handy von Ursulas Führer. Dieser beantwortete den Anruf und plauderte mit dem unsichtbaren Anrufer mehrere Minuten so gemütlich, als säße er im Kaffeehaus. Schließlich landeten wir auf dem sandigen Strand.

Später suchten wir das Stadtviertel, das wir überflogen hatten, auf dem Stadtplan. Dieser zeigte einen weißen Fleck. Offiziell existierte dieser Stadtteil nicht. Er war eine *favela* (ein Slum). Ein Drittel von Rio de Janeiro besteht aus Favelas. Sie wurden ohne Baugenehmigung von Menschen errichtet, die vom Land in die Großstadt zogen und sich keine reguläre Unterkunft leisten konnten. Die Lebensbedingungen sind meistens katastrophal. In manchen Favelas organisieren sich die Bewohner, errichten eine Art von Kanalisation und stehlen den Strom von benachbarten Wohnvierteln. Die Favelas werden von Drogenkartellen kontrolliert. In einigen Fällen lassen sich die Behörden dazu herbei, die Favelas mit legalem Strom und Wasser zu versorgen, allerdings ohne sie voll anzuerkennen. Die Drogenbosse wohnen in den Favelas unter „ihren" Leuten in größeren und wohl bewachten Häusern. Die Favelas sind No-go-Zonen, d.h. die Polizei betritt sie nur sehr selten, und Taxis weigern sich, Kunden dorthin zu fahren. Allerdings gibt es Straßen, die der Öffentlichkeit zugänglich sind. In ihnen kaufen die Bewohner von Rio Kokain und andere der „Erholung" dienende Drogen ein. Manchmal versucht ein Kartell, ein anderes aus einer

Favela zu vertreiben und die Kontrolle zu übernehmen. Nicht selten fährt in solchen Fällen die Polizei auf und stellt sich zwischen die einander bekriegenden Kartelle, um ein allgemeines Blutvergießen zu verhindern.

Die Favelas sind ein Staat im Staat und ein wichtiger Wirtschaftsfaktor. Die meisten Bewohner arbeiten als Dienstboten wohlhabender Familien, als Hotelportiere, Kellner und dgl. Ihre Bezahlung mag gering sein, für ihre Verhältnisse ist sie aber nicht schlecht. So betrachtet, fahren alle damit ganz gut. Einige Favelas haben sich zu halb respektablen und inoffiziell anerkannten Gemeinschaften entwickelt. *Rocinha* und *Vila Canoa* erlauben organisierten Touren den Zutritt. Ein Teil dessen, was die Besucher bezahlen, geht an die Drogenbosse, ein Teil wird, so sagte man uns jedenfalls, in Projekte wie Schulen, Spitäler und andere soziale Einrichtungen investiert. In Rocinha, das sich laut Wikipedia, von einem Slum zu einer *favela barrio* (Favela Nachbarschaft) herausgemausert hat, leben etwa hunderttausend Menschen. Wir nahmen an einer Tour durch Rocinha teil, besuchten eine Schule und waren überrascht, McDonald's, Banken, Autobusse, Apotheken und Supermärkte zu sehen.

Unsere Führerin zeigte auf ein Haus in unmittelbarer Nähe der Favela. Es gehörte dem weltbekannten Plastikchirugen Ivo Pitanguy, der Niki Lauda nach dessen schrecklichem Unfall so gut es ging wiederhergestellt hatte. Silvio Berlusconi und Mummar Gaddafi zählten ebenfalls zu seinen Patienten. Da er einmal pro Woche kostenlose Operationen in der Favela durchführte, war sein Haus vor Angriffen vollkommen sicher. Viele Häuser der Mittel- und Oberschicht sind nur wenige Meter von Grenzen zu Favelas entfernt. Man lebt eng beieinander. Einige Wochen vor unserem Besuch war eine Schule in der Nähe von Rocinha in einen Schusswechsel zwischen rivalisierenden Banden geraten. Die Kinder mussten unter den Schulbänken Schutz suchen.

Am Abend nach dem Besuch der Favela nahmen wir mit unserer Freundin Eileen ein ausgezeichnetes Abendessen in einem

Rodizio ein und spazierten danach in der Dunkelheit in Richtung Ipanema zu unserem Hotel. Plötzlich versuchte ein junger Mann, Ursula ihre Handtasche zu entreißen. Obwohl nichts Wertvolles drinnen war, hielt sie die Tasche fest, sodass der Räuber mit leeren Händen davonlaufen musste. Wahrscheinlich wohnte er in einer Favela, und dies war seine „Arbeit", der er außerhalb seiner Wohngegend nachging.

Rio de Janeiro ist berühmt für seinen Karneval mit den hinreißenden Sambatänzerinnen. Die Bezirke der Stadt wetteifern darin, die besten Samba-Shows zu bieten. Es gibt eigene Sambaschulen, in denen man sich ein ganzes Jahr lang auf den Karneval vorbereiten kann. Die besten von ihnen findet man in den Favelas. Unser Hotel bot einen Besuch einer Sambaschule an. An einem Tisch mit unseren unvermeidlichen Caipirinhas sitzend sahen wir äußerst spärlich bekleideten mit wunderbaren Körpern gesegneten Mädchen zu, die zu einer ohrenbetäubenden Katzenmusik verführerische Tanzbewegungen durchführten. Einige Zeit lang war das ganz interessant, aber nach mehr als einer Stunde wurde die Sache etwas eintönig. Wir hatten aber keine Wahl als zu warten, bis uns unser Bus abholte.

Auf dem Heimweg fragte uns der Fahrer, ob wir den Strich sehen wollten, auf dem die Transvestiten und Transsexuellen auf ihre Kunden warteten. Wir stimmten zu und fuhren hin. Die als Frauen angezogenen bzw. in Frauen verwandelten Männer waren von einer unglaublichen Schönheit und strahlten eine geradezu unheimliche Weiblichkeit aus.

In den Canyons von Morro Branco

Der Sommerpalast des Kaisers von Brasilien in Petropolis

Paraty

Samba Tänzerin

Nur aufs Ziel zu sehen, verdirbt die Lust am Reisen. Friedrich Rückert

Kapitel 11: Afrika 2003

11.1 Moshi und Mount Meru

Wer keine Klettererfahrung hat und nicht mit Seil und Eispickel umzugehen weiß, aber viel in den Bergen wandert, kann den Versuch wagen, den höchsten Berg des afrikanischen Kontinents, den 5.895 m hohen Kilimanjarao, zu besteigen. Je nach der gewählten Route braucht man vier bis sechs Tage für den Aufstieg und zwei bis drei Tage für den Abstieg. Obwohl man während des Aufstiegs Zeit hat, sich zu akklimatisieren, kann die Höhenkrankheit zum Problem werden. Ob man von ihr betroffen wird oder nicht, hat nichts mit der körperlichen Kondition zu tun. Sie kann jeden erwischen.

Zahlreiche europäische und nordamerikanische Agenturen bieten geführte Touren auf den Kilimanjaro an. Obwohl sie einheimische Träger und Führer beschäftigen, bringen sie den Großteil ihres Gewinns außer Landes. Als Ursula und ich uns im Juli 2003 mit sechs Freunden von unseren zwei irischen Wanderclubs nach Tansania aufmachten, engagierten wir eine Firma aus Moshi. E, ihr Besitzer, hatte auch ein Hotel mit dem schönen Namen *Rose-Home*. Am 7. Juli holte er uns vom Kilimanjaro International Airport in Moshi ab und brachte uns in sein Hotel. Am nächsten Tag organisierte er einen Ausflug in die Umgebung von Moshi und ein Picknick bei einem malerischen Wasserfall. Wir besuchten auch das Dorf Marangu, den Ausgangspunkt der sogenannten Coca Cola-Route auf den Kilimanjaro. Es war ein entspannender Tag. Ursula und ich waren zum ersten Mal in Afrika.

E hatte uns geraten, zuerst den 4.562 m hohen *Mount Meru* zu besteigen, dessen Gipfel den interessanten Namen *Socialist Peak* trägt. Dies würde uns helfen, uns an die Höhe zu gewöhnen. Viele Bergsteiger fahren zuerst ins benachbarte Kenia und steigen auf den Mount Kenya. Für den Mount Meru spricht, dass er in Tansania liegt und nicht weit vom Kilimanjaro entfernt ist.

E stellte das Team zusammen, das uns auf den Mount Meru bringen sollte. Am Mittwoch den 9. Juli wurden wir nach Arusha zum Momela Gate gebracht, dem Ausgangspunkt unserer fünf Tage dauernden Wanderung. Von unserem Bus aus konnten wir Wasserbüffel, Giraffen und Paviane sehen. Der Anführer des Teams war M. Er war ein staatlich geprüfter Bergführer und Ranger und trug ein Gewehr, um uns vor wilden Tieren zu schützen. Elefanten konnten manchmal aggressiv werden, aber die größte Gefahr ging von den Wasserbüffeln aus. Die Wanderung des ersten Tages führte durch ein von dichter Vegetation bedecktes Gebiet, in dem Giraffen, Wasserbüffel, Affen und Warzenschweine hausten. Glücklicherweise kamen uns die Wasserbüffel nie zu nahe. Ich konnte sie gefahrlos mit Hilfe meines Teleobjektivs fotografieren.

Die erste Hütte, in der wir übernachteten, die Miriakamba Hütte, war in sehr gutem Zustand und komfortabel. Unser Koch, bereitete ein schmackhaftes Abendessen zu, und wir hatten Zeit, vor Sonnenuntergang ein wenig herumzuspazieren und den uns gegenüberliegenden schneebedeckten Kilimanjaro zu bestaunen. M warnte uns vor in der Nacht herumstreunenden Elefanten und Wasserbüffeln. Wenn wir auf die außerhalb der Hütte gelegenen Toiletten gehen wollten, sollten wir achten, dass keine in der Nähe waren.

Der nächste Tag war kalt und feucht. Wir erreichten die dreieinhalbtausend Meter über dem Meer gelegene Saddle-Hütte am frühen Nachmittag, aßen um fünf Uhr und gingen zeitig zu Bett, da wir am folgenden Morgen, am Freitag, sehr früh aufstehen mussten, um den Gipfel zu erreichen. Um ein Uhr nachts wurden wir geweckt, bekamen Tee und Keks und gingen los. Es nieselte immer noch, aber M versicherte uns, dass sich das Wetter bald bessern werde. Er sollte damit recht haben. Nach einigen Stunden erlitt er einen Malariaanfall und musste umkehren. Er beließ uns in der Obhut seiner beiden Hilfsführer. Sie hofften, dass wir um etwa acht

Uhr auf dem Gipfel sein würden. Je höher wir stiegen, umso steiler wurde der Weg. Drei Mitglieder unserer Gruppe litten an Höhenkrankheit und mussten sich übergeben. Die Führer nahmen ihnen für einige Zeit die Rucksäcke ab. Um sieben Uhr erhellte die Sonne die Landschaft ringsumher und es wurde sehr schnell wärmer. Wir alle erreichten den Gipfel um dreiviertel neun, etwas später als vorausgesagt, aber immerhin.

Die zunehmende Hitze machte den Abstieg schwieriger als den Aufstieg. Nun konnten wir den Weg sehen, den wir gegangen waren. Es war eine harte und trostlose Landschaft, die sich uns darbot. Mount Meru ist ein erloschener Vulkan, auf dessen aus Lava und Asche bestehendem Boden nichts wächst. Um die Mittagszeit waren wir wieder bei der Saddle-Hütte, von der wir nach einer kurzen Rast weiter zur Miriakamba-Hütte abstiegen, wo wir übernachteten. Am letzten Tag gerieten wir in bedenkliche Nähe einiger Wasserbüffel. M verscheuchte sie mit seiner Trillerpfeife, und wir waren heilfroh, dass er nicht zu seinem Gewehr greifen musste.

Wir hatten uns Gedanken gemacht, wie wir die Trinkgeldsituation meistern sollten. Es war üblich, dem Führer das ganze Trinkgeld mit einer Notiz zu überreichen, in der aufgelistet war, wie viel für ihn, die Assistenten, den Koch und die Träger gedacht war. Ob er sich daran halten würde oder nicht, konnten wir nicht wissen. Während wir diskutierten, überreichte uns einer der Träger einen kleinen Zettel mit dem folgenden Wortlaut (ich gebe den englischen Text getreu wieder):

> Dear Sir,
> We eight Porters we don't believe our Ranger about the tip. So what we asking you Sir is to put forward your tip directly to Porters not indirect through him. We will appreciate highly,
> Remind Sir, Porters
> Please: try to keep secret. So he should not know about this message.

Dies bestätigte unsere Bedenken. Aber was sollten wir tun? Wir respektierten M und wollten ihn nicht beleidigen. Auf der anderen Seite wünschten wir sicherzustellen, dass alle Mitglieder des Teams bekämen, was wir für sie vorgesehen hatten. Im Grunde waren wir mit demselben Problem konfrontiert wie viele Entwicklungshelfer in den Ländern der Dritten Welt. Die Entwicklungshilfe wird den Regierungen bzw. den Behörden überwiesen. Was diese damit machen, entzieht sich der Kontrolle der Spender. Wir wissen, dass in vielen Fällen der Großteil des Geldes in die falschen Taschen fließt. Aus politischen Gründen ist es den Entwicklungshelfern zumeist nicht möglich, die Verteilung der Mittel selber zu übernehmen.

Schließlich bildeten wir eine kleine Delegation und fragten M so taktvoll wie möglich, ob wir die Trinkgelder selber verteilen könnten. Zu unserer Überraschung reagierte er durchaus verständnisvoll. Er versprach, eine Zeremonie zu organisieren, in der er die Vertreter der Hilfsführer, der Träger und der Köche aufrufen werde, so dass wir ihnen das Trinkgeld überreichen könnten. Er hielt sein Versprechen und die Zeremonie war ein großer Erfolg. Natürlich kam M dabei ebenfalls sehr gut weg.

Zu Mittag waren wir wieder in Rose-Home. Nun hatten wir ein wenig Zeit, die Stadt Moshi kennenzulernen und nach Kaffeehäusern und Restaurants zu suchen. Es gab kaum Autoverkehr, nur wenige Straßen waren gepflastert oder asphaltiert. In der Nacht lag der größte Teil der Stadt lag in völliger Dunkelheit, weshalb wir bei unseren abendlichen Spaziergängen und Restaurantbesuchen die Stirnlampen mitnahmen, als ob wir immer noch auf dem Mount Meru wären. Die Leute waren freundlich zu uns, nur als ich einmal eine Menschenansammlung vor einem Gebäude fotografierte, kam ein Soldat auf mich zu und informierte mich, dass Fotografieren verboten sei, da das Gebäude der Armee gehöre. Er verlangte meinen Film und wollte ihn zerstören. Zum Glück gelang es mir, ihn nach einer längeren Diskussion davon abzuhalten.

Ursula und ich fanden ein sehr gutes Restaurant, in dem wir zu Mittag aßen. Es hieß *Bristol-Cottages* und gehörte einem älteren britischen Ehepaar, das nach dem Rückzug der Briten im Lande verblieben war. Von da an war dies während unseres Aufenthalts in Moshi das Stammlokal unserer Gruppe.

Am Sonntag beschlossen wir, eine Messe zu besuchen. Als die Belegschaft von Rose-Home von unserer Absicht erfuhr, wurden zwei Mädchen beauftragt, uns zu begleiten. Der Gottesdienst war völlig anders als wir ihn von Europa gewohnt waren. Die Kirche war gesteckt voll, jedermann war bestens angezogen, und alle sahen glücklich aus. Sie ließen ihren Gefühlen freien Lauf und sangen aus vollem Herzen. Es war ein höchst erfreuliches und erhebendes Ereignis, wie ich es nirgendwo in Europa erlebt habe.

11.2 Mount Kilimanjaro

Dienstag, den 15. Juli, begann unser Kilimanjaro-Abenteuer. Wir hatten uns für die *Machame-Route* entschieden, die mehr Zeit in Anspruch nimmt und somit auch mehr Zeit für die Akklimatisierung erlaubt. Anstatt in Hütten übernachteten wir in Zelten. Unser Führer war der Koch, der auf dem Mount Meru so gut für unser leibliches Wohl gesorgt hatte.

Das erste Problem trat auf, als der Bus, der uns zum Beginn der Route bringen sollte, im Lehm stecken blieb. Wir mussten aussteigen und die letzten paar hundert Meter zu Fuß zurücklegen. Die Registrierung zog sich endlos in die Länge, es vergingen zwei Stunden, bis wir die Erlaubnis erhielten loszumarschieren. Da der Weg so verlief, dass man sich nicht verirren konnte, gingen wir ohne Führer. Wir trugen lediglich einen kleinen Rucksack. Essensvorräte, Zelte und sonstige Ausrüstung wurden von den Trägern zum ersten Campingplatz transportiert. Dort sollten wir auf unsere Führer warten, die uns unsere Plätze zuweisen würden.

In den vergangenen Tagen hatte es stark geregnet. Die Folge war, dass sich der Fußweg ähnlich wie die Straße, in der unser Autobus stecken geblieben war, in ein Meer aus Schlamm verwandelt hatte. Wir waren es gewohnt, in den irischen Hochmooren zu waten, aber das übertraf alles, was wir bisher erlebt hatten. Immerhin waren wir mit gutem Schuhwerk und Gamaschen ausgerüstet. Die armen Träger jedoch hatten nur Sandalen an und trugen ihre schweren Lasten nicht in gut konstruierten Rucksäcken, sondern in riesigen Plastiksäcken. Da viele verschiedene Gruppen auf dasselbe Ziel zustrebten, war die Zahl der Träger entsprechend groß. Ein nahezu ununterbrochener Strom von Trägern überholte uns. Viele rutschten aus und fielen in den Schlamm. Es war herzzerreißend zu sehen, wie sich diese armen Menschen für uns und unseresgleichen abplagten.

Mary K und ich waren die ersten, die den Campingplatz erreichten. Es war sieben Uhr und dunkel. Der Platz war riesig und wimmelte von Menschen. Niemand hatte eine Ahnung, wo unsere Führer zu finden waren. Wir klopften an eine kleine Hütte, in der mehrere Träger bei ihrem Abendessen saßen. Auch sie wussten nichts von unserem Team, aber sie waren so liebenswürdig, uns von ihrem Essen anzubieten, was wir dankend ablehnten. Schließlich fanden wir unser Team und um neun Uhr lagen wir alle in den Zelten, wo wir unser Abendessen einnahmen. Es war Ursulas erste Erfahrung eines Bergcamps. Sie war nicht gerade begeistert.

Am nächsten Tag verlief alles viel besser. Das Wetter war schön, und wir hatten Zeit, die wunderbaren Aussichten zu genießen. Das *Shira-Camp* am Mittwoch war eine Wohltat im Vergleich zum Camp der vorhergegangenen Nacht. Um am Donnerstag zum *Barranco-Camp* zu gelangen mussten wir vom 4.500 m über dem Meer gelegenen Shira-Camp siebenhundert Meter absteigen. Merkwürdigerweise erlitt ich gerade dort einen leichten Anfall von Höhenkrankheit. Ich konnte meine Finger schwer bewegen und hatte Mühe beim Sprechen. Einige Tassen Tee und ein paar Stunden Ruhe im Zelt stellten mich schnell wieder her. Was die Szenerie betrifft, war dies der beste Tag. Die Blicke auf den Gipfel des Kilimanjaro und den Arrow-Gletscher waren überwältigend. Am Freitag übernachteten wir im Karanga-Tal. Der Weg dorthin war kurz, und wir alle fühlten uns in Bestform.

Das *Barangu-Camp* am Samstag war das letzte Camp vor dem Gipfel. Es liegt 4.600 m über dem Meer und ist ein unwirtlicher Ort ohne Vegetation. Abgesehen von uns war er lediglich von großen schwarzen Krähen bevölkert. Wendeten wir den Blick in Richtung

Gipfel, sahen wir zu unserer Linken einen gewaltigen Abgrund, jenseits dessen in weiter Ferne und ganz klein Mount Meru zu erkennen war. Schauten wir nach rechts, sahen wir den 5.149 m hohen Mawenzi, den dritthöchsten Berg Afrikas.

Wir hatten viel Zeit, uns auszuruhen. Das war gut so, denn um Mitternacht begann der Aufbruch zum Gipfel. Der Himmel war wolkenlos, es war Halbmond und die Temperatur betrug zwanzig Grad unter Null. Die Gletscher des Kilimanjaro schimmerten im Mondlicht. Sobald die Sonne aufging, begann die Temperatur schnell zu steigen. Einige hundert Meter vor dem Gipfel wurde Ursula sehr schlecht. Ich machte mir Sorgen um sie, und wir alle rieten ihr, mit einem der Hilfsführer zum Barangu-Camp abzusteigen. Sie befolgte unseren Rat, und wir gingen weiter. Um halb neun standen wir auf dem Gipfel. Normalerweise empfinde ich einen Gipfelsieg als großartiges Erlebnis. Diesmal empfand ich lediglich Enttäuschung darüber, dass Ursula nicht bei uns war.

Während des mehrere Tage dauernden Abstiegs verbrachten wir viel Zeit damit, festzulegen wer wie viel Trinkgeld bekommen sollte. Leider war unser Führer nicht so kooperativ wie M. Er war nicht bereit, von der üblichen Praxis, den gesamten Betrag einzukassieren, abzuweichen. Wir hatten keine Wahl als ihm das Geld mit unseren Anweisungen auszuhändigen. Er nahm es und verschwand. Wir sahen ihn auch nicht mehr, als wir unsere Zeugnisse abholten. E erwartete uns mit seinem Bus. Alle anderen Mitglieder des Teams außer unserem Führer waren noch anwesend. Wir teilten ihnen mit, was wir ihnen an Trinkgeld zugedacht hatten. Ob sie ihren Anteil erhielten, werden wir nie wissen.

Wie so oft auf meinen Reisen war auch diesmal der Weg interessanter als das Ziel. Unser Ziel war der Gipfel des Kilimanjaro. Mehr als der Kilimanjaro aber ist mir der Mount Meru in Erinnerung. Und einen besonderen Platz in meinen Erinnerungen nehmen die freundlichen Bewohner von Moshi und die freudvolle Messe ein, an der wir am Sonntag, den 13. Juli 2003, teilgenommen hatten.

Bei Marangu

Blick auf den Kilimanjaro vom Mount Meru

Ich glaube, der glücklichste Moment im Leben eines Menschen ist die Abreise in unbekannte Länder. Sir Richard Francis Burton

Kapitel 12: Argentinien 2006

12.1 Córdoba und Buenos Aires

Ein Jahr nach meiner Pensionierung, im September 2006, flogen Ursula und ich nach Argentinien, wo ich zu Vorträgen in den Deutschabteilungen der Universitäten von Córdoba, Buenos Aires und La Plata eingeladen war. Da uns nun viel Zeit zur Verfügung stand, planten wir, sechs Wochen in Argentinien zu verbringen. Ich ging davon aus, dass ich an jeder Universität ein oder zwei Vorträge zu halten hätte und uns viel freie Zeit übrigbliebe. Sehr bald stellte sich allerdings heraus, dass jeder meiner Gastgeber einen einwöchigen Kurs von mir wünschte, der von Montag bis Freitag je zwei bis vier Stunden in Anspruch nehmen würde. Das war mehr als ich erwartet hatte, aber mir blieb keine Wahl als diese Bedingungen zu akzeptieren.

Unser erstes Ziel war Córdoba. Mit seinen 1,3 Millionen Einwohnern ist es die zweitgrößte Stadt des Landes und beherbergt seine älteste, 1613 von den Jesuiten gegründete Universität. Das Universitätsviertel befindet sich im Zentrum der Stadt und wurde von der UNESCO zum Welterbe erklärt.

Der Professor und Vorstand der Deutschen Abteilung und Brigitte Merzig, eine Dozentin, betreuten uns während unseres Aufenthalts. Die Eltern Brigittes hatten Deutschland in den Fünfzigerjahren in der Hoffnung auf ein besseres Leben verlassen, und der Professor war als junger Mann ins Land gekommen. Was immer ihre Hoffnungen gewesen sein mögen, den zahlreichen politischen und wirtschaftlichen Krisen, von denen Argentinien heimgesucht wurde, konnten sie nicht entkommen. Besonders schmerzlich war für sie der Zusammenbruch des Finanzsystems in den Jahren 2001 und 2002, als die Banken die Konten sperrten. Dessen ungeachtet wohnten der Professor und seine chilenische Frau in einem komfortablen Eigenheim in einer angenehmen Gegend, und Brigitte und ihre Familie besaßen außer ihrem Heim in Córdoba ein Ferienhaus in den Bergen. Die Regierung Kirchners stellte ein gewisses Maß an Stabilität wieder her, die Menschen bekamen in Raten zurückbezahlt, was ihnen die Banken seit dem Kollaps schuldeten, und die Wirtschaft begann sich langsam zu erholen. Solange man im Land blieb, ging es einem nicht schlecht. Reisen ins Ausland waren freilich ein teurer Spaß, da man mit dem argentinischen *peso* nicht weit kam.

Die Woche in Córdoba verlief äußerst angenehm. Meine Unterrichtsstunden fielen in die Nachmittage, die Vormittage und die Abende standen uns zur freien Verfügung. Einmal wurden wir vom Professor und seiner Frau zum Abendessen eingeladen und ein anderes Mal verbrachten wir einen vergnüglichen Abend im Haus einer Kollegin bei Pizza und Wein. In der Stadt gab es jede Menge guter Restaurants mit hervorragenden Steaks. Mein Lieblingsschnitt war *bife chorizo*, von dem ich leider nicht weiß, welcher Schnitt ihm in Europa entspricht. Jedenfalls ist es kein Lungenbraten. Es ist von etwas Fett durchzogen und äußerst schmackhaft. Vielleicht ist es ein Rib Eye Steak.

Auf unseren Spaziergängen durch die historische Altstadt stießen wir auf ein Reisebüro, in dessen Schaufenster eine Bustour zu den Iguazú-Wasserfällen und zurück, drei Hotelübernachtungen und geführte Besuche der Wasserfälle miteingeschlossen, angepriesen wurde. Die Reise dauerte von 13. bis 17. Oktober, und der Preis betrug hundertzwanzig Dollar pro Person. Wenn man berücksichtigt, dass es von Córdoba bis Iguazú fast eineinhalbtausend Autobuskilometer sind, war das ein Spottpreis. Meine nächste Vortragswoche war für Buenos Aires bestimmt, aber da wir vorhatten, später wieder kurz nach Córdoba zu kommen, konnten wir dann von hier die Reise nach Iguazú antreten. Als wir für die Tour bezahlten, stellte sich heraus, dass der Preis nicht in Dollars sondern in Pesos angegeben war, was die ganze Sache noch um einiges billiger machte. Ich komme auf die Reise nach Iguazú weiter unten zu sprechen.

Dasselbe Reisebüro bot eine geführte Wanderung im *Parque Nacional Quebrada Condorito* zu einem Aussichtspunkt an, von dem aus man Kondore beobachten konnte. Man sagte uns, dass die Wanderung vier Stunden dauern würde und eine gute körperliche Verfassung erfordere. Sie war für den folgenden Tag anberaumt. Da ich an dem Tag vorlesungsfrei hatte, entschieden wir uns, die Wanderung mitzumachen. Bevor wir zahlten, mussten wir ein langes Dokument unterschreiben, das auf die großen Gefahren der Wanderung hinwies und klarstellte, dass die Veranstalter für keine Unfälle, Krankheiten und Todesfälle hafteten.

Am nächsten Morgen wurden wir zusammen mit einigen anderen Gringos in den Nationalpark gefahren. Sie waren aus den Niederlanden, den USA und Deutschland. Keiner von ihnen sah wie ein Bergsteiger aus, aber aus ihren Gesprächen entnahmen wir, dass sie in der ganzen Welt herumgereist waren. Während der gesamten Wanderung versuchten sie einander mit ihren Reiseerlebnissen zu beeindrucken und zu übertrumpfen. Ich hatte den Eindruck, dass sie vollkommen vergaßen, wo sie sich im Augenblick befanden. Sie erinnerten mich an einen Gast im Haus einer für ihre hervorragenden Mahlzeiten weithin gerühmten irischen Bekannten, der während des köstlichen Essens von nichts anderem redete als von den herrlichen Gerichten, die er in diesem oder jenem wunderbaren Restaurant in Paris oder in London genossen hatte.

Der *Parque Nacional Quebrada Condorito* liegt in einer Pampas-Landschaft. Wir wanderten in der Ebene dahin, bis wir zu einem Canyon gelangten, von dessen Rand wir in weiter Entfernung einige Vögel herumfliegen sahen. Angeblich waren es Kondore. Der Punkt, an dem wir standen, heißt *Balcón Sur*. Die Wanderung war völlig harmlos. Wir hätten ein Auto mieten und ohne Führer im Nationalpark herumspazieren können.

Die nächste Woche verbrachten wir in Buenos Aires. Die Busfahrt dorthin dauerte sieben Stunden. Die österreichische Botschafterin, Frau Dr. Gudrun Graf, und ihr Mann Bernd waren so liebenswürdig, uns für die Dauer meiner Vortragsreihe in der Botschaftsresidenz zu beherbergen. Die Professorin der Deutschen Abteilung der Universität in Buenos Aires hatte mich für einen einwöchigen Kurs eingespannt. Es war ausgemacht, dass sie mir die Einzelheiten und den Zeitplan bei unserer Ankunft mitteilen werde.

Vom Bus-Terminal nahmen wir ein Taxi zur Botschaft. Die Luft war lau und die Abenddämmerung brach gerade herein. Die Fahrt entlang der weiten Boulevards und vorbei an monumentalen Gebäuden gab uns beiden ein gutes Gefühl. Manche Städte ziehen den Neuankömmling sofort in ihren Bann, bevor er sie richtig kennenlernt. Buenos Aires gefiel uns auf Anhieb.

Als wir von der langen Reise etwas zerzaust in der Botschaftsresidenz ankamen, wurden wir mit Musik begrüßt. Die beiden Söhne des Botschafterehepaars spielten auf dem Klavier ein Stück für vier Hände. Sie waren junge Teenager und nicht nur gute Musiker, sondern auch ausgezeichnete Linguisten. Außer Deutsch sprachen sie Englisch, Französisch und Spanisch. Frau Dr. Graf hatte ein tolles Programm für uns vorbereitet. Unter anderem waren ein Konzert im *Teatro Colon*, eine Vernissage, und ein Abendessen mit Freunden in der Botschaft geplant.

In der Früh des folgenden Tages rief ich die Deutsche Abteilung an, um meinen Stundenplan zu besprechen. Wie sich herausstellte, gab es nichts zu besprechen, da alles bereits festgelegt war. Ich hatte jeden Abend der Woche von sieben bis neun Uhr zu unterrichten. Mein Kurs war für Abendstudenten vorgesehen, die nach ihrer Arbeit in die Universität kamen, um sich fortzubilden. Die Fahrt in der U-Bahn von der Botschaft zur Universität dauerte eine Stunde Das war's also! Lebt wohl Teatro Colon, Vernissage und Abendessen mit Freunden in der Botschaft! Ich musste jeden Abend arbeiten, während Ursula das Teatro Colon und die Vernissage besuchte und mit Freunden des Botschafterehepaars speiste.

Jeden Abend verließ ich die Botschaft um sechs Uhr und war frühestens um zehn Uhr zurück. Manchmal traf ich mich nach dem Kurs irgendwo in einem Kaffeehaus mit Ursula, wenn sie gerade frei war. An einem Abend luden uns die Professorin und ihr Mann zum Essen in ein gemütliches Restaurant ein. Die Studenten, die meinen Kurs besuchten, waren außerordentlich motiviert und interessiert. Es war eine Freude, mit ihnen zu arbeiten, so sehr, dass es mir einigermaßen darüber hinweghalf, die von Frau Dr. Graf geplanten Einladungen versäumen zu müssen.

Wenn Ursula mit der Botschafterin die Residenz verließ, wurden strenge Sicherheitsvorkehrungen getroffen. Sie gingen durch die Küche in die Garage und stiegen in den von einem Chauffeur gefahrenen Mercedes, der mit kugelsicherem Glas versehen war. Das Sicherheitstor der Garage öffnete sich automatisch und schloss sich sofort wieder hinter ihnen. Vor dem Theater oder vor der Galerie angekommen, ging man schnellen Schrittes ins Gebäude. Es war nicht erlaubt, stehenzubleiben oder mit jemandem zu sprechen. Entführungen waren an der Tagesordnung. Wohlhabende und bekannte Persönlichkeiten und Diplomaten waren beliebte Ziele der Entführer. Eine sehr häufige Entführungsmethode war das sogenannte *secuestro express* (Expressentführung). Die Entführer schnappten einen Ehemann, eine Ehefrau oder ein Kind und verlangten zehntausend Dollar in bar. Das war zwar eine beachtliche Summe, aber doch niedrig genug, dass sie die meisten sofort erlegen konnten. Die Sache ging in der Regel schnell vorüber. Einige Bekannte des Botschafterehepaars waren Opfer eines *secuestro express* geworden, und Frau Dr. Graf unternahm alles, um zu verhindern, dass Angehörige ihrer Familie oder sie selber entführt würden.

Da weder Ursula noch ich zur Kategorie der für eine Expressentführung in Frage kommenden Personen zählten, fühlten wir uns in der Stadt ziemlich sicher. Wir benützten die U-Bahn und die Autobusse und hatten nie Probleme. Mit seinen eindrucksvollen Boulevards und den vielen gemütlichen Kaffeehäusern erschien mir Buenos Aires wie eine Synthese von Paris und Wien.

Mehrere Male besuchten wir die *Plaza de Mayo*, auf deren Ostseite die *Casa Rosada*, der Präsidentenpalast, steht. Nichts erinnerte an die wilden Szenen, die sich hier während des Höhepunkts der Finanzkrise von 2001 abgespielt hatten. Als sich Gerüchte verbreiteten, dass die Banken vor dem Kollaps stünden, und viele Menschen begannen, ihr gesamtes Vermögen abzuheben, um es unter ihren Betten in Sicherheit zu bringen, froren die Banken alle Konten ein. Die Menschen hatten kein Geld mehr und gingen auf die Straße. Am 20. Dezember 2001 trat Präsident Fernando de la Rua zurück und musste von einem Hubschrauber aus dem Palast geflogen werden, um der wütenden Menge zu entkommen. Später wurde bekannt, dass die Banken ihre reichen Stammkunden und die internationalen Firmen über die bevorstehenden Probleme informiert und ihnen ermöglicht hatten, ihr Geld ins Ausland in Sicherheit zu bringen. Wie immer war es die Mittelschicht, die das von den korrupten und inkompetenten Politikern verursachte Chaos auszubaden hatte.

Während die Krise von 2001/2002 nahezu vergessen zu sein schien, waren andere Schrecken der Vergangenheit nicht aus dem kollektiven Gedächtnis verschwunden. Jeden Donnerstag hielten die Mütter der während der Militärdiktatur zwischen 1976 und 1983 ermordeten und meistens spurlos verschwundenen Dissidenten eine Kundgebung vor der Casa Rosada ab. Die *Operation Condor* genannte Verfolgung der Dissidenten unter der Diktatur wurde von der Regierung der Vereinigten Staaten unterstützt. Die Mütter der ermordeten Dissidenten gaben sich den Namen *Madres de la Plaza de Mayo* und protestierten zum ersten Mal 1977 trotz des verfügten Demonstrationsverbots. Sie zahlten einen schrecklichen Preis. Die Anführerin der Madres, Azucena Villaflor, wurde gefoltert und ermordet und danach aus einem Flugzeug geworfen. Zwei französische Nonnen, die sich der Protestbewegung angeschlossen hatten, erlitten dasselbe Schicksal. Nun, im Jahr 2006 demonstrierten die Mütter immer noch. Ihre politische Agenda war breiter geworden. Wir sahen sie mit Bannern, auf denen sie *distribución de la riqueza ya!* (Verteilung des Reichtums jetzt!) verlangten

12.2 La Plata

Nach dem Ende meines Kurses für die Abendstudenten in Buenos Aires ging die Reise weiter nach La Plata, wo ich ebenfalls eine Woche lang Vorlesungen zu halten hatte. La Plata, eine Stadt von etwa achtzigtausend Einwohnern, ist von Buenos Aires mit dem Bus in einer Stunde erreichbar. Unsere Gastgeberin war Professor Graciela Wamba. Mein Kurs fand an den Nachmittagen statt, wir hatten also die Vormittage und Abende frei. Das Hotel war nur zwanzig Minuten zu Fuß von der Universität entfernt.

Die Stadt ist stolz darauf, das nach dem berühmten *Teatro Colon* bedeutendste Theater- und Opernhaus Argentiniens zu besitzen. Das alte *Teatro Argentino de La Plata* war 1977 niedergebrannt, das neue wurde 1999 eröffnet. Der „brutalistische" Stil des Architekten Wimpy Tomas Oscar García ist nicht nach jedermanns Geschmack. Was immer man von dem Äußeren des Gebäudes halten mag, sein Inneres überzeugt mit seiner Einfachheit und Funktionalität, und die Akustik ist hervorragend. Wir hatten das Glück, von Graciela zu einem Ballettabend in das Teatro Argentino eingeladen zu werden.

Nach dem Ende meiner täglichen Vorlesungen trafen Ursula und ich uns gewöhnlich in einem charmanten Kaffeehaus in der Straße zwischen dem Hotel und der Universität. Während unseres Aufenthaltes wurde La Plata von Massen sogenannter *desposeidos* (Enteigneter) besetzt. Sie fielen über die Stadt her, blockierten die Straßen mit brennenden Autoreifen und kletterten auf die Dächer der Autobushaltestellen, um von den Bäumen Äste für die Feuer abzubrechen. Manchmal brachen die dünnen Dächer der Haltestellen unter dem Gewicht der Protestierenden ein. Polizei war nirgends zu sehen. Wahrscheinlich hätte ihre Anwesenheit die Sache nur schlimmer gemacht. Von unserem Fensterplatz des Kaffeehauses blickten wir fasziniert auf das Chaos. Graciela zufolge sind die *desposeidos* Menschen oder die Nachkommen von Menschen, die von den Landbesitzern von ihren Grundstücken vertrieben worden waren. Wann genau das geschehen war und unter welchen Umständen, konnte sie uns nicht sagen.

Es war schwer auszumachen, worum es bei den Demonstrationen ging. Wir sahen Plakate mit der Forderung nach der Legalisierung der Abtreibung, aber das war offenbar nur ein Vorwand zum Protestieren. Das Entscheidende war wohl eher, dass die *desposeidos* ihrer Unzufriedenheit mit dem „System" Ausdruck verleihen wollten. Die Bewohner La Platas ließen das Chaos gelassen über sich ergehen, niemand im Kaffeehaus ließ sich beim Genuss von Kaffee und Kuchen stören.

Eine Soziologieprofessorin veröffentlichte einen langen Zeitungsartikel, in dem sie die Diskriminierung dieser Minderheit verurteilte. Ihrer Meinung nach besaßen sie ihre eigene Kultur, die zu respektieren sei. Das erinnerte uns an die *travelling people* in Irland, von denen man sagt, dass sie die Nachfahren der Kleinbauern sind, die während der Hungersnot im neunzehnten Jahrhundert von ihren gepachteten Grundstücken vertrieben worden waren und einen ähnlichen Lebensstil wie die Roma entwickelten. Die irische Regierung verlieh ihnen den Status einer ethnischen Minderheit. Das ist insofern problematisch, als sich die *travelling people* im Unterschied zu den Roma von den übrigen Iren ethnisch nicht unterscheiden. Da sie sich nicht wie die Mehrheit der Inselbewohner mit Briten, Amerikanern, Kontinentaleuropäern und Einwanderern vermischen, kann man sie wohl als die eigentlich unverfälschten Iren bezeichnen. Ich konnte nicht herausfinden, ob es sich mit den *desposeidos* ähnlich verhält.

Auf unseren Wanderungen durch die Stadt stießen wir auf die Statue von William Brown. Er war Ire, stammte aus Foxford in der Grafschaft Mayo und war der Gründer der argentinischen Kriegsmarine. Im Jahr 1777 spielte er eine wichtige Rolle im Kampf für die Unabhängigkeit von Spanien und danach noch in mehreren Kriegen gegen Brasilien und Uruguay. In der Schlacht auf dem Rio Paraná besiegte er eine von Giuseppe Garibaldi befehligte uruguayische Flotte. Der zukünftige italienische Freiheitsheld wurde inhaftiert und mit der Todesstrafe bedroht. Dank der Intervention William Browns wurde er jedoch freigelassen, wofür ihm Garibaldi sein Leben lang dankbar war. Brown starb 1857 und wurde im Friedhof La Recoleta in Buenos Aires begraben. 2012 errichtete man in Foxford eine Statue des irischen Seemanns und eröffnete den William Brown Memorial Park.

12.3 Salta

Von La Plata fuhren wir nach Buenos Aires zurück, wo wir uns mit unserer irischen Freundin Eileen trafen. Gemeinsam mit ihr nahmen wir ein paar Tage darauf den Bus nach Salta. Wir verließen Buenos Aires am späten Nachmittag und kamen am folgenden Morgen im eineinhalbtausend Kilometer entfernten Salta an. Wie alle Überlandbusreisen in Argentinien war auch diese höchst angenehm. Man reist wie in der Business Class eines Flugzeugs.

Wir wollten die Canyons des Chalchaqui-Tales zwischen Salta und der Weingegend um Cafayte besuchen. In Salta fanden wir eine Agentur, die Tagesausflüge zu den Canyons und den Weingärten für einen ziemlich heftigen Preis anbot. Wanderungen durch die Canyons waren angeblich miteingeschlossen. Bei näherem Nachfragen stellte sich allerdings heraus, dass die sogenannten Wanderungen aus kurzen Spaziergängen vom Bus zu diversen Souvenirläden oder zu einer Höhle oder einem nicht mehr als hundert Meter vom Straßenrand entfernten Canyon bestanden. Von richtigen Wanderungen konnte keine Rede sein.

Wir beschlossen daher, ein Auto zu mieten und die Canyons auf eigene Faust zu erwandern. Nachdem wir uns durch das unbeschreibliche Verkehrschaos von Salta herausgewunden hatten, genossen wir die hundertneunzig Kilometer lange beinahe leere Straße nach Cafayate. Sie führte durch rötliche Sandberge und Canyons mit phantastischen Felsformationen. Einige der Formationen trugen Namen wie *Garganta del Diablo* (die Kehle des Teufels), *Amphiteatro*, *El Sapo* (die Kröte) und dgl.

Am frühen Nachmittag trafen wir in Cafayate ein. Im Touristenbüro, in dem kein Tourist zu sehen war, hatten wir das Glück, einen jungen Mann zu finden, der sich bereit erklärte, uns für zwanzig Dollar durch die Canyons zu führen. Wir nahmen sein Angebot an und bereuten es nicht. Unser Führer brachte uns auf kleine Gipfel, durch ausgetrocknete Schluchten, wir betraten riesige Höhlen und wateten durch seichte Flüsse. Ohne seine ortskundige Führung hätten wir uns unweigerlich verirrt. Kein Mensch war weit und breit zu sehen. Wir hatten die phantastische Landschaft ganz für uns alleine!

Salta besitzt ein bemerkenswertes Museum, das *Museo de Arqueologia de Alta Montana de Salta* (MAAM). Dort befinden sich drei Mumien von Kindern, die von den Inkas vor etwa fünfhundert Jahren ihren Göttern zum Opfer dargebracht worden waren. Sie wurden am 16. März 1999 von einem archäologischen Team unter der Leitung des amerikanischen Anthropologen Johan Reinhard unweit des Gipfels des 6.739 m hohen Vulkans *Llullaillaco* in der Atacama Wüste an der Grenze zwischen Argentinien und Chile entdeckt. Die Trockenheit der Wüstenluft und die extreme Höhe sind der Grund dafür, dass sie außerordentlich gut erhalten sind. Man hat ihnen Namen gegeben: *la doncella* (die Jungfrau), *la niña del rayo* (das Blitzmädchen), *el niño* (der Bub/der Junge). Es wird angenommen, dass man ihnen Schlafmittel verabreicht hatte, bevor man sie in eine Grabkammer sperrte, wo sie starben. *El niño* war ungefähr sieben Jahre alt gewesen. Er war gefesselt, vielleicht weil er Widerstand geleistet hatte. Die beiden Mädchen waren, wie DNA Proben ergaben, Halbschwestern und hatten sich offenbar in ihr Schicksal ergeben. Jedenfalls wurden keine Spuren gefunden, die auf Widerstand oder Stress schließen lassen. Die Schulter der sechs Jahre alten *niña del rayo* war von einem Blitz getroffen worden (deshalb der Name), als sie bereits tot war. Am berühmtesten ist die fünfzehnjährige *doncella*. Die Experten vermuten, dass sie eine Sonnenjungfrau war.

Die Mumien werden abwechselnd ausgestellt, so dass jeweils nur eine Mumie zu sehen ist. Während unseres Aufenthaltes in

Salta war es *la doncella*. Es war eine eigenartige Erfahrung, die mumifizierten Überreste dieses armen Mädchens zu betrachten. Ich war tief bewegt, und gleichzeitig schämte ich mich für meine Neugierde. Ich hatte das Gefühl, in ein Geheimnis einzudringen, das der Öffentlichkeit verborgen bleiben sollte und begann zu verstehen, warum sich die indigene Bevölkerung gegen die Zurschaustellung der Opfer gewehrt hatte. Die Kinder waren vor hunderten von Jahren geopfert worden, um gutes Wetter, eine reiche Ernte und die Gesundheit der Bevölkerung zu sichern. Dem volkstümlichen Glauben zufolge wachen die Geister dieser Menschenopfer immer noch über ihr Volk. Vielleicht hätte man sie in Ruhe lassen sollen.

Der Leiter des archäologischen Teams, das die Mumien entdeckte, ist ein bemerkenswerter Mann. Johan Reinhard wurde in Joliet (Illinois, USA) geboren und studierte an den Universitäten von Arizona (USA) und Wien (Österreich), wo er 1974 zum Doktor der Anthropologie promovierte. Er nahm an zahlreichen archäologischen Unterwasserstudien und Ausgrabungen in den Alpen, den Anden und in den Himalayas teil und ist nicht nur ein anerkannter Archäologe und Anthropologe mit einer eindrucksvollen Liste von wissenschaftlichen Veröffentlichungen, sondern darüber hinaus ein erfolgreicher Expeditionsleiter, Bergsteiger und Taucher. Er ist *Explorer in Residence* der National Geographic Society, Gastprofessor an der Katholischen Universität in Salta und ehrenamtlicher Professor an der Katholischen Universität von Arequipa in Peru. Außer Englisch spricht er Spanisch, Nepali und Deutsch.

Wenn ich so eine Erfolgsgeschichte lese, kann ich mich eines gewissen Neidgefühls nicht erwehren. Auch ich habe promoviert, publiziert und Berge bestiegen, aber nichts erreicht, was sich mit den Leistungen Professor Reinhards auch nur im entferntesten vergleichen ließe. Vielleicht schreibe ich dieses Buch, um nicht nur andere Leute, sondern vor allem mich selber davon zu überzeugen, dass es auch einfachen Durchschnittsmenschen vergönnt ist, einigermaßen interessante Reiseerlebnisse zu haben.

12.4 Eine Reise nach Iguazú

Von Salta fuhren wir mit dem Bus nach Córdoba, wo uns Eileen verließ, um nach Mendoza weiterzureisen. Die Busreise nach Iguazú, die Ursula und ich vor nahezu vier Wochen gebucht hatten, nahm von Córdoba ihren Ausgang. Der 12. Oktober ist ein Feiertag in Argentinien. Er heißt *Día del Respeto a la Diversidad Cultural* (Tag des Respekts für kulturelle Vielfalt) – vormals bekannt als *Día de la Raza* (Tag der Rasse) – und gedenkt der Landung von Columbus auf dem amerikanischen Kontinent am 12. Oktober 1492.

Der italienische Seefahrer war alles andere als ein Champion des respektvollen Umgangs mit fremden Rassen und Kulturen. Seine Gier nach dem Gold veranlasste ihn, die Eingeborenen, die ihm ihre Gastfreundschaft gewährt hatten, grausam zu misshandeln. Möglicherweise wurde dieser Tag „Tag der Rasse" und „Tag des Respekts für kulturelle Vielfalt" genannt, um das von Columbus begangene Unrecht wiedergutzumachen. 2006 fiel der 12. Oktober auf einen Donnerstag, weshalb die Argentinier in den Genuss eines besonders langen Wochenendes kamen. Unsere Reise nach Iguazú war ein Sonderangebot des Reisebüros für dieses Wochenende.

Von Córdoba bis Iguazú sind es eineinhalbtausend Kilometer, und wir waren eine Nacht und einen Tag im Bus unterwegs. Wir waren die einzigen Gringos im Autobus voller gut gelaunter Argentinier, die im Umgang mit uns großen Respekt für kulturelle Vielfalt an den Tag legten. Am Freitag legten wir um die Mittagszeit einen längeren Aufenthalt ein und besichtigten eine Mine, in deren Geschäft wir Edelsteine und Halbedelsteine kaufen konnten. Die Führerin war voll des Lobes für die Bergbaufirma, für die sie arbeitete. Ich fragte sie, wie viel die Bergarbeiter verdienten, aber sie konnte oder wollte mir keine Antwort geben. Wir waren froh, als wir endlich in unserem Hotel in Iguazú ankamen und uns vor dem Abendessen im Schwimmbad entspannen konnten.

Am Samstagvormittag wurden wir zur argentinischen Seite der Wasserfälle geführt. Ich hatte nicht gewusst, dass es so viele Wasserfälle gibt, die einander an Dramatik übertreffen. Trotz der Menschenmassen, die das lange Wochenende angelockt hatten, waren die Eindrücke, die wir erhielten, gewaltig.

Am Nachmittag stand ein Besuch des Itaipu Damms auf dem Programm. Das Wasserkraftwerk von Itaipu an der Grenze zwischen Brasilien und Paraguay war zur Zeit seiner Fertigstellung im Jahre 1984 das größte der Welt. 2008 wurde es von der Drei-Schluchten-Talsperre in China überboten. Itaipu verfügt heute über zwanzig Turbinen, von denen achtzehn immerfort in Betrieb sind, während zwei zur Wartung heruntergefahren werden. Jede Turbine generiert 700 Megawatt. Um einen Eindruck zu vermitteln, was das bedeutet: die gesamten Gewässer der Iguazú-Fälle haben lediglich die Kapazität, einen dieser Generatoren zu betreiben.

Der gewaltige Eindruck, den der Itaipu-Damm bietet, lässt einen nur allzu leicht vergessen, welchen sozialen und ökologischen Preis dieses technische Wunderwerk gefordert hatte. Zehntausend Familien, die in der Nähe des Paraná Flusses wohnten, wurden umgesiedelt, und der Guaíra National Park wurde (wörtlich!) liquidiert: Um das Itaipu-Reservoir zu schaffen, überflutete man die Guaíra-Fälle. Diese bestanden aus sieben Gruppen von Wasserfällen, deren Fließrate zu den größten der Erde zählte. Nicht genug damit, dass man die Wasserfälle überflutete; man sprengte auch den Felsen, über den sie sich ergossen und machte damit ihre Restaurierung für alle Zukunft unmöglich. Am 17. Jänner 1982 kamen tausende Touristen in den Guaíra National Park, um die Wasserfälle das letzte Mal zu sehen. Eine zu einem Aussichtspunkt führende Hängebrücke brach unter der Last der Besucher zusammen, und achtzig Menschen stürzten in den Tod.

Der brasilianische Dichter Carlos Drummond de Andrade schrieb ein ergreifendes Gedicht zum Andenken an die Guaírafälle. Da ich keine deutsche Übersetzung finden konnte, gebe ich hier die englische Version wieder:

> Here seven visions, seven liquid sculptures
> vanished through the computerized calculations
> of a country ceasing to be human

in order to become a chilly corporation, nothing more.
A movement becomes a dam.

Am Abend brachte man uns zu einer Samba-Show. Herrlich gebaute zu vier Fünfteln nackte mit buntem Federwerk geschmückte Damen tanzten auf einer erhöhten Bühne zum ohrenbetäubenden Krach einer Katzenmusik, wie wir sie zwei Jahre davor in der Sambaschule in Rio de Janeiro gehört hatten. Es gab ein Abendessen, zu dem eine Caipirinha serviert wurde. Hätte die ganze Sache nicht mehr als zwei Stunden gedauert, wären wir ganz zufrieden gewesen. Leider aber mussten wir bis ein Uhr in der Früh auf unseren Bus warten, der uns ins Hotel zurückbrachte. Einige Male verließen wir unseren Tisch, um im Freien frische Luft zu schnappen. Vor dem Gebäude hielten sich viele Menschen auf, die offenbar ebenfalls genug von dem Sambalärm hatten. Es waren auch Kinder da, deren Eltern drinnen der Sambaaufführung beiwohnten. Einige waren nicht älter als fünf Jahre. Niemand schien sich um ihre Sicherheit Sorgen zu machen.

Am Sonntag besuchten wir die brasilianische Seite der Iguazú-Fälle. Wir sahen den riesigen Wasserfall, den viele aus der Anfangsszene des Films *The Mission* kennen, in der die Eingeborenen einen jesuitischen Missionar auf ein Floß binden und in den Tod schicken. Inspiriert von der Tapferkeit der Jesuiten des 17. Jahrhunderts riskierten Ursula und ich eine Tour mit dem großartigen Namen *La Gran Aventura*. Ein Schnellboot raste mit uns durch einen tosenden Wasserfall. Es war in der Tat sehr aufregend. Mein Fotoapparat wurde so sehr durchnässt, dass ich ihn mehrere Tage nicht benützen konnte.

Anstatt mit dem Bus nach Córdoba zurückzufahren, was im Preis des Pakets miteingeschlossen war, nahmen wir einen direkten Bus nach Buenos Aires, wo wir uns mit Eileen nach ihrer Rückkehr von Mendoza verabredet hatten. Ein Taxi brachte uns auf die argentinische Seite zum Busterminal. Der Taxifahrer erklärte dem Zollbeamten, dass er zwei *gringos* zum Autobusbahnhof bringe. Obwohl es in Lateinamerika üblich ist, jeden Fremden als *gringo* zu bezeichnen, meint man doch meistens Amerikaner damit. Leicht indigniert teilte ich dem Taxifahrer mit: *no somos gringos, somos europeos.* Er fragte, woher wir kamen, und als ich sagte, aus Österreich, antwortete er in perfektem Deutsch, dass seine Großeltern aus dem Hunsrück nach Brasilien eingewandert waren. Hier war ein Nachkomme deutscher Immigranten der dritten Generation, die ihr kulturelles Erbe und die Sprache der Vorfahren in bewundernswürdiger Weise bewahrt hatte!

Las Madres de la Plaza de Mayo

La Gran Aventura

Steigst du nicht auf die Berge, so siehst du auch nicht in die Ferne.
Sprichwort aus China

Kapitel 13: Die österreichischen Alpen

13.1 Ein Lob auf die Langsamkeit

Je langsamer man reist, umso mehr nimmt man auf. Wenn das stimmt, dann ist Wandern die beste Art zu reisen. Vom Mittelalter bis ins neunzehnte Jahrhundert sammelten junge Handwerker Berufserfahrung, indem sie von Ort zu Ort wanderten und bei verschiedenen Meistern ihres Fachs Arbeit suchten. Junge Maler wanderten über die Alpen nach Italien, um dort die alten Meister zu studieren und von den zeitgenössischen Meistern die neuesten Techniken zu erlernen. Man nannte diese Phase im Leben von Handwerkern und Künstlern Wanderjahre. Die Liederzyklen *Die schöne Müllerin* und *Die Winterreise* von Franz Schubert und Wilhelm Müller beruhen auf dieser Tradition. Für die Romantiker war Wandern eine Metapher des menschlichen Lebens: Das Leben war eine Wanderung.

Als ich jung war, trug ich mich oft mit dem Gedanken, einen der langen europäischen Weitwanderwege zu absolvieren, zum Beispiel von Wien nach Rom. Viel später, als meine Pensionierung bevorstand, spielte ich mit der Idee, den *Camino de Santiago* von Paris oder von Pamplona bis Santiago de Compostela zu wandern. Alleine zu gehen, würde mir die Gelegenheit geben, über mein bisheriges Leben nachzudenken und zu planen, was ich mit der mir noch verbleibenden Zeit anfangen sollte. Ich schäme mich ein wenig, zugeben zu müssen, dass ich weder das eine noch das andere getan habe. Ich war schlicht und einfach zu faul dazu.

Ungeachtet meiner Faulheit, was monatelange Weitwanderungen betrifft, liebe ich es, in den Bergen zu wandern. Vielleicht war es die Furcht, auf den endlosen kastilischen Ebenen nahe von verkehrsreichen Straßen in fürchterlicher Hitze dahinstolpern zu müssen, die mich davon abhielt, den Jakobsweg zu erwandern. In den

Alpen ist es möglich, lange Wanderungen von Hütte zu Hütte zu unternehmen, ohne Autoabgase einzuatmen oder in der Hitze zu vergehen. Die Hütten sind zwischen fünf und zehn Gehstunden voneinander entfernt, und wenn man in ihnen übernachtet, braucht man nicht in die Täler abzusteigen, bevor man die nächste Etappe in Angriff nimmt. Die meisten Hütten sind heutzutage bestens ausgerüstet und bieten einen beachtlichen Komfort. Sie haben Duschen und Trockenräume, und man bekommt zu essen und zu trinken. Dies ermöglicht es dem Wanderer, mit leichtem Gepäck unterwegs zu sein. Die Szenerie ist durchwegs spektakulär, und in den Hütten trifft man fast immer auf interessante Gesellschaft.

Wandern ist jedoch nicht die langsamste Art der Fortbewegung. Das Klettern im Fels ist noch um einiges langsamer. Zwar ist man in der Regel nicht länger als einige Stunden im Fels unterwegs, aber es gibt Kletterrouten, die mehrere Tage beanspruchen und es nötig machen, in der Felswand zu biwakieren. Meine Fähigkeiten gestatteten es mir nicht, mich auf solche Abenteuer einzulassen. Ich liebte leichte Routen bis zum dritten oder vierten Schwierigkeitsgrad, die sich in einigen Stunden bewältigen ließen, und deren Zustiege und Abstiege in der Regel nicht mehr als ein bis zwei Stunden beanspruchten. Wenn eine solche Route einige Autostunden vom Heimatort entfernt ist, kann sie mehrere Tage beanspruchen, sofern man die Hin- und Rückreise, den Zustieg und Abstieg sowie ein oder zwei Übernachtungen auf einer Hütte miteinberechnet.

Es gibt einen wesentlichen Unterschied zwischen Wandern und Klettern: Während der Wanderer seinen Geist schweifen lassen darf oder sich mit seinen Kameraden über alles Mögliche zu unterhalten vermag, muss sich der Kletterer voll und ganz auf die nächste Bewegung konzentrieren. Für abschweifende Gedanken und Unterhaltungen ist kein Platz. Klettern ist wie Meditation. Mein Reisetagebuch wäre nicht vollständig, wenn ich nicht zwei Kletterabenteuer und eine mehrtägige Wanderung von Hütte zu Hütte in den österreichischen Alpen miteinschlösse.

13.2 Der Nationalpark Gesäuse

Der im Jahr 2002 gegründete Nationalpark Gesäuse ist Österreichs jüngster Nationalpark. Er ist ein Teil der Ennstaler Alpen im Bundesland Steiermark und liegt etwa drei Autostunden von Wien entfernt. Der höchste und bekannteste Berg in den Ennstaler Alpen, der Hohe Dachstein in der Nähe des Wintersportorts Schladming, gehört nicht zum Nationalpark und wird daher kommerziell ausgebeutet. Es gibt eine Seilbahn, die den Touristen zum Gletscher auf fast dreitausend Meter Höhe transportiert, einen Skywalk, ein Restaurant, Schilifte und sehr viel Rummel. Im Gegensatz dazu ist das Gesäuse ein Paradies für Wanderer und Kletterer, die sich nach Einsamkeit und einer intakten Natur sehnen. Es gibt weder Seilbahnen noch Schilifte. Für die wenigen Hütten, die Rast und Unterkunft bieten und von wunderschönen Landschaften umgeben sind, ist der Wanderer dankbar. Viele Gipfel sind nur über Kletterrouten oder Klettersteige erreichbar. Auf die Klettersteige komme ich im Kapitel 13.4 zu sprechen.

Der wichtigste Ort des Gesäuses ist der Markt Admont mit dem wunderbaren Benediktinerstift. Das Stift ist berühmt für seine 1776 fertiggestellte Bibliothek mit dem weltweit größten klösterlichen Bibliothekssaal und der bedeutendsten Sammlung religiöser Bücher außerhalb des Vatikans. Auf einem Hügel oberhalb des Orts steht das frühbarocke Schloss Röthelstein, das früher dem Stift gehörte und heute als Hotel dient. Im August 2017 verbrachte ich dort mit einer Gruppe irischer Wanderfreunde einen zweiwöchigen Urlaub. Im Schloss befindet sich eine Kapelle, die bei besonderen Gelegenheiten, z.B. bei Hochzeiten, benützt wird. Als mich einige meiner Gruppe fragten, wo und wann eine Messe stattfinde, erkundigte ich mich beim Stift, ob man für uns eine Messe in der Schlosskapelle abhalten könnte. Zur unserer Überraschung und Freude kam der Abt persönlich ins Schloss herauf und las für uns die Messe.

Für mich war das weder der erste noch der letzte Besuch des Gesäuses. Da es von Wien aus relativ schnell erreichbar ist und dem Alpinisten alles bietet, was das Herz begehrt, treibe ich mich ziemlich oft dort herum.

13.3 Kletterabenteuer 2007 und 2013

Im Juli 2007 machte ich mich mit meinem Wiener Kletter- und Wanderfreund Willi Drofenik zu einer der längsten alpinen Überquerungen im Gesäuse auf. Sie beginnt mit einem zweistündigen Aufstieg zur Haindlkarhütte, in der man übernachtet. Am folgenden Tag geht es über den technisch leichten, aber einigermaßen exponierten Peternpfad zur Rosskuppe, und weiter über das Dachl zum Gipfel des Hochtor, mit 2.369 m die höchste Erhebung im Gesäuse. Der Abstieg erfolgt über den Josefinensteig zur Hesshütte, wo man die Nacht verbringt. Am nächsten Tag steigt man über den sogenannten Wasserfallweg ab und geht zurück zum Parkplatz. Von Wien aus braucht man für dieses Abenteuer drei volle Tage. Der Schwierigkeitsgrad der Kletterstellen bewegt sich zwischen 1+ und 2+ (gemäß den Kriterien der *Union Internationale des Associacons de Alpinistes / UIAA*).

Ich fing an zu klettern, als ich etwas über fünfzig Jahre alt war. Bis dahin war ich nur gewandert und wollte mich ein wenig mit Klettertechniken vertraut machen, da man bei Wanderungen in den Alpen nicht selten in Situationen gerät, in denen es ausgesetzte Stellen zu überwinden gilt. Ich besuchte einige Kletterkurse in Irland und übte das Gelernte mit Freunden. Ursprünglich nur als Hilfsmittel für schwierige Wanderungen gedacht, wurde das Klettern einige Zeit lang für mich wichtiger als das Wandern. Da ich so spät damit begonnen hatte, blieb ich auf die niedrigeren Schwierigkeitsgrade beschränkt. Im Vorstieg konnte ich Routen bis zum vierten Grad einigermaßen kompetent meistern. In der Hohen Wand nahe bei Wien gibt es zahlreiche lange Routen in dieser Kategorie. Man steigt eine halbe Stunde zu, klettert drei bis vier Stunden und steigt dreiviertel Stunden ab.

In Irland sind die Routen etwas kürzer, aber da sie keine in den Fels gebohrten Sicherungen enthalten, sind sie anspruchsvoller.

Mein wichtigster Kletterpartner und Mentor in Irland ist Gerry Moss, ein alter Kletterhase mit einer enormen Erfahrung. Er ist um einige Jahre älter als ich und klettert immer noch bis zum fünften Schwierigkeitsgrad. Die Freundschaft mit ihm hat mein Leben in den vergangenen fünfundzwanzig Jahren enorm bereichert.

Die Haindlkarhütte steht in einer dramatischen und unwirtlichen Landschaft. Sie ist von riesigen Felsblöcken und Bäumen umgeben, und rundherum ist es sehr dunkel. In der Hütte aber fühlten wir uns vor den feindlichen Elementen gut geschützt. Außer uns waren nur zwei Herren in unserem Alter anwesend, die vorhatten, die Jahn-Zimmer Route zu klettern. Wir waren voll der Bewunderung. Diese Route ist zwar technisch nicht besonders anspruchsvoll (Schwierigkeitsgrad 3+), aber mit fast dreißig Seillängen ist sie extrem lang. Außerdem bereitet die Orientierung oft Schwierigkeiten, und wenn man sich einige Male „verhaut", kann man leicht in die Situation kommen, im Fels biwakieren zu müssen. Dies war gewiss jenseits unserer Fähigkeiten. Die beiden kannten den Peternpfad und die Kletterei zum Hochtor und rieten uns, das Seil zu benützen. Die Route sei leicht, aber ausgesetzt, und man könne sich keine Fehler leisten. Sie empfahlen uns, ein anderes Mal den Rossschweif zu versuchen. Dies ist eine von nahe der Hesshütte auf den Gipfel des Hochtors führende Kletteroute (UIAA 2 bis 3), und sie priesen sie als äußerst lohnend an.

Am folgenden Morgen gingen wir um sieben Uhr los. Nach einer halben Stunde erreichten wir den Einstieg zum Peternpfad, und um zwölf Uhr zu Mittag waren wir auf der Peternscharte, einem Sattel zwischen zwei Gipfeln. Geradeaus führte ein Weg hinunter zur etwa zwei Stunden entfernten Hesshütte. Zur unserer Rechten sahen wir die Spitze der Rosskuppe und dahinter in einiger Entfernung das Hochtor. Da das Wetter gut war und anzuhalten versprach, beschlossen wir, an unserem Plan festzuhalten, also zum Hochtor zu gehen und von dort zur Hesshütte abzusteigen. Wie es aber so oft mit langen alpinen Routen geht, brauchten wir mehr Zeit als geplant. Vielleicht waren wir müde, vielleicht waren unsere Rucksäcke zu schwer. Wir hatten Kleidung für drei Tage mit, und da ich nicht wusste, welche Ausrüstung ich für die Kletterei benötigen würde, hatte ich mein gesamtes Kletterzeug eingepackt.

Nach der Rosskuppe, deren Gipfel wir umgehen konnten, kamen wir zum Dachl, einer schrägen dachförmigen Platte mit einem senkrechten Absturz zur Rechten. Die Aussicht war umwerfend. Um sieben Uhr Abend, zwei Stunden später als gehofft, standen wir auf dem Gipfel des Hochtor. Für den Abstieg zur Hesshütte über den Josefinensteig benötigt man normalerweise nicht mehr als zwei Stunden. Da wir müde und schwer beladen waren, brauchten wir drei Stunden und langten um zehn Uhr in der Hütte ein. Zum Glück bekamen wir noch etwas zu essen und einige Gläser Bier und konnten so unseren Erfolg feiern. Der Abstieg am nächsten Morgen über den Wasserfallweg zum Parkplatz war eine leichte Sache im Vergleich zum Abenteuer des Vortages.

Wir vergaßen nicht, was uns die beiden Kletterer auf der Haindlkarhütte über den *Rossschweif* erzählt hatten. Ich suchte im Internet und in mehreren Büchern Informationen über diese Route zusammen und mir gefiel, was ich las. Der Einstieg, von dem man auf das 2.369 m hohe Hochtor klettert, befindet sich nahe der Hesshütte auf 1.699 m. Es gilt somit, fast 700 Höhenmeter zu überwinden. Der Abstieg erfolgt über den zur Hesshütte führenden Josefinensteig, mit dem wir von unserer letzten Tour im Jahr 2007 vertraut waren. Die Kletterführer und Websites beschreiben den Rossschweif als technisch leicht, aber wegen seiner Länge als nicht zu unterschätzen. Sie alle stimmen darin überein, dass man ihn nur bei gutem Wetter wagen sollte.

Sechs Jahre vergingen, bevor wir unseren lange gehegten Plan, auf den Rossschweif zu klettern, in die Tat umsetzten. Willi Drofenik und ich fuhren am 11. Juli 2013 um zehn Uhr Vormittag von Wien weg, verließen den Parkplatz in Hieflau im Gesäuse um halb zwei und stiegen über den Wasserfallweg zur Hesshütte auf, die wir um sechs Uhr erreichten. Wir hatten ein Zimmer für zwei

Nächte reserviert, was den Vorteil hatte, dass wir einen Teil unseres Gepäcks zurücklassen konnten, während wir kletterten.

Am nächsten Morgen gingen wir um viertel nach acht los. Leider konnten wir, obwohl wir der Routenbeschreibung genau zu folgen vermeinten, den Einstieg nicht finden. Wir kehrten zur Hütte zurück, ließen uns den Weg genau erklären und zogen erneut los. Wir folgten demselben Weg wie zuvor, aber offenbar waren wir nicht weit genug gegangen, denn etwa hundert Meter nach der Stelle, an der wir umgekehrt waren, fanden wir den Einstieg. Er war sogar mit roten Buchstaben als RS gekennzeichnet! Wir hatten mehr als eine Stunde verloren und schämten uns ein wenig. Es war nun zehn Uhr geworden. Wir benötigten eine weitere halbe Stunde, um unsere Ausrüstung zu ordnen. Um halb elf begannen wir zu klettern.

Der Rossschweif ist ein Grat, dessen halbkreisförmige Form in der Tat an einen Pferdeschweif erinnert. Während der ersten zwei Stunden war er ziemlich breit, und an einigen Stellen hatten wir schrofige Platten zu überwinden. Das war leicht genug, und wir konnten ohne Seil gehen. Dann änderte sich der Charakter des Geländes. Der Grat wurde enger und zunehmend ausgesetzter. Es gab aber gute Handgriffe und Stellen, an denen man die Füße sicher platzieren konnte, sowie viele kleine Felstürmchen.

Wir gingen nun zusammen am gestreckten Seil. Diese Technik erfordert, dass sich die beiden durch ein straff gespanntes Seil verbundenen Kletterer mit gleicher Geschwindigkeit fortbewegen. Der im Vorstieg Gehende legt das Seil um Felsblöcke oder Türmchen, so dass jeder den anderen leichter halten kann, sollte er fallen. Gelegentlich legt er eine Schlinge um einen Block oder bringt einen Klemmkeil in einer Spalte an und befestigt daran einen Karabiner, in den er das Seil einhängt. Der im Nachstieg Folgende entfernt die vom Vorsteigenden gelegten Hilfsmittel. Diese Methode ist zwar langsamer als ohne Seil zu gehen, verleiht aber ein hohes Maß an Sicherheit und ist immer noch schneller als die traditionelle Art zu klettern. Bei dieser baut der im Vorstieg Gehende einen sicheren

Anker, an den er sich befestigt und vom dem er den Nachsteigenden am straffen Seil nachholt.

Wir bewegten uns auf dem nun sehr engen Grat, von dem es zu beiden Seiten hunderte Meter senkrecht hinabging. Die Aussicht war von gruseliger Schönheit. Links blickten wir in eine gigantische Schüssel, jenseits derer sich hohe Berge erhoben. Auf dem Boden der Schüssel sahen wir ganz klein die Hesshütte. Einmal legten wir eine kurze Essenspause ein und weideten uns an dem herrlichen Rundblick.

Um halb vier Uhr gelangten wir zu einer Stelle, von der wir uns zu einem sehr luftigen engen Sattel abseilen mussten, von welchem wir über eine steile und ausgesetzte Stelle erneut auf den Grat zu klettern hatten. Es war die Schlüsselstelle der Route. Ich beschloss, sie auf traditionelle Weise zu führen und machte Willi an einem Anker fest. Er sicherte mich mit dem Seil, während ich bis zur nächsten Stelle voranging, an der ich einen Anker anbrachte, um ihn nachzuholen. Dies nahm einige Zeit in Anspruch, und es war vier Uhr geworden. Es folgte eine kurze harmlose Stelle über den engen Grat bis zu einer Kluft, über die ich steigen musste. Jenseits der Kluft erhob sich ein steiler Fels, den ich rechts leicht abwärts gehend umging. Nach etwa zwanzig Metern fand ich eine gute Gelegenheit, einen sicheren Anker zu errichten.

Ich rief Willi zu, dass er nachkommen solle. Zwar konnte ich ihn nicht sehen, doch spürte ich an der Bewegung des Seils, dass er sich fortbewegte. Plötzlich hörte die Bewegung auf, sodass ich das Seil nicht weiter einziehen konnte. Und dann rief Willi: „Ich kann nicht weiter!" Auf meine Frage, wo er denn sei, antwortete er: „Vor mir ist ein großer Fels." Es dämmerte mir, dass Willi nach der Kluft nicht dem nach rechts abwärts verlaufenden Seil gefolgt, sondern zu dem Felsaufbau geklettert war. „Geh zurück zur Kluft und folge dem Seil", rief ich ihm zu, doch er antwortete: „Ich kann mich nicht bewegen, ich kann mich nicht umdrehen." Da ich ihn nicht sah, konnte ich nicht wissen, warum er sich nicht umzudrehen vermochte. Zuerst dachte ich daran, zu ihm zurück zu klettern, aber da er kein Material bei sich hatte, um einen Anker zu bauen, ließ ich es bleiben. Wäre ich gefallen, hätte ich ihn, da er ungesichert war, mitgerissen.

Wir verbrachten einige Zeit damit, unsere Möglichkeiten zu erwägen. Wie immer in solchen Situationen, läuft die Zeit schnell aus dem Ruder. Die Uhr zeigte auf sechs, in eineinhalb Stunden würde es finster sein. Ich konnte Willi nicht sehen, er war unfähig, sich zu bewegen, hatte nur ein Hemd an und konnte sich nicht mit einem Anker sichern. Fiele er, würde er vierzig Meter weit fallen und wahrscheinlich meinen Anker ausreißen, sodass wir beide in den Abgrund stürzten.

Sollten wir uns darauf vorbereiten, die Nacht im Fels zuzubringen? Für mich wäre es nicht das erste Mal gewesen. Etwa zwanzig Jahre vorher hatte ich an einer von Gerry Moss geführten Kletterpartie in Paklenica in Kroatien teilgenommen. Wir waren eine Dreierseilschaft, die Route war technisch nicht schwer aber sehr lang. Da sie schlecht markiert war, verhauten wir uns mehrere Male, so dass wir den Gipfel nicht vor Einbruch der Dunkelheit erreichten. Gerry, Liam und ich mussten die Nacht im Fels verbringen. Es war September und tagsüber ziemlich warm, weshalb wir in T-Shirts unterwegs waren und nichts Warmes zum Anziehen mithatten, da wir meinten, am späten Nachmittag zurück zu sein. Wir schliefen denkbar schlecht. Gerry stimmte von Zeit zu Zeit ein Lied an. Liam litt an Krämpfen in den Beinen und begleitete Gerrys Gesang mit seinem Wehgeschrei. Es war ziemlich ungemütlich, aber da die Temperatur nicht unter fünfzehn Grad fiel, bestand keine Gefahr der Unterkühlung. Hier im Gesäuse war das anders. Da sich die Temperatur dem Gefrierpunkt nähern würde, war es keine Option, die Nacht auf dem Grat zu verbringen. Wir beschlossen, die Bergrettung anzurufen.

Ich hatte die Nummer der Bergrettung in meinem Handy gespeichert, das ich zum Glück vor dem Verlassen der Hütte aufgeladen hatte. Ein noch ein größeres Glück war es, dass ich von da, wo wir steckengeblieben waren, einen guten Empfang hatte. Ich wählte die Nummer und hörte eine automatisierte Stimme: „Bergrettung, bitte warten...." Nach einigen Minuten meldete sich eine menschliche Stimme und wollte wissen, wo wir uns befänden. Als ich sagte: „Auf dem Rossschweif", kam die Frage zurück, wo das sei. Das brachte mich einigermaßen aus der Fassung, bis ich begriff, dass der Frager wissen wollte, in welchem Bundesland wir uns befänden. Als ich „Steiermark" antwortete, verband er mich mit der steirischen Bergrettung. Die steirische Person holte meine exakte Position ein und informierte mich über das zu erwartende Procedere: Der Hubschrauber der Alpinpolizei komme in ca. einer halben Stunde. Wenn wir ihn sehen, sollen wir ihm signalisieren, dass wir die um Hilfe suchenden Personen sind. Man tut das, indem man beide Arme erhebt und V-förmig ausbreitet. Der Pilot und der Bergretter evaluieren die Situation, drehen dann ab und landen neben der Hesshütte, wo sie die Rettungsaktion vorbereiten. Dann fliegen sie zurück zu uns, holen zuerst die am meisten gefährdete Person ab und danach die andere.

Wir hatten nun ein wenig Zeit. Es wurde allmählich kühl, und ich war hungrig geworden. Ich zog meine Jacke an und verzehrte ein Sandwich. Es war ein wunderschöner Abend. Die Sonne ergoss ihr Licht über die Berge und ließ sie rosig erglühen. Sechshundert Meter unter uns sah ich die Hesshütte. Sie lag bereits im Schatten der Berge. Ich genoss die Situation. Der arme Willi zwanzig Meter hinter mir war wohl in einer weniger angenehmen Lage.

Nach einer halben Stunde hörte ich das Geräusch des sich nahenden Hubschraubers. Ich gab ihm mein V-Signal, er schwebte einige Minuten über uns, drehte dann ab und landete neben der Hütte. Bald darauf stieg er wieder auf und näherte sich der Stelle, wo Willi stand. Der Retter baumelte an einem zwanzig Meter langen Tau und versuchte in mehreren Pendelbewegungen zu dem mir unsichtbaren Willi zu gelangen. Als er aus meiner Sicht verschwand, wusste ich, dass er bei Willi angelangt war. Kurz darauf flog der Hubschrauber in die Höhe, und Willi erschien neben dem Retter am Seil. Ich sah sie davonfliegen und einige Minuten später neben der Hütte landen. Dann wurde ich abgeholt. Es war ein berauschendes Gefühl, an einem Seil sechshundert Meter über dem Nichts zu schweben. Die Luft, die von den Tragflächen des Hubschraubers auf mich herabblies, war ungemütlich kalt. Vor der Hütte standen zahlreiche Gäste, die sich das Spektakel der Landung nicht entgehen lassen wollten.

Nach all dieser Aufregung hatten wir uns ein reichliches Abendessen und einige Gläser Bier verdient. Obwohl wir den Gipfel nicht erklommen hatten, war es unser Abenteuer wert gewesen, bestanden zu werden. Wieder einmal erwies sich der Weg als aufregender als das Ziel. Ich würde sogar so weit gehen zu sagen, dass unsere Rossschweiftour weniger erinnerungswürdig wäre, hätten wir den Gipfel des Hochtors problemlos erreicht.

Ich möchte an dieser Stelle meinen Dank an und meine Bewunderung für die Alpinpolizei aussprechen. Es ist eine bemerkenswerte Organisation mit hervorragend ausgebildeten Piloten und Kletterern. Der Retter und der Pilot unseres Hubschraubers zeigten großes Verständnis für unsere Situation und versicherten uns, dass wir richtig gehandelt hatten, als wir die Bergrettung verständigten. Jedes Jahr ereignen sich in den österreichischen Alpen etwa 7.600 Unfälle, bei denen neben der Alpinpolizei die Flugpolizei, die Flugrettung und die Bergrettung zum Einsatz kommen. Willi und ich hatten die zweifelhafte Ehre, in die jährliche Statistik einzugehen.

13.4 Von Hütte zu Hütte: Der Karnische Höhenweg 2018

In den frühen Achtzigerjahren wanderte ich mit einer Freundin einen Teil des *Karnischen Höhenwegs*. Dies ist ein hundertfünfzig Kilometer langer alpiner Wanderweg an der Grenze zwischen Österreich und Italien. Für mich war es ein unvergessliches Erlebnis. Der Sonnenaufgang auf dem Gipfel der 2.537 m hohen *Hochgruben* um fünf Uhr in der Früh, zu der wir von der Sillianhütte aufgestiegen waren, war Ehrfurcht erregend. Als wir über die Bergrücken in östlicher Richtung in strahlendem Sonnenschein weiterwanderten, war das Sextnertal zu unserer Rechten von einer dichten Nebeldecke bedeckt, sodass wir den Talboden nicht sehen konnten. Die aus dem Nebelmeer in den tiefblauen Himmel ragenden Sextner Dolomiten boten einen unbeschreiblichen Anblick.

Wir verbrachten vier Tage auf dieser Route. Am ersten Tag stiegen wir von der Stadt Sillian zur Sillianhütte auf, am zweiten Tag übernachteten wir in der Obstanserseehütte und am dritten Tag in der Porzehütte. Das Wetter war perfekt, und ich war mutig genug, im eiskalten Obstansersee zu baden. Am vierten Tag stiegen wir ins Tal hinunter und fuhren mit dem Zug nach Salzburg. Seit damals war es mein Wunsch, noch einmal zum Karnischen Höhenweg zurückzukehren und ein Stück weiterzuwandern. Es vergingen fast vierzig Jahre, bis es dazu kam.

Der Karnische Höhenweg folgt der Frontlinie zwischen Österreich-Ungarn und Italien im Ersten Weltkrieg von 1915 bis 1918. Die Kämpfe wurden auch in den Sextner Dolomiten und anderen Orten ausgetragen. Es war der höchstgelegene Krieg der Welt. Die Bedingungen, unter denen die Soldaten beider Seiten zu kämpfen hatten, sind für uns heute unvorstellbar. Italiener und Österreicher gruben Tunnels durch die Berge, um zur feindlichen Position zu gelangen und sie in die Luft zu jagen. Mehr Soldaten wurden von Lawinen getötet als von feindlichem Feuer. Keine Seite gewann mehr als einige Meter an Terrain. Wer auf dem Karnischen Höhenweg und in den Sextner Dolomiten wandert, stößt immer wieder auf Schützengräben, Bunker, Unterstände und kleine Friedhöfe. Besonders gut erhalten sind die italienischen Stellungen auf dem Monte Piano in den Sextener Dolomiten.

Auf dem sehr engen Gipfel des Toblinger Knoten in der Nähe der berühmten Drei Zinnen stand eine österreichische Kanone, die auf den gegenüberliegenden von den Italienern gehaltenen Paternkofel feuerte. Die Kanone wurde mit Hilfe eines versicherten Klettersteigs auf den Gipfel transportiert. Die Klettersteige bestanden aus am Fels befestigten Drahtseilen oder Leitern und ermöglichten es den Soldaten, Material und Waffen in schwer zu erreichende Stellungen zu bringen. Mein Salzburger Onkel Erich kämpfte im

Ersten Weltkrieg als Artillerieoffizier in den Dolomiten. Ich besitze ein Bild von ihm, das ihn neben seiner Kanone zeigt (siehe S. 222). Er hatte das Glück, nicht nur den Ersten, sondern auch den Zweiten Weltkrieg, zu dem er eingezogen wurde, zu überleben. Insgesamt verbrachte er zehn Jahre seines Lebens im Kriegsdienst.

Die Klettersteige, die im höchstgelegenen Krieg der Welt eine so wichtige Rolle spielten, sind heute Touristenattraktionen. Was für unsere Vorväter eine höchst gefährliche Angelegenheit war, dient uns zum Spaß und zur Erholung. Jetzt werden überall in den Alpen neue Klettersteige gebaut. Man kann geradezu von einem Klettersteigboom sprechen. Es gibt ein spezielles Klettersteigset, mit dessen Hilfe man sich am Drahtseil festmachen und somit relativ gefahrlos fortbewegen kann.

2018 gedachte die Welt des Endes des Ersten Weltkriegs vor hundert Jahren. In Irland, Großbritannien und anderen Englisch sprechenden Ländern war nur von der Westfront die Rede. Die russische Front wurde kaum erwähnt, und vom Krieg in den Dolomiten wusste und weiß in diesen Ländern kaum jemand etwas.

Im Sommer 2018 unternahm ich mit Mitgliedern meiner beiden irischen Wanderclubs eine einwöchige Wanderung von Hütte zu Hütte auf dem Karnischen Höhenweg und erfüllte damit meinen Jahrzehnte alten Wunsch. Heute wird er als Friedensweg bezeichnet und vor allem von Österreichern, Italienern und Deutschen begangen. Es war ermutigend, so viele Nachkommen der Menschen, die sich vor hundert Jahren gegenseitig umbrachten, auf den Bergen und in den Hütten zu treffen und zu sehen, wie gut sie miteinander auskommen. In den Sextner Dolomiten gibt es einen Radweg zwischen Toblach in Südtirol und Lienz in Österreich. Man radelt die Drau flussabwärts bis Lienz und kann den Zug zurück nach Toblach nehmen. Die Speisekarten in den Restaurants entlang der Route sind zweisprachig (Deutsch und Italienisch). Erfahrungen dieser Art haben mich zu einem überzeugten Anhänger der Europäischen Union gemacht.

Wir entschieden uns, von der Sillianhütte bis zur Wolayersee-hütte zu wandern. Die Strecke ist etwa hundert Kilometer lang, und in den sechs Tagen, die wir unterwegs waren, kumulierten wir ungefähr neuntausend Höhenmeter. Die täglichen Entfernungen waren nicht besonders groß, aber das Gelände war teilweise steil und ausgesetzt. Da die Sillianhütte wegen Renovierung geschlossen war, verbrachten wir die erste Nacht auf der weiter unten liegenden Leckfeldalm. Die Hüttenwirtin hatte uns vom Bahnhof in Sillian mit einem Minibus abgeholt. Am folgenden Morgen wanderten wir bei der Sillianhütte vorbei bis zur Obstanserseehütte. Wie vier Jahrzehnten davor war auch diesmal das Wetter wunderbar. Leider erreichten wir den Gipfel der Hochgruben zu spät, um den Sonnenaufgang bestaunen zu können. Auf ein Bad im Obstanserseee verzichtete ich dieses Mal. Stattdessen mieteten einige von uns ein Boot und ruderten in die Mitte des Sees, von der aus wir einen herrlichen Rundblick auf die umliegenden Berge genossen. Zwei Damen unserer Gruppe waren tapfer genug, sich in die eiskalten Fluten des Sees zu stürzen.

Die nächste Hütte, in der wir übernachteten, war die Porzehütte, von der wir vor beinahe einem halben Jahrhundert ins Tal abgestiegen waren. Von dort gingen wir diesmal weiter zum Hochweißsteinhaus. Dies ist der längste und schwierigste und zweifellos spektakulärste Abschnitt der gesamten Route. Die Wanderführer bezeichnen ihn als die *Königsetappe*. Sie ist achtzehn Kilometer lang, und man muss 1.200 Höhenmeter überwinden. Man braucht zwischen acht und zehn Stunden und sollte nur bei gutem Wetter gehen. Die Pfade sind eng und steil und an einigen Stellen extrem ausgesetzt. Wenn der Fels nass ist, rutscht man leicht aus, was tödliche Folgen haben kann. Da der Wetterbericht Gewitter für den späten Nachmittag voraussagte, gingen wir um sieben Uhr früh los. Wir hatten Glück und erreichten die Porzehütte, bevor es zu regnen begann.

Die nächste und letzte Hütte war die Wolayerseehütte, von der wir nach Kötschach-Mauthen abstiegen. Da sie die am besten eingerichtete und komfortabelste Hütte ist, verbrachten wir dort zwei

Nächte. Dies gab uns die Gelegenheit, Wanderungen von der Hütte aus zu unternehmen und am Abend zurückzukehren. Das Essensangebot war ausgezeichnet, die Lage ist atemberaubend schön, und anstatt des Lagers, in dem die Wanderer wie Sardinen zusammengepfercht schlafen, erhielten wir Zimmer für zwischen zwei und vier Personen.

Die Hütte liegt an einem kleinen See, dem Wolayersee, jenseits dessen Italien beginnt. Nördlich hinter der Hütte erhebt sich ein kleiner felsiger Hügel, auf dem die österreichisch-ungarischen Soldaten positioniert waren. Gegenüber, südlich des Sees, kann man die italienischen Stellungen sehen. Die Entfernung zwischen den beiden Stellungen beträgt etwa einen Kilometer. Geht man von den italienischen Stellungen weiter nach Süden, befindet man sich in Italien und gelangt nach wenigen Minuten zum Rifugio Lambertenghi. Von der Wolayerseehütte zum Rifugio benötigt man zwanzig Minuten.

Nachdem wir uns eine Nacht lang gut ausgeruht hatten, unternahmen wir am folgenden Tag Wanderungen in der Umgebung der Hütte. Die meisten wanderten mit mir nach Italien, gingen beim Rifugio Lambertenghi vorbei und stiegen ein wenig weiter bergab, bis wir zu einem Fels kamen, über den ein leichter Klettersteig auf den Cima Lastrons del Lago (auf Deutsch Seewarte) führte. Von dort planten wir, zu einer anderen italienischen Hütte, dem Rifugio Marinelli, zu gehen, dort zu Mittag zu essen und dann den Rückweg zur Wolayerseehütte anzutreten.

Als wir die Seewarte erreichten, begannen sich dunkle Wolken am Himmel zusammenzubrauen, und wir beschlossen umzukehren. Um ein Uhr trafen wir im *Rifugio Lambertenghi* ein und verbrachten dort zwei Stunden bei einem köstlichen Mittagessen und mehreren Gläsern Weins. Um halb zwei begann es in Strömen zu regnen, grelle Blitze durchzuckten die Gegend, und gewaltige Donnerschläge hallten von den Bergen wider. Wir waren froh, dass wir rechtzeitig umgekehrt waren. Um drei Uhr kam die Sonne hervor, und wir gingen zurück nach Österreich zur Wolayerseehütte, wo wir einen fröhlichen Abend verbrachten.

Hundert Jahre nach den erbitterten Kämpfen, die in diesen Bergen stattgefunden hatten, konnten wir uns frei und ohne einen Pass vorzuzeigen zwischen den einst verfeindeten Staaten bewegen und zu Mittag in Italien und am Abend in Österreich speisen.

Was würden unsere Vorfahren, die in den Dolomiten für ihre Vaterländer kämpften, litten und starben, sagen, wenn sie das fröhliche Treiben ihrer Enkel und Urenkel auf dem Friedensweg sehen könnten?

**Auf dem Michelli Strobl Klettersteig
bei Cortina in den Dolomiten**

Österreichischer Unterstand
aus dem Ersten Weltkrieg in den
Sextner Dolomiten

Wolayersee Hütte, Karnischer Höhenweg

Das Monument auf dem Hügel markiert den Standort der österreichischen Position. Die italienische Position befand sich auf der gegenüberliegenden Seite des Sees. Die Entfernung beträft ungefähr einen Kilometer

**Onkel Erich im Ersten Weltkrieg in den
Dolomiten**

Die Königsetappe des Karnischen Höhenwegs

Eine lange Reise hört nicht am Ziel auf. Ein Stück von uns wird im Geiste immer weiterreisen. Andreas Bechstein

Statt eines Nachworts: Liebeserklärung an Spanien

Vier Jahre vor der Jahrtausendwende hatte Ursula eine ausgezeichnete Idee. Sie sah voraus, dass alle Welt versuchen würde, die Wende vom zwanzigsten zum einundzwanzigsten Jahrhundert in einem attraktiven Ort zu verbringen. Sämtliche Hotels, Berghütten und Ferienhäuser würden ausgebucht oder unerschwinglich sein. Wenn wir rechtzeitig handelten, könnten wir uns einen guten Platz in einem Ort unserer Wahl sichern.

Unsere Wahl fiel auf Spanien, aber es zog uns nicht zur Costa del Sol, wo selbst im Winter frühlingshafte Temperaturen herrschen, sondern wir wollten das neue Jahrtausend in einer der historischen Städte im Inneren des Landes erwarten. Wir entschieden uns für das nördlich von Madrid am Fuß der Sierra Guadarrama gelegene Segovia mit seinem mittelalterlichen Schloss und dem zwei Jahrtausende alten römischen Aquädukt.

Das Parador-Hotel liegt auf einer Erhöhung etwas außerhalb der Stadt und bietet eine unvergleichliche Aussicht. Zwanzig Freunde aus Irland, Großbritannien, Österreich und Deutschland schlossen sich uns an. Wir alle trafen ein paar Tage vor der Jahrtausendwende in Segovia ein und blieben die ersten Tage des neuen Jahrtausends. Am 2. Jänner bestiegen einige von uns die Maliciosa, einen 2.227 m hohen Berg in der Sierra Guadarrama. Die Temperatur betrug am Morgen sieben Grad unter Null, und es wurde ein sonniger kalter Wintertag mit herrlichen Fernblicken.

Spanien war keine zufällige Wahl. Es ist mein Lieblingsreiseland. Während meiner Zeit als language assistant an der University of Strathclyde in Glasgow war ich viel mit den Sprachassistenten aus Deutschland, Italien, Frankreich und Spanien, die an den Universitäten und Schulen arbeiteten, zusammen. Bei den Spaniern fühlte ich mich am wohlsten. Sie waren die geselligsten, und es war nur natürlich, dass ich mir von ihrem Land ein positives Bild machte und es kennenlernen wollte.

In den frühen Siebzigerjahren reiste ich mit meiner ersten Frau, Christina, zweimal durch Spanien. Wir fuhren von Irland nach Frankreich und von Lourdes über die Pyrenäen nach Spanien, wo wir jeweils mehrere Wochen verbrachten. Wir kamen nach Bilbao, Santander, Burgos, Zaragossa, Madrid, Granada, Sevilla und Barcelona. Franco war noch an der Macht, aber seine Herrschaft näherte sich dem Ende zu, und das Land begann langsam aufzuatmen. Wir machten auch einen kurzen Abstecher nach Portugal, wo die Armee die Macht übernommen hatte und der Boden für demokratische Wahlen vorbereitet wurde. Jeden Tag gab es Aufmärsche der Sozialisten und der Kommunisten, die um die Macht kämpften.

Als ich zum ersten Mal spanischen Boden betrat, war ich sofort verzaubert. Die Erde war trocken und rötlich braun, das Licht war hart und von einer grausamen Schönheit. Die Leute gefielen mir gut, vor allem die Mädchen mit ihrer olivenfarbenen Haut fand ich sehr attraktiv. Und die Sprache, die klang, als wäre sie von einem Maschinengewehr abgefeuert, war unwiderstehlich. Ich verliebte mich auf der Stelle in Spanien, bevor ich es überhaupt kennenlernte.

Vernünftig betrachtet, ist das natürlich Unsinn. Vielleicht verhält es sich mit Ländern nicht anders als mit Menschen. Manche mag man sofort, andere lernt man erst allmählich zu würdigen, und wieder andere, die man anfänglich liebte, verlieren im Laufe der Zeit an Anziehungskraft. Viele Menschen fühlen sich wohl in den schroffen Bergen Österreichs, der Schweiz oder Norditaliens, andere ziehen die endlosen Ebenen Ungarns vor, und manche wieder wollen nur in der Nähe des Meers sein. Klima, Architektur und Kulturdenkmäler spielen eine große Rolle in der Wahl unserer Reiseziele. Nicht vergessen darf man den Lebensstiel der Menschen eines Landes, so schwer sich dieser auch definieren lässt. Die Leute in Dublin reden mit jedermann, die Wiener haben einen eher grantigen Charme, in Dublin trinkt man Guinness im Pub und in Wien geht man zum Heurigen oder ins Kaffeehaus.

Meine Liebe zu Jugoslawien lässt sich mit meiner Familiengeschichte und der von meinem Vater in mein Herz gepflanzten Sehnsucht nach der Adria erklären. Die Liebe zu Spanien war Liebe auf den ersten Blick.

Liebe macht bekanntlich blind und lässt einen über die negativen Seiten des geliebten Objekts hinwegsehen. Es war damals in Spanien normal, in Restaurants beschwindelt zu werden. Die Kellner irrten sich fast immer zu ihren Gunsten. Es gab ein Beschwerdebuch, das alle Restaurants führen und dem Gast auf Verlangen aushändigen mussten. Die Kellner und Restaurantbesitzer hatten eine panische Angst davor. Sobald wir es verlangten, erbleichten sie und boten an, die Rechnung auf die Hälfte herunterzusetzen, nur damit wir nichts in das gefürchtete Buch, das offenbar von der Regierung streng kontrolliert wurde, eintragen.

In kleineren Städten kam es häufig vor, dass junge Männer bei unseren abendlichen Spaziergängen hinter Christina her pfiffen und obszöne Bemerkungen machten, ähnlich wie ich das in den Sechzigerjahren in Süditalien erlebt habe. An einem Strand westlich von Almunecar entdeckten wir ein leckes Kanalrohr, aus dem Exkremente quollen. Wir meldeten das im Touristenbüro. Dort zeigte man sich sehr unbekümmert: Das Meerwasser enthalte Jod und desinfiziere alles, so wurden wir belehrt.

In Granada besuchten wir ein junges Ehepaar, das Christina seit ihrer Zeit als Au-pair-Mädchen in Spanien kannte. Die junge Frau hatte eine fürchterliche Angst vor dem Ende des Franco-Regimes. Sie bezweifelte, dass die Arbeiterschicht reif für die Demokratie wäre. Als wir ihr erzählten, dass wir einige Tage in Portugal gewesen waren, erschrak sie heftig. Portugal, das die Kolonien aufgegeben und die Banken verstaatlicht hatte und wo Sozialisten und Kommunisten um die Macht rangen, ließ sie offenbar fürchten, dass Spanien demnächst kommunistisch werden könnte.

Nichts davon konnte meine Liebe zu Spanien vermindern. Seit damals hat sich das Land vollkommen verändert. Junge Männer pfeifen nicht mehr hinter jungen Mädchen her, die Bevölkerung hat sich als reif für die Demokratie erwiesen, die Strände sind sauber geworden und in den Restaurants wird man äußerst selten beschwindelt. Das Land ist sicherer und ordentlicher geworden, ohne dass es der sogenannte Fortschritt langweiliger gemacht hätte. Gewiss: die Küsten sind weitestgehend durch den Massentourismus und die außer Rand und Band geratene Bautätigkeit ruiniert und für den Reisenden tatsächlich uninteressant geworden. Aber dieser Prozess begann bereits, als ich zum ersten Mal dort war. Die Städte im Landesinneren jedoch – Segovia, Salamanca, Toledo, Avila, Granada, Ubeda, um nur einige zu nennen – haben ihre einzigartige Schönheit und ihren Charakter erhalten. Dank guter Restaurierung sind sie sogar noch schöner geworden.

Über eine große Liebe lässt sich schwer reden oder schreiben. Wahrscheinlich fehlt Spanien deshalb in diesem Reisebuch. Meine Liebe zu Spanien aber gab den Anstoß für mein Interesse an Lateinamerika. Für mich sind die Länder Südamerikas so etwas wie Transplantationen spanischer Kultur und Lebensart in die Neue Welt und damit eine Mischung aus vertraut europäischen und exotischen Elementen. Ganz besonders gilt das für Ecuador, das wohl deshalb eine zentrale Rolle in diesem Reisebericht einnimmt. Während in den Vereinigten Staaten die Lebensweise der einheimischen Bevölkerung von den europäischen Einwanderern nahezu vollkommen zerstört wurde, hat dort die indigene Bevölkerung ihre Identität etwas besser bewahrt.

Meine Reisen sind (noch) nicht zu Ende. Je älter ich werde, umso lieber kehre ich in Länder zurück, die mir vertraut sind, und sooft ich dort bin, entdecke ich Neues. In Europa müssen wir nicht weit fahren, um Neues zu sehen.

Reisen nach Übersee finde ich leider zunehmend mühsamer. Zehn oder zwölf Stunden in einem Flugzeug zu sitzen machte mir vor zehn Jahren nichts aus, heute schrecke ich davor zurück. Ecua-

dor aber würde ich liebend gern noch einmal besuchen. In Gedanken reise ich oft dort herum. Es ist natürlich möglich, dass mich
eine neuerliche Reise nach Ecuador enttäuschen würde. Vieles hat
sich gewiss verändert, und vielleicht würde es mir so gehen wie bei
meinem zweiten Besuch von Novi Pazar. Aber dies ist ein Risiko,
das es einzugehen gilt.

Neugierig bin ich auf alle Fälle.

.

Zeitfracht Medien GmbH
Ferdinand-Jühlke-Straße 7
99095 Erfurt, Deutschland
produktsicherheit@kolibri360.de